周北川 等 主编

筆墨華夏

蘇士澍題

纪念《人民政协报》
创刊三十五周年副刊文集

生活·讀書·新知 三联书店 生活書店出版有限公司

图书在版编目（CIP）数据

笔墨华夏 / 周北川等主编 .—北京：生活书店出版有限公司，2018.8
ISBN 978-7-80768-256-1

Ⅰ.①笔… Ⅱ.①周… Ⅲ.①社会科学—文集 Ⅳ.①C53

中国版本图书馆 CIP 数据核字 (2018) 第 141641 号

责任编辑　廉　勇
装帧设计　罗　洪
责任印制　常宁强
出版发行　生活書店出版有限公司
（北京市东城区美术馆东街22号）
邮　　编　100010
印　　刷　北京隆昌伟业印刷有限公司
版　　次　2018年8月北京第1版
2018年8月北京第1次印刷
开　　本　635毫米×965毫米 1/16 印张27.5
字　　数　320千字
印　　数　0,001—8,000册
定　　价　58.00元
（印装查询：010-64002717；邮购查询：010-84010542）

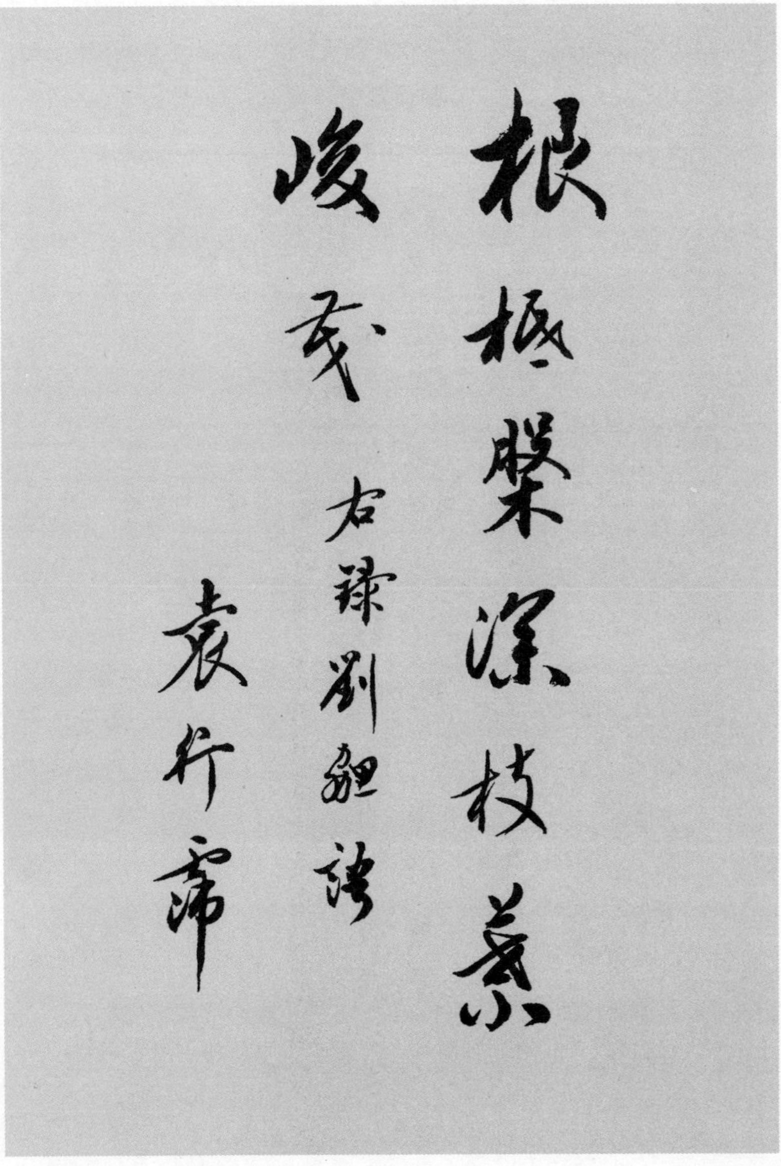

袁行霈先生为本书题词

封面题字

苏士澍

文学顾问

袁行霈　赵丽宏　聂震宁　丘树宏

主　编

周北川

副主编

张宝川　许水涛　原哲　石秀燕　訾绮　刘劲松

统　筹

原哲

执行主编

王小宁

编　辑

谢颖　杨雪　王夕雨　张丽　郭海瑾

编　务

郭海瑾

人民政协报文化周刊编辑部／广东中山市政协　联合编辑

目　录

序一

孙家正

今年恰逢《人民政协报》创刊三十五周年，报社拟将三十五年来发表在华夏副刊上的文章结集出版，我认为很有意义。这是副刊的优势所在，体现了《人民政协报》对十九大精神和习近平总书记一系列重要讲话精神的贯彻践行，体现了学术思想的影响和文化魅力的深远绵长。

副刊是文化传播的重要形式，是报纸的组成部分。现在是媒体竞争激烈的时代，媒体竞争归根到底是文化的竞争。当历史的尘埃落定，喧嚣一时的都会如烟云散去，真正能够留下来的就是优秀的文化。优秀的文化，即使创作文化的人不在了，但仍保持着她的温度，保持着她的感召力，帮助人们回忆起难忘的过去，同时满怀自信地走向未来。所以我认为人民政协报社做这件事是很有意义的，不但出了文集，还能留下文化。

《人民政协报》是一份具有文化底蕴的报纸。她秉承着改革开放的时代精神应运而生，三十五年来，在老一辈无产阶级革命家和历届领导人的关怀下，在政协各界人士的支持下，以富有自身特色的办刊方式，积极宣传党的路线方针政策，得到了各级政协委员、政协工作者和各界群众的喜爱。

《人民政协报》文化韵味十足。政协里面汇聚了文艺界的代表人物，这是政协报办报的优势。政协报与政协文艺界人士以至整个学术文化界保持着密切联系，多年来，使在中国社会上具有影响力的一大批知名学者、文化人成为报纸的常客。他们在政协报上或鉴古论今，或抒写性情，或建言立论，为报纸平添了一份高雅隽永的格调。

政协委员履职建言，体现着对国家经济发展和社会主义民主法治进步的执着追求，体现着对中华文化传承和建设的美好追求。优秀的学术文化不仅传播知识、陶冶情趣，更是提升境界、净化灵魂、引领社会风气的重要手段。通过不懈努力，让文化的力量发挥引导社会、教育民众、推动发展的重要作用，展示人民政协为中华文化与文明的传承、为中国的强盛和民族复兴所贡献的独特力量。

人民政协的发展历程，既饱含着中华传统文化底蕴，又凝聚着中国共产党在领导统一战线中实行协商民主的丰富经验，特色鲜明的政协文化用讲协商、重践行、尚包容、谋创新、求实效的气度滋养着政协事业，推动着社会主义民主进程，其经验与特点值得重视、研究与总结。

这本创刊三十五周年的副刊纪念文集既体现了政协文化特色，也展示了中华文化特色，又富有时代特点。书中所收录的文章，风格或典雅凝重，富有哲思趣味；或轻灵隽永，读后令人回味悠长；或凝聚着对时代和历史人物的深沉回顾与思考，以真情写实事，读来亲切感人，又深受教益。

《人民政协报》不但及时准确地宣传党在不同时期的政协统战方面的路线、方针、政策，她所关注的民生话题和发表的文章也体现着浓郁的人文情怀，这是今天我们提倡文艺走近民生、为社会主义服务为人民服务不可或缺的情怀。

我是《人民政协报》的老读者，偶尔也在报上发表一点儿文章。我热爱《人民政协报》。值此文集编辑出版之际，我祝她取得成功。也希望《人民政协报》在习近平新时代中国特色社会主义思想的指引下，更多更好地联系委员，体察民情，反映民意，求真务实，为承载国家发展对文化的期待、为中华优秀文化的传承和创新、为中华民族的伟大复兴贡献更大力量。

二〇一八年三月十五日

序二　读者真诚亲切的朋友

赵丽宏

《人民政协报》创办三十五年了，对一份报纸，这历史不算长。但这三十五年，是中国改革开放的重要时期，中国在这数十年中发生的深刻变化，举世瞩目，也必将在中国现代历史中以浓墨重彩留下重要的一页。《人民政协报》华夏副刊，是一个人文荟萃、神采飞扬的园地。三十五年来，这片园地以清新优雅的风格、海纳百川的气度，吸引了来自全国乃至世界各地的作者和读者。来这片园地中播种耕耘的作者，可谓群贤毕至。这里不仅是文人学者、作家和艺术家亮相的舞台，也是政协委员和社会各界人士发议论、抒真情的讲坛。这是一个明亮的窗口，映现了三十五年来中国的发展步伐，也映照出中国知识分子多彩的精神世界。

《人民政协报》华夏副刊为什么被委员和读者喜欢？作为一直关注这个园地的作者和读者，我想大概是因为这样几个原因：

其一，是它的真诚。这是一个鼓励说真话的地方，政协委员会和各界人士在这里袒露胸襟，建真言，抒真情。弥漫在这个园地里的，是坦诚相见的真挚气息。这里的文章，弘扬的是真善美，假大空的文风，在这里没有容身之地。

其二，是因为它尊重个性。发表在这里的文字，百花竞妍，千人千面。副刊的作品，无论长短，都言之有物，对历史，对现实，对古今中外的人物和思潮，对文学艺术的实践和感悟，都有作者独到的见解，有不同于他人的表达方式。

其三，是因为它注重文字的美感。在这里发表的文章富有品位，不仅讲究表达得准确，也追求文字的艺术性。华夏副刊作品文字风格的多样，富有可读性，体现了政协报副刊编者的美学眼光。作者以自己喜欢的方式撰文，对文字的运用也有不同的习惯，凡是表达生动的文字，无论华丽如油画雕塑，还是质朴如水墨线描，在这里都有一席之地。

作为华夏副刊的作者，三十多年来，我已经无法统计自己曾经为它写过多少文字。这些文字中，有散文，有诗歌，有书评，有谈古论今的随笔，甚至有我的日记。感谢《人民政协报》的包容，让我的各类文字都能在这里有机会和读者见面。我想，很多作者都会有和我类似的体会，是这个园地的真诚和开放，使我们有机会在这里畅抒胸臆，沟通情感，以文会友。在大家的心目中，《人民政协报》华夏副刊，是故人、是真诚亲切的朋友，因为能和这样一个朋友经常会面交流，委员和读者心目中本有点儿严肃的政协，增添了亲和力，有了文艺气息和更显宽松和谐的氛围。

谢谢《人民政协报》的朋友们，为大家编辑了这样一本好书，使我有机会在这里说几句心里话。

是以为序。

戊戌春于四步斋

忆为人民英雄立碑

刘开渠

中国人民站起来了！

五星红旗在碧蓝的天空飘扬！

全国各族人民欢呼胜利，怀念革命先烈！

中国人民政治协商会议第一届全体会议，代表全国人民，于一九四九年九月三十日决定为人民英雄立纪念碑并一致通过碑文的决议。当天下午六时，毛泽东同志率领全体政协委员，在天安门广场举行了纪念碑奠基典礼。

十七个单位组成兴建委员会，由当时任北京市人民政府市长的彭真同志为主任委员，主持兴建工作。党中央非常重视、关怀这一工作。周总理多次到工地了解、指示工作；陈毅同志、陈赓同志等对浮雕提出修改意见；刘少奇同志在百忙中，也到施工现场视察。毛主席写了两幅“人民英雄永垂不朽”的字，为纪念碑题名；周总理亲笔写了一百一十二字的碑文。我们把纪念碑的建筑图样、表现百年历史的浮雕题材内容，向全国有关单位、团体征求意见，全部得到热情的答复。碑的面石花岗石，刻有“人民英雄永垂不朽”的整块碑心花岗石，均采自青岛浮山，运到北京加工后，高十四米四，宽三米，净重近六十吨。十块大浮雕和上下座的栏板、抱鼓等为汉白玉。经各级领导、现代革命历史家、近代史专家、雕刻家、绘画家及各方面有关同志共同研究、讨论，反复地做浮雕塑稿，最后选定八个重要历史事件题材、两个人民群众题材，以象征轰轰烈烈的百年革命斗争。按碑文的叙述次序：以“打过长江去，解放全中国”“人民支援前线”“广大群众欢迎人民解放军”代表三年解放战争和人民革命；用“敌后游击”代表八年抗日战争；以“八一起义”“五卅运动”“五四运动”概括三十年的革命斗争；以“金田起义”代表太平天国时期；选“烧毁鸦片”场面代表人民群众抗击帝国主义开始对中国的侵略。碑座的花纹装饰，均以悼念革命先烈和象征革命先烈的革命精神万古长青为主题内容。

在天安门广场举行人民英雄纪念碑奠基后，即进行碑的建筑造型设计，广泛征求方案，先后收集到一百四十余种。一九五二年中国人民解放军“八一”建军节前夕，正式动工修建，一九五三年开始设计、创作浮雕和装饰花纹等。到一九五八年“五一”国际劳动节举行落成典礼，共用了八年时间。

人民英雄纪念碑立于天安门广场中央。在整个兴建过程中，得到党中央、人民政府的亲切关怀和具体领导，得到各族人民、各界人士、各民主党派、各机关团体、学校的大力支持。纪念碑的建成，深刻地体现了全国人民团结在中国共产党周围，同心协力，共同建设社会主义新中国的坚如磐石的革命心愿；永远纪念革命先烈，缅怀他们艰苦卓绝的革命斗争，永远怀念革命先烈，牢记他们的革命精神和丰功伟绩。

人民英雄纪念碑建成以来，年年、月月、天天都有来自全国各地的广大人民群众和来自各国的宾客，到天安门广场瞻仰崇高、雄伟、庄严的人民英雄纪念碑。望见金光闪闪的碑文，看到百年历史的浮雕，无不感到中国人民革命的伟大，感到中华民族的伟大。

在向社会主义现代化进军的伟大时刻，我们站立在天安门人民英雄纪念碑前，敬诵周总理书写的、中国人民政治协商会议通过的纪念碑文，受到深刻的革命教育。革命先烈艰苦奋斗不怕牺牲的献身精神，鼓舞着我们一定要学好、执行好十一届三中全会以来，十二大以来党的路线、方针、政策，紧密地团结在党的周围，为开创社会主义建设现代化新局面而奋斗！

一九八三年四月六日

同一条心，走一条路

华罗庚

我国的知识分子已经成为工人阶级的一部分。工人、农民、知识分子是建设社会主义的三支基本力量。这是新的历史时期阶级关系的新特点，也是中国革命发展的伟大成果。

就我个人的心情来说，一方面是鼓舞，同时也是鞭策。因为我们这一代的知识分子，对“资产阶级”“臭老九”这些帽子还是记忆犹新，今天成了工人阶级的一部分，就该更好地担负起肩上的重任，为社会主义现代化事业做出新贡献。关键在于我们自己要真正和工人、农民同一条心，走一条路，想工农之所想，急工农之所急，和工人、农民形成共同语言，一起干好社会主义现代化这一件事。

我个人在长期的实践中体会到，工人、农民是欢迎知识分子的，是重视知识分子的劳动成果的。从六十年代初期起，我就开始到工厂、农村去推广统筹优选双法，足迹遍及全国，接触过无数工人、农民，他们对我们的工作十分欢迎和支持，即使是在“四害”横行的时期，许许多多工人同志仍然顶住重压和我们一起进行实验。近年来我们在两淮等地推广双法，那种欢迎的热忱更是难以形容的。至于知识分子被人所轻视，那是一个时期里“左”的错误政策所带来的恶果，尽管目前还有不少问题亟待解决，而我们的党，目前正在大力清除这种恶果。

知识分子要做到和工人、农民同一条心，走一条路，必须到工人、农民中去，和工人、农民结合在一起。到工人、农民中去，这对知识分子来说，并不是一件容易做到的事。又以我的体会为例，我的专业是数学，而且是单科独进，长期从事纯理论研究。六十年代初期，我初到三线去的时候，看到这么大的工程、这么复杂的技术，就有叶公好龙之感。在参观了工地之后，见到工人在崇山峻岭、急流险滩中奋不顾身地工作，才敢于开办学习班，把数学变成通俗易懂的知识、生动活泼的形式，交给工人、农民。这就是我推广统筹优选法、进行应用数学研究的起因。在生产实践中，难题纷繁，要找到正确的答案和解决的捷径，并非易事。这要求我们有深厚的知识和诚恳的态度。科学变为生产力，不仅仅是知识分子的力量，应当是知识与实践的结合。所以，知识分子要真正施展自己的才干，把自己的知识真正转化为造福人民的巨大生产力，就必须更好地同工人、农民结合在一起。

在科研人员中，常常会发生理论和实践的争论，一会儿认为理论重要，一会儿又认为实践重要。我认为，好的理论必然能解决实践中的问题；实践中的问题真正得到解决，必须具备充实的理论基础。一切科学工作者只要坚定地和工人、农民结合在一起，到生产实践中去，共同为建设社会主义现代化的目标而奋斗，这些争执必然能迎刃而解，知识分子队伍自身也就会更加团结。

一九八三年四月十三日

重远之死及其遗骨

萨空了

革命家、政治家、著名的爱国民主人士杜重远同志被害四十年了。

我同重远相识早在三十年代。那时，我在上海主办《立报》，重远在上海帮助邹韬奋编辑《生活》周刊，并主编《新生》周刊。在宣传抗日救亡中，我们结下了深厚的友谊。

重远在他主编的《新生》周刊上发表了《闲话皇帝》一文，日蒋勾结判处他的徒刑，这成为国内外闻名的“新生事件”。在日寇进逼、民族危亡之际，重远又利用他同张学良的密切关系，促进了“西安事变”，逼蒋介石抗日。从“新生事件”到“西安事变”，充分表明了杜重远同志是一位坚定的爱国主义者。重远曾经参与“西安事变”，局外人是不知道的；知道的只有周恩来同志，是周恩来同志启发他去说服张学良的。

抗日战争爆发后，由于国民党反动派执行假抗日、真投降的政策，平津沦陷后，京沪又相继失守。一次，重远从新疆来，力劝我去新疆同他一道工作。他说，日寇进攻，蒋介石无抗日决心，不久武汉也很可能失守，中国的抗日基地看来必在西北角。他还说，新疆的盛世才是他的同乡同学和好友，已同中国共产党合作。那里一些主要干部来自延安，财政厅长周彬（后来知道即毛泽民同志）又是我在上海办《立报》时的朋友，到新疆去是可以开展工作的。一九三八年八月，我们两人就一起到了新疆。重远担任新疆学院院长，我担任新疆日报副社长。

当时统治新疆的是盛世才。这个万恶的军阀，玩弄两面派手法，利用抗战初期的抗日民族统一战线政策，骗取中国共产党的合作，得到苏联的军事援助。但到了一九四一年，希特勒进攻苏联，逼近斯大林格勒，盛世才以为苏联必败，因此投降蒋介石，把中国共产党派到新疆工作的毛泽民、陈潭秋等同志杀害，以博取国民党反动派的欢心，达到他永远盘踞新疆的目的。

在这之前，重远已发现盛世才有两面派行为不是真心抗日，便同盛世才发生分歧，最后二人终于决裂了。我辞去了新疆日报的职务回到重庆。重远被盛世才制造了所谓“以杜重远为首的阴谋暴动案”，把反对日本帝国主义闻名的杜重远同志诬以“汉奸”等罪名，于一九四〇年逮捕入狱，并于一九四三年判处死刑。但因有沈钧儒等当时的名律师大力营救，盛世才慑于各方面的压力，不敢把重远公开处死，派亲信用毒药把重远毒死在狱中。

多少年来，我们一直关心着重远的被害情况和遗体的寻找情况。一九五〇年，政务院派访问团去少数民族地区，沈钧儒是西北访问团团长，我是副团长。我们在新疆见到了王震同志，谈起杜重远被害之事，大家都很义愤。新疆的同志讲，解放后只找到了盛世才杀害的毛泽民、陈潭秋、林基路烈士的遗骨，而没有找到杜重远烈士的遗骨，这令我们十分遗憾。去年，我请曾任新疆日报负责人、现任中共中央宣传部副部长的郁文同志给新疆写信询问寻找结果。今年二月，得到新疆有关部门的回信，仍无结果。信中说：“杜重远被害后，一些知情者大都被盛世才处死，将杜重远遗体抬出去埋葬的卫士，也被处死，因而杜的遗体埋葬的确切地点无人知道。一九五六年曾经组织人力寻找，这次又派人寻找，杜之遗体均未找到。”盛世才这个反革命两面派、刽子手虽然最后死在台湾，逃脱了人民的惩罚，但历史已记下了他的这笔血债！

重远不是共产党员，也不是民主党派的正式成员，但他在抗日战争和第三次国共合作中，做出了积极的贡献，是我们应当永远怀念的。

杜重远烈士永垂不朽！

一九八三年四月二十七日

做活人口这块棋

费孝通

一

在全国一盘棋中，人口这一块棋问题还不少。险象是出于过去三十年里人口数量翻了一番。经过这几年猛抓计划生育，增长率有所下降，这是好的。但是基数大，今后十七年里，即使每年增加人数能控制在一千万内，本世纪结束时，实增人口最少还要在两亿人上下。怎样降低增长率和怎样安排这两亿人口，是当前必须深思熟虑地找到妥善办法的两大课题。

要做活这块棋，拿围棋的语言说，必须做两个眼，就是要为新增的人口找到两条出路，使得他们不成为一个消极的包袱，而成为一个促进经济发展的积极因素。

去年，我带着这个问题访问了我家乡（江苏吴江）的农村，又访问了广西、新疆和内蒙古等少数民族地区，看出了可以为人口这块棋做两个眼的地方。一个是在作为农村经济文化中心的小城镇，一个是在亟待开发的少数民族地区。

先说第一个眼。过去两年多里我三次访问了家乡的农村，紧跟着观察它的发展，在前年冬天访问时已看到由于落实了各种生产责任制和专业户的政策，农民很快富裕起来。但是商品流通渠道由于不适应新形势，正在阻碍农村继续前进。所以去年，我回家乡时访问了吴江县的一些历来是农产品集散中心的小城镇，看到了这里大可以为人口这块棋做个眼。

说一点情况：太湖边上的吴江县有一万人上下的小城镇七个。在党的十一届三中全会以前，除了作为政治中心的松陵镇以外，其他都在衰落中，人口至多能维持解放前的水平，很多是下降的。在这五六年里在几条公路交叉点上的平望镇，在上海工业扩散中得到了生机，人口增加了一倍。原来历史上有名的丝绸中心盛泽镇，也喘过气来，人口略有增长。在交通线上的黎里镇和芦墟镇发展了集体企业，恢复到了解放前的水平。而过去曾经是周围二十万农民的集散中心的震泽镇和解放时有三百户大小地主的同里镇，在人口上至今还远远落后于历史上的记录。

以上情况说明，在过去一段时间里，农产品的单一化和统销化削弱了城乡商品流动渠道，严重打击了传统的小城镇。这些原系农产品的初级集散中心，和农民工业用品的基层供应站，却被划归为城市范畴。在这一段时期里它和农村的血肉关系被许多部门立下的条条框框所割断和限制住了。小城镇被当作“资本主义的温床”牢牢捆住；农村经济随着僵化。农民被封闭在小村里，文化日益下降。现在农村开始复兴，生产了大量商品，迫切要求有自己方便的集散中心。小城镇的复活势所必至。过去捆绑着小市镇的条条框框就成了农村进一步繁荣的障碍了。

我在实地了解到：现在小市镇里不能缺少的“不合法”的居民大约要占合法的在册居民的三分之一，这些人是小城镇这几年里得以恢复所不能缺少的人力。而上面却还是三令五申地要把他们轰回农村去。原来在这些小城镇里的居民，由于那一段时间里和农村割断了，难找活路，不得不挤进大城市。盛泽一镇，据说逢年逢节，回乡的人要“成千上万”。这些从小城镇里挤出来的人构成了大城市的巨大人口压力。

我这样一说，明白人自然会看到我们堵塞了这种二三万人的小城镇的人口蓄水库，怎能不发生城乡两头的人口紧张呢？恢复这些小城镇在社会主义建设中的地位，落实“积极发展小城镇”的政策，就会如我上面所说的成为人口这块棋中做活的一个眼。试想，我们现在全国共有两千多个镇，五万多个公社所在地的集市，人口约六千万，假如现有的镇人口翻一番，以吴江这几个镇来说，是不困难的，全国两千多个镇就可以容纳六千万人。每个公社所在地的集市增加一千人，又可容纳五千万，合在一起超过一亿，这些人口蓄水库不是可以容纳十七年里将会增加的人口的一半以上了吗？

一九八三年五月四日

二

第二个是在少数民族地区。我国的情况是这样：占百分之九十以上的汉族占国土的一半，其他一半是五十多个少数民族所聚居的，他们的人口不到全国总数的百分之六。汉族是在以农业为主的时代发展起来的，主要占有了宜耕地区，少数民族在那个时代住的是不宜耕种的苦地方。到了工业时代，汉族地区和少数民族地区在经济资源上的地位却倒过来了。但是由于少数民族过去曾经受到压迫，他们的智力资源是十分贫乏的。靠自己的力量，这些地区的自然资源是发展不起来的。少数民族要繁荣起来，必须发挥各民族间互相合作的关系。

要实现各民族齐心合力来发展这片尚待科学技术来开发的广大民族地区，阻力是不少的。少数民族不大喜欢听到汉族人口多、少数民族地广这样的话。这怪不得少数民族，他们在历史上苦头吃得太大了。解放以来党的民族平等的政策是规定得明明白白的，少数民族原本可以放心和欢迎汉族去帮他们开发资源，提高经济。但在汉族里，不要说群众，即使是干部，甚至在少数民族地区工作的干部，能认真学习民族政策并按政策办事的，还不能说很普遍。旧中国遗留下来的大汉族主义还是一股顽固的习惯势力。少数民族对进入少数民族地区的汉人怀有戒心是完全可以理解和同情的。

以内蒙古为例，在十年动乱中，从区外自发流入的汉族人口大约有六百万人。这六百万人中固然有许多在当前内蒙古建设事业上出了不少力，但是破坏牧场等等搞坏民族关系的事件也层出不穷。这说明人口流动是挡不住的，不主动地有计划有管理的流动，弊多利少。

我建议在民族地区进行一次落实民族政策的检查，并加强研究民族地区的民族关系，特别是已进入这些地区的汉人的情况，怎样能使他们成为受少数民族欢迎的人、离不开的人。新《宪法》第一百一十八条规定，“国家在民族自治地方开发资源、建设企业的时候，应当照顾民族自治地方的利益”。我们为此必须实事求是地找出落实这些规定的具体办法。

如果汉族的广大群众和各级政府、各个部门的干部心中都有党的民族政策，能做到如彭真同志在宪法报告中所说的“在警惕和克服大汉族主义方面，应当高度自觉和经常注意”，我们就可以实行人口定向流动，取得合理分布。这是在全国一盘棋中，做活人口这块棋的最重要的一个眼。可以容纳的人口何止一亿！

把人口吸引到全国星罗棋布的小城镇里和动员去广大边疆帮助少数民族开发和建设，这些都是从积极方面去解决我国人口问题的办法。我们是不是应当改变过去从单纯消极的观点来看待人口这个因素在全国一盘棋中的地位呢？

一九八三年五月十一日

满怀欣喜还乡国

阳翰笙

我于一九四六年离开重庆后就没有回到过我的家乡四川了，一直想回去看一看、走一走。这次，我同中国文联代表团的同志们赴川参观访问，了却了我多年的心愿。

四川号称“天府之国”，但解放前是军阀割据，刘文彩式的土豪劣绅到处都是；抗战时期，国民党政府迁都重庆，四川更是搞得满目疮痍，民不聊生。这些都是我亲眼看见过的。解放后，四川发生了根本性的变化；但在十年浩劫中，它又是个重灾区，很多人离乡背井，远走他乡，这在电影《牧马人》中也有所反映。粉碎“四人帮”后，特别是党的十一届三中全会以来，四川形势越来越好，我打心眼儿里高兴。

人们常说：百闻不如一见。我这次回川，历时近一个月，走过了川西、川南、川东，行程近两千里，沿途参观访问了不少地方，会见了不少老同志、老朋友，也结识了很多的新同志、新朋友，还与乡亲们摆了很多龙门阵。通过耳闻目睹，我深深感到，四川的形势从来没有像现在这样好过。

先说农业战线。谁都知道，一九八一年四川遭受了百年不遇的特大洪灾。这要是在旧社会，不知有多少人流离失所、家破人亡。这次洪灾过后，只经过一年多的时间就克服了困难，恢复并发展了生产。这是四川工作创造出来的一个奇迹。赴川前，我在北京看了峨影厂拍的电影《特急警报333》，很受感动。这部影片反映了四川人民与那次洪水搏斗的雄伟场面，现在全国即将放映，我希望同志们都能看看。粉碎“四人帮”后的六年，四川每年都有天灾，但六年农业连续增产，而且是大幅度的增产。代表团参观了新都和高县的农村。新都的农民在生活上向“四高”发展：吃的向高蛋白发展，住的向高层建筑发展，用的向高档商品发展，走的向高速度发展。新都在川西平原，发展农业有天时地利之便，那么，我的家乡高县又怎么样呢？高县过去是川南的一个穷山区，现在也发生了巨大的变化，从宜宾到高县罗场，沿途我看见过去的秃山坡都变成了桑树林、茶树林，梯田像图案一样整整齐齐，公路一直通到罗场我的老家门口。我原先还担心路不好走，结果是柏油路同北京的一样光溜平整。我少年时候从家乡罗场到宜宾读书，靠两只脚要走两天，现在坐几个小时的汽车就到了。乡亲们的生活，更是今非昔比。我问他们：农村变化这样大，靠的什么？他们说，一靠政策，二靠科学。

四川的文化艺术界也呈现出一派欣欣向荣的景象。省委很重视川剧艺术的改革和发展，成立了振兴川剧领导小组。川剧在“振兴”精神的推动下，迈开了改革的步伐，也结出了可喜的成果。我是个川剧迷，这次看了各地的川剧演出，其中有现代剧、传统剧和新编历史故事剧，每个剧目都体现了探索改革的精神，有的剧目在编导演和舞美音乐等方面都相当不错。在川期间，正逢全省川剧调演（第一轮），那是对近几年川剧改革成果的一次大检阅，也是交流经验、进一步繁荣川剧艺术的新起点。目前，成都市川剧院三团在北京演出，博得了首都观众的喝彩。可以相信，川剧这个古老的剧种一定能开出绚丽的新花，为社会主义文艺百花园增添光彩。峨影厂近几年拍了不少好影片，多次获奖；上面提到的《特急警报333》，在艺术上有新探索和创新。四川文艺队伍中，老作家笔耕不辍，如艾芜一直勤奋写作，对自己的作品精益求精；新作家成批涌现，如周克芹、魏明伦等就很有才华，他们都长期生活在基层，他们的作品很有生活气息。四川人民出版社是全国出版界的后起之秀，它较好地解决了普及与提高的关系，为少年儿童和农民出了不少受欢迎的书，也出版了一些有资料和文学价值的“老古董”；它还打破地域界限，走出了夔门，广泛团结作家，发现和鼓励新秀，受到了一致的好评，在海外也有好的声誉。四川在研究抗战文艺方面走在前面，现在已有了一支专门的研究队伍，办起了研究会刊，编出了不少资料。他们的工作和成果受到了全国的瞩目，也引起了国际上的重视。

四川省委和省政府的领导班子在新旧交替、新老结合方面也做得好，老同志风格高，看得远；新同志有丰富的实践经验，一个个都年富力强，很有朝气。我相信，四川的工作今后一定能取得更大的成绩。

上面说的这些，都是我这次亲眼看见或亲自感到的，并不是因为我是四川人就吹我们四川好；还有很多的成绩我没有提到。看着四川巨大的变化，抚今追昔，思绪万千，无比兴奋，虽然我已年逾八旬，但常常诗兴来袭（我是不大作诗的），忍不住“口占”几句，断断续续，居然吟成了几十首，现抄一首，就作为此文的结语吧。

一别成都六一年，
如潮往事梦频牵。
不信百家崇马列，
誓除魔怪立社团。[①]
天府今成真天府，
巴山新胜旧巴山。
满怀欣喜还乡国，
老兴欲狂似少年。
一九八三、六、二十四

注：①一九二一年，在《新青年》上看到社会主义青年团章程，我同童庸生、李硕勋、雷兴郑、刘弄潮等十余人，自动组成了社会主义青年团。

一九八三年七月十三日

访郭沫若的家乡乐山市

戈宝权

乐山市位于川西南的大渡河、青衣江和岷江三江合流处，相传古为“海棠香园”的地方，后名嘉定府或嘉州。当地风景秀丽，尤以屹立在大渡河畔和凌云山麓的乐山大佛闻名中外，因此这里自古以来就有“天下之山在蜀，蜀之山水在嘉州，嘉州之山水在凌云”的美称。唐宋以来，这里又是文人诗家汇集之处，而且都留下了不少著名的诗章。如李白就有“峨眉山月半轮秋，影入平羌江水流”的名句，这里的平羌江即今之青衣江。苏轼更在凌云山上读过书，现山上仍有东坡楼。他又常载酒来此遨游，因此写下了“生不愿封万户侯，亦不愿识韩荆州；但愿身为汉嘉守，载酒时作凌云游”的名诗。为了纪念他，凌云山寺门前建有载酒亭；岩壁上至今还可以看到明代留下来的“苏东坡载酒时游处”的几个摩崖石刻大字。

郭沫若同志是乐山市沙湾镇人。他从小在家塾“绥山馆”读了八年书，根据在当地发现的他的少年诗稿，十三岁左右时已表现出了他的诗才。如他在《早起》一诗中写道，“早起临轩满望愁，小园寒雀声啁啾。无端一夜风和雪，忍使峨眉白了头”，就是咏他从家塾看到的二峨眉（即绥山）的雪景。后来郭老从沙湾镇来到乐山，进了在草堂寺的高等小学，接着又考入嘉定府中学，在这里度过了他的少年时代。抗战期间一九三九年时，他曾三次返回故里和奔父丧，因此他的生活和他的家乡紧密相连。正因为这样，每当讲起乐山，我们就会联想到郭老；每当讲起郭老，我们就又会联想到乐山。

更不用说，郭老从事文学活动时，便把他的原名郭开贞改为郭沫若，这是因为大渡河古名沫水，青衣江古名若水，他就取了“沫若”二字作为他的笔名。现在大家都知道郭沫若这个名字，却很少有人知道他的原名郭开贞了。

今年五月十二日到十四日，由阳翰笙同志率领的中国文联赴川参观访问团，在乐山市进行了将近三天的访问。阳翰笙同志是郭老的老战友，其他各团员在抗战期间和建国以后，也都同郭老经常有交往，因此到了郭老的家乡，大家都感到无比的亲切！

我们这次访问，是从郭老的家乡沙湾镇开始的。沙湾镇距离乐山市有三十多公里的路程，从镇上可以远眺素以婀娜多姿的美女峰闻名的峨眉山第二峰，大渡河水就从沙湾镇的左边滚滚而过。记得一九七九年六月我到乐山参加郭沫若研究学术讨论会时，郭老的旧居还被镇公所和二十多户居民所占，经过乐山市文管所的同志们的努力，终于收回了旧居，靠了各方的支援修葺一新，在去年郭老九十诞辰时正式开放，现在这里已成为中外人士纷纷访问的地方了。

郭老的旧居位于沙湾镇正街的中段，面临沫水，背负绥山，是一座古老朴素的四进穿斗式木结构的平房，占地九百八十多平方米，共有大小房间三十六间。当我们走进旧居的大门，先看到有两间陈列室，这原是郭老的父亲开店铺的地方。第二进左侧有一个小房间，是郭老父母早年的卧室，郭老于一八九二年十一月十六日就诞生在这里，现在房间里还陈列着当年的床铺和条桌等用物。第三进左侧有一个房间，那是郭老一九一二年结婚时的新房，后来他的原配夫人张琼华一直住在这里（张已于一九八〇年去世），因此房间里还保存着她当年的嫁妆。第二进和第三进右侧，各有两个小房间，是郭老一九三九年三次返乡居住、读书、写作和会客的地方。第四进深处是郭氏家塾“绥山馆”，因面对峨眉山第二峰绥山而得名。郭老从四岁半时，就跟来自犍为的启蒙老师沈焕章学习，这为他后来的文学才能打下了很好的基础。家塾前面还有个花园和凉厅，现在都恢复了当年的原样。当我们在参观时，我们就能联想到郭老童年和少年时代的生活。现在这所旧居，已在一九八〇年被公布为“四川省重点文物保护单位”。当晚，我们在乐山市凌云寺宾馆又看了峨眉电影制片厂拍摄的《沫水乡情》《乐山风光》和《峨眉山》等纪录片，使我们对郭老的家乡乐山市有了更深的认识。

我们因为住在凌云寺新修的宾馆，每天朝夕都可以去瞻仰由唐代海通和尚发起开凿、历时九十年才完成的高七十一米的乐山大佛，远眺峨眉三峰，俯瞰大渡河水和三江合流处，还可以游览附近的乌尤山等名胜古迹。

十三日这天上午举行了郭沫若研究座谈会。四川省文联主席、郭沫若研究学会会长马识途同志，专程从成都来到乐山主持这次会议。乐山市文管所负责人、郭沫若研究学会秘书长黄高彬同志介绍了他们近年来如何收集和保存郭老的文献资料，恢复沙湾镇的旧居和开展郭老研究的情况。我们每个参加座谈会的人都发了言。最后阳翰老回忆了他和郭老多年来的战斗友情！他们如何一起参加北伐战争；蒋介石叛变革命后郭老如何写成《请看今日之蒋介石》；到了上海后伍豪（即周总理）如何要他去日本，从事对中国古代社会的研究工作。他还回忆到了抗战期间他们在“三厅”和“文工会”工作的情况。他的发言非常生动，为我们提供了不少新史料，实在是一篇有关郭老的很好的回忆。

通过座谈，我们知道乐山市文管所的同志们在收集、编印和出版郭老的文献资料方面做了大量的工作。根据从绥山馆发现的郭老的作业本，找到了郭老写在上面的六十多首诗和二十多副对联，编辑成《郭沫若少年诗稿》；他们又根据郭老的夫人张琼华保留下来的郭老早年写的不少家信，其中就有在日本留学时期的信，编辑成《樱花书简》（一九一三年至一九二三年家信选），交由四川人民出版社出版。当天下午我们又展阅了郭老当年的不少遗物，如他在高等小学的毕业证书、成绩单、作业本，在中学堂读书时手记的课堂讲义以及他的家信多通。在今天看起来，这都成为研究郭老早年生活最珍贵的文物资料了。

当晚，我们又看了乐山地区文工团为了纪念郭老九十诞辰自编自演的大型话剧《戎马书生》。它的内容主要以抗战期间郭老在重庆从事的抗日救亡活动和文学活动为背景，歌颂了郭老在周总理领导下同国民党反动派所进行的针锋相对的斗争。演员们怀着对郭老的热爱和敬仰之情，为我们演出了首次把郭老的光辉形象搬上舞台的这个话剧。

十四日是个阴雨天。但我们大家还是满怀豪情，冒雨在乐山的迎春码头登上游轮，畅游了岷江、大渡河和青衣江三江，从江面仰观乐山大佛和欣赏乌尤山一带的风景，绚丽的“嘉州山水”展现在我们的眼前。《戎马书生》一剧的主要演员，陪同我们一齐游江，一路上则更是谈笑风生。

乐山之行，虽然只是短短的三天，但印象却非常深刻。我们亲眼看到、亲耳听到乐山市人民对郭老的敬爱之情；同时和乐山市的同志们朝夕相处，也使我们深感到沫水情深，更是我们念念难忘的！

一九八三年七月二十七日

避暑山庄

郑孝燮

历史文化名城承德的避暑山庄（包括外八庙），是清初康熙四十二年（一七〇三年）开始建的塞外离宫。山庄内外一体，山水相依，清凉无暑；园林建筑融化北国江南之美；外八庙突出汉、蒙、藏佛寺建筑艺术之长。这些文物风景，不仅形胜，如诗如画，而且意深，蕴含着我国多民族统一团结的爱国主义历史意义。

明末清初，沙俄侵扰我国黑龙江、蒙古、新疆等地。“备边防，合内外之心，成巩固之业”（乾隆《避暑山庄百韵诗有序》）就成了清朝前期国家的头等大事。因此，康熙决定在长城以北的热河建立这座离宫。山庄“去京师至近，章奏朝发夕至，综理万机，与宫中无异”（《御制避暑山庄、圆明园图咏》诗跋）。康熙、乾隆每年一般是近半年住在山庄处理政事，召见或宴请少数民族的王公大臣。在解决蒙、藏、疆问题的过程中，陆续地在山庄外围建了具有政治意义的各族佛寺，即俗称“外八庙”。对少数民族采取“因其教，不易其俗”（《乾隆普乐寺碑文》），修一庙胜用十万兵的政策。乾隆就说“兴黄教，即所以安众蒙古，所系非小，故不可不保护之”（乾隆《喇嘛说》）。与此同时，也在山庄内宴赏少数民族的王公大臣，以及为蒙古族赛马、摔跤、射箭等辟有场地，来架设蒙古包。所有这些，都起到了“恩义深而情益联”（《热河志》卷二十）的民族团结的作用。

作为民族统一团结的文物见证，在承德是有很多的。现只就外八庙的“普陀宗乘之庙”记述土尔扈特部族爱国归根的碑文来看，也是很有启迪的。土尔扈特部是我国西蒙古族的一支，明末游牧到伏尔加河流域。康熙时曾派员前往探望慰问。这支漂流异域的中国同胞由于不堪沙俄压迫，于乾隆三十五年（一七七〇年），历尽千辛万苦，终于回归祖国。启程时有十七万人，因沿途遭受沙俄的追杀、饥饿疾病的折磨，到达祖国伊犁时只剩下七万人。当时有些大臣对于他们的回归是存有疑虑的。乾隆说，“归顺之事十之九，诡计之伏十之一耳”，“始逆命而终徕服，谓之归降；弗加征而自臣属，谓之归顺。若今之土尔扈特，携全部，舍异域，投诚向化，跋涉万里而来，是归顺非归降也”（《土尔扈特全部归顺记碑》）。历史已经证明，这种政策性质上的区别，对于巩固多民族统一的中国是有利的。碑文还记述了新疆、甘肃、陕西、宁夏、内蒙古等地各族人民雪中送炭，给土尔扈特人以物资支援的情况。第二年，土尔扈特部首领渥巴锡等人，从伊犁到承德觐见乾隆。沿途地方官员，包括一些大吏，凡是没有按照清政府命令“所至如归，咸得感悦”（《清高宗实录》卷八九二）做好接待和供应的，都受到了“玩误若此，其罪实无可贷”（《清高宗实录》卷八九二），或革职、或申斥的处分。渥巴锡等人终于在避暑山庄的“澹泊敬诚殿”觐见了乾隆，乾隆多次为他们的回归赐宴、观火戏和举行盛大的宗教法会。同时还分封他们以爵位，并划拨新疆准格尔盆地为他们的游牧生息之地。

今年是避暑山庄建庄二百八十周年。全国有百余人，包括领导、专家、学者等及日本朋友，于八月下旬在山庄举行了纪念学术活动。这是一堂生动的爱国主义历史教育课、团结统一的历史教育课。当然，封建王朝的民族团结、国家统一都是为了巩固皇权至高无上、金字塔式封建统治的利益，然而，将其当作一个历史侧面，承德文物古迹的历史、艺术、科学价值，毕竟还是有助于分析借鉴的。

最后就以拙作《纪念避暑山庄建庄二百八十周年》一首，结束此文。

燕蓟长城外，山庄别有天。
敬诚澹泊志，无暑清凉园。
诸庙四山借，余生万里还。
知今亦用古，海陆一根连。

一九八三年九月二十八日

起　点

蓝　翎

大凡为人做事，都离不开一个起点。只拟定一个目标，不顾起点，即使能达到目的，回头一看，所走过的这段道路，可能既没给自己带来真正可以引以自豪的东西，对别人也毫无积极的启示，甚至会令人引以为戒。

比如说吧，“起点高”这个词，对有的人可能是好事，对另外的人则未必是好事。一个初学写作者的起点高，那是文学创作达到一定新阶段的标志之一，非常值得可喜。一个青年，刚刚参加工作或者还未正式参加工作，就把自己的生活起点定得很高，则是颇堪思索一番的，用不着详细地去调查统计，仅仅根据日常的观察，便大体可以判定，在一些青年中，追求后一种高起点的比追求前一种高起点的人要多得多。社会风尚之弃朴素求奢侈，其原因之一就是盲目地追求高起点。

生活水平高目标的盲目选定，是以世界上某些经济最发达的国家或地区的生活水平作为标尺，脱离了自己的国家的实际，特别是脱离了家庭的实际和个人的实际。说他们的认识是外国的都好，夸大了，不是一切外国，而是一些外国。有哪些人在生活上是向非洲或亚洲的不发达国家看齐的？

盲目追求而又伴之以振振有词的诡辩，更接近荒唐。理由也不少：“现在不是解放初期了。”“不是解放战争时期了。”“不是抗战时期了，长征时期了。”解放以前，他们大概没见过，姑且不论。如果只反问一句："解放初期是什么样子？"他们也不可能全面回答。

解放初期，人们对旧社会的印象记忆犹新，所以对新社会更加热爱。社会安定，有工作，有房住，有衣穿，虽然还有不少困难，人们也知足，能谅解。那也不是盲目的知足，更重要的是社会主人翁的自觉感强烈，爱国主义热情高涨，民族自尊心增强，劳动的自觉性积极性充分地发挥出来了。社会风气的崇尚纯朴，是有这些思想感情为基础的。从个人负担说，那一代人是上养老下养小（而且有的还不只一个），担子并不轻，可是他们都自觉地意识到这是自己应尽的社会责任和道德义务，是传统的美德。当时也不是没有外国货，有的人也不是没钱买。而资本家的阔太太竟也不谐调地穿起了干部服，就证明了高尚的社会风气有强大的力量。进行事物的对比只取一点不行，如果把这些因素都考虑在内，那么，那些简单地否定解放初期的人，头脑里缺的正是这些。比起他们的上辈来，这些人是上不养老，而且还有老的帮助养下一代的小，自己的负担已经减轻了很多。他们感觉不到历史带给他们的幸运，却仍然要依靠上辈来满足自己的高要求，埋怨社会给自己的少。同上一代相比，他们的生活起点高了，思想境界却低得太多了，工作能力和态度也低得太多了。

由此看来，一个人，一个青年人，如果认不清生活和做人的起点，恐怕就难以正确走以后的路。

有的人不是动不动就高唱"要探索人生道路的哲理"吗？哲理自然是有的，但要首先弄清事实和常识，舍此不顾，探讨出来的是逻辑混乱。因为道理很简单，起点就在脚下，一步一步走去，可以踏出坚实的路。目标是前进路上的里程碑，而不是飘浮在空中的气球。伸手抓不到空中的气球就怨天尤人，甚至于以感到生在地上为遗憾，失去了心灵的平衡，立足尚且不稳，更难谈到前进了。人类之所以能前进，能积累起物质的和精神的文明以飨来者，就是因为消费的少于贡献的，如果反过来，岂非等于历史的倒退和自己的毁灭?

一九八三年十一月二日

寓新意于法度

王朝闻

川剧弹戏《乔子口》，基本情节相当于河南、山西等地的《火祭桩》。所谓祭桩，是指绑在木桩上即将处死的囚犯，让他的亲属前来生祭。《乔子口》同样是悲剧性的，但它与别的地方戏不同，有一个很带喜剧性的江洋大盗穿插在戏里。和别的戏种一样，女主角到法场生祭未婚夫时有数桩的唱。“一呀一，二二一，一呀一。一二三，三二一，二二一，一呀一。……”全是数目字。

因此，可能有人以为，这样以数目字构成的唱词，只不过是一种娱乐观众的设计。其实，唱得好可能使它充满角色的心理内容。最近再一次看竞华扮演的王春艾，数桩时的表演也很动人，体现了角色此刻复杂的精神状态。竞华的唱很讲究美的表现形态，数桩的唱体现着均衡、对称、多样统一的形式美的规律，然而这一切都从属于角色王春艾此时此地的内心状态的规定性，形式对于内容不是闹独立性的。如果竞华不是追求深入表现王春艾的特殊心境，一味追求唱得好听，那就难免脱离悲剧性内容。数桩的两段苦平垛板，第二段是由“七”数到“七”。竞华那由慢转快的唱法，至少使人更加感到王春艾寻找第七桩（她听说未婚夫绑在第七桩）时那焦急等心情，也就是慌乱等心情的具体表现。

演出后，我与竞华谈到这一点，她做了很有见地的说明。她说，既然王春艾是千金小姐，父亲是未婚夫冤案的原告，不听父亲阻止而进法场生祭她的山林郎，这是她的大胆的表现。然而她到了这非比寻常的场合，不能没有娇、羞、惊、怕、哀等复杂心情。因为心慌意乱，急切找不到她要找的第七桩，也看不清第七桩上绑的究竟是不是她只见过一面的未婚夫。在“六”字之后“七”字之前有停顿，这一停顿表明，王春艾终于找到了她所要找的第七桩。唱完最后一个“七”字紧接三板锣鼓，结束了很有完整性的数桩。

就剧作而论，王春艾进法场生祭她的未婚夫，这一行为带封建性；同时，她敢于这样抛头露面，进法场生祭她的未婚夫，这一行为具有反封建的性质。演员的表演能不能体现形象的这种复杂性和主导方面，不只需要较高的唱做功夫，而且必须深入认识和体验。当演员觉得自己仿佛就是生活于上述规定情景之中，那富于形式美的数桩，才不至流于只能悦耳不能激动观众的低水平，正如令人感到虚假的“强哭者虽悲不哀”，只求唱得好听是演员没有进入角色的结果。

一九八三年十一月十六日

说说我的一点儿想法

侯宝林

告别舞台四年多了。这几年我坐下来写东西，主要写相声艺术方面的总结。搞俗文学的人本来就少，而且还有一种看法，好像搞正统文学比搞俗文学要高尚一些。这是不公正的。

相声艺术是北京土生土长的文学艺术，我们应该给予它应有的地位。燕京大学曾经要开俗文学课，只是因为“七七事变”发生，没有实现。相声历史过去都从百年写起，从咸丰同治时期写起；现在我们知道，相声历史可以追溯到周秦时代。在当时的俳优活动中就有了表现幽默的语言艺术，虽然还不能叫相声，但跟相声很相似。至于“相声”这个词，我查了一下，宋代才有，据说唐代就有了，《东京梦华录》这类书里就有这方面的记载。所以，相声的历史还有待我们进一步研究和总结。

北京市政协《文史资料选编》的编辑曾要我写点儿东西，我说我没时间，你们出个人吧，我说话，咱们把它录下来，再整理成文字。这样，北京市政协就派三位同志录下我的话，帮助我整理了《自传》，一共十二万字，已经发表在他们编辑的《文史资料选编》上。我认为这个方法很好，特别是对比我年龄更大的同志。

近几年的文史资料刊物可以说：包罗万象，雅俗共赏，老少咸宜，越办越好。现在我觉得做这方面工作的人太少，能写稿的人就更少。有的东西你不赶紧抢，不去约，不去写，恐怕就要丢了。多支持文史资料工作，搞好文史资料征集、出版工作，意义重大。尤其是现在我们大力提倡宣传爱国主义思想。老人写下来的东西，用来向青年进行爱国主义教育，可以收到想象不到的效果。对老人的东西要抢救，这工作做起来是有困难的。但要是不把它提到议事日程上来，不是真正脚踏实地去做，这个事情就要耽误了。我们大家都有耐心等，但我们的年龄不等我们。咱们的熟人走了多少哪！今天您看着这个人欢蹦乱跳的，再过几天，没了！这种事会常常发生的。

所以，我希望文史资料研究委员会能够想办法，把文史资料工作做得更好，比现在办得更好，也相信它一定会办得更好。

一九八三年十一月二十三日

喜读《红楼梦人物论》

端木蕻良

我收到三联出版的《红楼梦人物论》时，美丽的装帧，立即吸住了我。苗子题的书名，旦宅画的黛玉葬花图，构成一幅淡雅清新的封皮，精装本的书面是单一红色，没有任何装饰。黑色书脊，烫金书名，再配以全黑扉页，显得格外庄重大方，富有民族风格。设计者是大胆的，又是精细的。

翻开封面，看到王昆仑同志亲笔题赠的字，落款刚好是在一九八四年春节。书前小志，说明这些文章是一九四四年在炽烈的抗日战火中的重庆，为曹孟君同志主编的《现代妇女》杂志陆续撰写的。看了这一段话，再看金陵同志的“后记”，勾起了我无限思绪。

一九八一年五月，我去南京访求曹雪芹旧踪时，承云远、白尘约会了金陵一部分新知旧友，欢聚一堂。谈起往事，白尘说：“当年我们唱着《松花江上》来到重庆，那时曹孟君却收容了我们……”他的这番话，充满了感慨，在那苦难的岁月里，同志式的友情，是多么感人呐！我们永远也不会忘怀的。

那时，我和萧红与白尘都住在歌乐山上，原来我和萧红赁居在云顶山上。这是一个古庙改造的公寓。特别清雅宁静，在有月亮的晚上，写累了，到门前看看荷塘月色，更觉一天的疲劳都消逝了。但是，没想到，却受到老鼠的干扰，特别是在天花板上跳舞打架，捕也捕不到，赶也赶不走，使萧红无法入睡。我弄到一根竹竿，及时敲打，也无济于事。我们实在束手无策。

有一天，我和萧红下山进城，遇到了曹孟君同志，才知道她正忙于收容流离的孩子们，主持这里的儿童保育院。看样子，她也是比较瘦弱的，但在这炮火纷飞的日子里，却焕发着母性的坚强，收容无家可归的孩子们。在上海，我们对她的名字早已熟悉。现在一见如故，她和萧红热情拥抱，彼此紧握双手，谈着、笑着，久久舍不得离开。孟君同志问我们住在哪里，听我们说住在云顶寺里，便说那儿太不方便了，执意要我们搬到她这儿来住。萧红笑着说："你要收容我们，那太好了！"事情就定下来了，知道白尘也住在这儿，我们就更加高兴，便从山顶搬下山来。后来复旦大学农场有了房子，我和萧红这才离开了歌乐山。

那时，我们便知道昆仑同志喜欢文学，有读书癖，在行路时，还总是看书哩！《红楼梦人物论》就是一九四四年在孟君同志主编的《现代妇女》上以"太愚"的笔名发表的。《红楼梦》我一向有兴趣。因此，从这些文章的发表到结集，我都是看过的。因为我不仅是个"拥林派"，而且更想从中得到营养。

如今，我在灯下重读这本三联重版的新书，使我感到，"从政"多年的昆仑同志，文笔充满魅力，以抒情的笔法来写富于思想性的论文。应该说，这是本书的一大特色。对于人物的分析，体现出作者美学观点和曹雪芹是一致的，而且，又赋予原作以新时代的光辉。特别是对黛玉、宝玉的评论，都有独到之处。比如，人们对林黛玉讽刺"携蝗大嚼图"这段文字，通常都停留在这是一个闺秀对一位村婆轻蔑的理解上，昆仑同志却从中看到这是林妹妹"嘲笑贾府贵人们兴趣之卑俗"。联系到清代许多贵族家庭甚至要养一个丑角式的奴婢，或者一个"小鞑子"等等来日常取乐，就更说明这分析的深入底里了。

昆仑同志论及："……《红楼梦》作者对于凤姐、宝钗、探春、平儿、袭人是采取政治史的写法，而对于黛玉、晴雯、司棋、芳官、尤三姐，却是几首哀艳的诗篇。一个作者对于自己所偏爱的人物，往往禁抑不住主观情感之汹涌，不期然而流入吟咏式的抒写，使得读者也跟着他歌唱，跟着他悲哭，不能冷静旁观。”这点说得正中肯要，脂批中不是也常提到这是石兄一生偏颇处吗？曹雪芹一生着力于一个“偏”字，越偏就使他离开正统越远。悲剧也就由此而生。所以作者对“晴雯之死”又写道：“你觉得若叫晴雯也得到一个宝玉侍妾的地位就算是胜利吗？你一边读着她的传记，一边被她的坦白无私的爽朗情怀所吸引，被她的热情勇敢所震惊，总愿意多看到她又真诚又美丽、嬉笑怒骂的姿容，多听到她正直响亮的声音。只有在和晴雯姑娘相处的时候，才能扫开贾府那种阴湿腐朽的气氛吧！”

这才是卓立不移的对于晴雯的真正评价，也可以作为《芙蓉诔》中把晴雯比作日月的注解呢！晴雯之死正是黛玉之死的先声，因为她们不可能见容于当时的现实社会。这里正表现了《人物论》的思想性。

晴雯和黛玉是没有更多的接触，作者只用人鲛绡帕把她俩联结在一起了。然后，两个不同性格的人却得到同一的归宿。她们的死也正结束了曹雪芹的生。《红楼梦》甚至可以说是一部用散文写成的《芙蓉诔》，实际上是晴雯和黛玉的合祭，即使曹雪芹写完全部《红楼梦》，他也不会再给黛玉作诔的。昆仑同志认为林黛玉是曹雪芹用极深重的感情写出来的一个在腐朽环境中独具高洁品质的闺阁少女的优美形象。她和宝玉思想立场一致，有同样的反抗精神。这是给林黛玉最公允的评价，有的人认为林黛玉如能效法《西厢记》的行径，才配称得起反抗。否则，这是屈服，这真是不知从何说起呢。

而对宝玉的评价，则是：“从没落的贵族群中发现了彗星式的人物，一时光芒夺目，颇为惊人，到了他寂然飘落自然也动人怜惜。但是，昨夜的彗星究竟没有变成明晨的旭日；他除去灵感、真情、正义，思想中虽有新的因素，却不具有从现实世界中创造新时代的力量。作者说那块石头经过锻炼，更多地不过是些私生活的情感磨折；作者说那石头上被镌刻了字迹，主要的不过是些女人的名字。于此他晓谕了我们，凡专凭直感反对现实的人物毕竟是不能改造现实的弱者，他的反抗在很大程度上是消极的。只有怀抱着'无才补天''枉入红尘'的悲痛以归幻灭而已。"这也是把宝玉放在了适当的历史地位来衡量的，也可以说是历史地看问题。

中国是最早发现哈雷彗星的国家，而哈雷彗星至今还闪烁着光芒。不错，贾宝玉在他所处的时代，无疑是一颗彗星。但封建社会一去不复返了，而宝玉这颗彗星，还和哈雷彗星一样，仍闪烁着光芒。它必然也和哈雷彗星一样，当它有一天真的化作"轻烟"，凝合成另外的新星时，《红楼梦》也必定会和人类其他的伟大作品一样组合成人类的新星。

多年来，我看过不少评论《红楼梦》的文章，但是以"太愚"署名的《红楼梦人物论》仍经常萦绕在我脑际。今天又得到重读的机会，不但感觉还和当年在《现代妇女》上初读时同样清新，而且对它有了进一步的理解。孟君同志保存下来未完卷之遗书，经过金陵同志整理，送到读者面前，和当年土纸本相比，以这等优美精致的形式出现，作为一个先睹者，我是多么高兴呀！因为这种果实和我们社会主义的香和色是一致的。想到当年在七星岗时，昆仑同志著书于"坚庐"，我就更体会到这"坚"字的内涵了。"四人帮"垮台后，有一次开会回来，昆仑同志用他的车子把曹靖华和我与耀群送回家，靖华兄到家，我们还往前走，半路上看到一座琉璃牌坊，昆仑同志向窗外注视着说："这座牌坊应该保存呀！"我说："它很像‘泽流九有’的那座牌坊呢！”他说：“是的，还有北大校门口那座传说中的安佑庙门，都应该保存呀！”从他表情上，我体会到一个爱国革命前辈和善中的“坚”字来。昆仑同志对红楼梦人物的分析和论点的坚持和发扬，不也正说明这一点吗？

一九八四年二月二十九日

杏花染得春意浓

陈淀国

在“春意图”这块多姿多彩的调色板上，杏花，是不能不占有一定位置的。寒冬过后，气温转暖，大地复苏，漫山遍野脱去素装，换上了充满生机的翡翠般的绿衣。蜡梅开了，又谢；迎春放了，又收……不知不觉中，房屋前，公园里，山坡上，一朵朵、一枝枝的杏花，悄悄地绽开了粉红的蓓蕾，笑裂嘴似的争相怒放，为人们送来淡淡芳香，束束烈焰，把大地点染得更加绚丽，更加妩媚。

“小楼一夜听春雨，深巷明朝卖杏花。”（陆放翁）“客子光阴诗卷里，杏花消息雨声中。”（陈简斋）杏花与春雨，一向有着不解之缘。每年清明、谷雨前后，总是春雨催促着杏花，杏花呼唤着春雨，争先恐后地走进大自然的怀抱。春雨沥沥，把空气洗涤得那样清新，杏花簇簇，将旷野点缀得如此俊秀！

此刻，站在亭、台、楼、舍，倾耳静听，凭窗凝望，那迷人的雨声，那盛开的杏花，那充满生机的勃勃春色，该是多么惬意的美的享受！听着听着，望着望着，一首首吟咏春杏的古诗，便会不由自主地在耳畔响起：

南宋诗僧志南的“古木阴中系短篷，杖藜扶我过桥东。沾衣欲湿杏花雨，吹面不寒杨柳风”，金元好问的“杏花墙外一枝横，半面宫妆出晓晴。看尽春风不回首，宝儿元是太憨生”，以及黄蛟起的“烟波影里画船轻，尺五斜辉拥树明。马上销魂禁不得，杏花山店一声莺”……诗人紧紧围绕着“春雨”“杏花”，以那新巧的构思、丰富的联想、独到的见地，弹奏出一支支优美别致的闹春曲。而在这诗山赋海里，人们流传最广、印象最深的“杏花诗”，还得算宋时叶绍翁的《游园不值》：“应怜屐齿印苍苔，小扣柴扉久不开。春色满园关不住，一枝红杏出墙来。”以及唐杜牧的《清明》：“清明时节雨纷纷，路上行人欲断魂。借问酒家何处有，牧童遥指杏花村。”前者写得巧妙委婉，耐人寻味。游小园几番扣打柴门，却不见人，这本是件扫兴的事。然而笔锋一转，“一枝红杏出墙来”，送来了满目春色，叫人格外欣喜。后者用自然流畅的白描手法，勾画出一幅真切图景，让人们感受到难得的优美意境，一下子把读者带到了春雨绵绵、杏花点点、酒旗飘飘的僻静山村……

杏的趣事，古已有之。唐明皇时，有一天，他兴致勃勃步游别殿，只见满院杏树含苞而不放，顿生不悦，深有感慨地叹道：“对此景物，不可不与判断。”当即下令左右羯鼓齐击，并高奏一曲《春光好》。果然就在这时，所有杏树万花竞开，争芳斗妍，唐明皇高兴得连连称道：“只此一事，我能不能唤作天公啊？”清初李笠翁的《闲情偶寄》中，关于“杏”还有这样一段怪论：“种杏不实者，以处子常系之裙系树上，便结子累累。予初不信，而试之果然。是树性喜淫者，莫过于杏，予尝名为风流树。”杏树不结杏，绑上女人衣裙，便果实累累，从而称其为“风流树”，实乃不值一驳的无稽之谈！

杏，种类不多，常见的仅有山杏、垂枝杏、斑叶杏等几种，统属蔷薇科。广泛分布在华北、西北、东北各地。它的栽培和利用，我国是最早的，已有千余年历史。贾思勰在《齐民要术》中，就有“杏可为油”“杏子人（仁）可以为粥”的记载。杏树耐寒、抗旱、喜光，寿命长达百岁以上。它的花可供观赏，仁可制杏仁茶、杏仁霜、杏仁油，实可做蜜饯、果脯、杏干，干是质地坚硬的上好木料……杏的全身都是造福于民的“宝”呵！

“草木知春不久归，百般红紫斗芳菲”（韩愈诗），趁这万木争新的大好时节，在田园、在郊野、在山坡，多多栽种杏树吧，让它为广袤大地增添片片绿荫，让它把祖国春色点染得更加浓、更加美……

一九八四年四月二十五日

文物邦之行

姜椿芳

我这一年，由于工作的需要，在国内跑了许多地方：南至海南岛的天涯海角，北到嫩江之畔的齐齐哈尔。所过之处，不免看看历代遗留下来的名胜古迹、建筑文物。无论走到大城小镇或江边湖畔，莫不有引人注意的历史文物，边陲地方有文物，内地城镇更为众多。中国这个被世界各国人民称为文明古国的国家，称为文物之邦也可当之无愧，是世界任何一个国家不能比的。但是稍微浏览一下各地的文化遗物，亲眼目睹，口传耳闻，都令人十分痛心伤心。既看到有些地方当局苦心孤诣的保护，也看到主管部门惨淡经营的展览，但是更多了解到的却是多方面袭来的破坏、盗窃，可以防范而“无法”推卸的“天灾人祸”。

今年四月底、五月初由中宣部和文化部在北京召开的全国文物会议，应该说是中华人民共和国建国以来对保护文物的一次最重要的会议。在会议上听到的全国各地文物被破坏与盗窃的情况惊心动魄，竟不止我所略知一二的痛心和伤心的“桩桩件件”了。所幸的是，各界人士叫唤了二三十年的文物保护呼声，终于得到党和国家的重视，将采取一系列重大而有力的措施。

人民群众是十分珍爱自己家乡的历史遗物的，对此，我在文物邦之行中深有所感。他们一面谈他们家乡近年来建了什么工厂，盖了什么大楼，修了什么大路，办了什么学校，把这些引为自己的骄傲；同时也谈到当地有什么名胜古迹，有什么珍贵文物，但是说着说着，不免声声叹息，可以听得出来，他们哽咽的喉音，不忍再说下去。这便是天灾人祸的破坏。说到天灾，无非是几千年来的“风化”，偶尔发生的地震雷击，更多的却是人的有意识的破坏。

看来，文物的保护，要依靠广大群众。问题是如何领导他们，发挥他们的积极性。

如果向管理和解说人员稍微深入地问几句，他们也会道出一些心里话：领导不够重视，经费不够（甚至没有），管理、保护措施不严……

从侧面也了解到，有些主管或直接“保护”文物的人，并不爱文物，有的甚至是轻视、仇视文物的。他们被分配做文物保护工作，是“怀才不遇”，是被打入冷宫，是做没有出息的工作，甚至有人把价值连城的宝物看得敝屣不如。

有些人没有保护文物的知识，水平太低，措施不当。有些地方居然把古建筑的栏杆庭柱漆成五颜六色，用鲜艳的油漆涂描石狮古碑，有些地方“保护”得很周到，用木栅栏把应该细看的雕塑圈起来，人们只能在门外穿过栅栏遥望……

我这一年来的“文物邦之行”，痛心多于欢快，如有时间，也很想写出几条来，作为一得之见的呼吁。

一九八四年五月二十三日

使我感动和鼓舞的女排“三连冠”

冰　心

我是含着激动欢喜的眼泪，在周围震耳欲聋的爆竹声中，离开电视机前走到书桌旁边，奋笔来写这篇短文的！

中国女子排球队，荣获了奥运会金牌，赢得了连获世界杯、世界锦标赛和奥运会的世界冠军。这个“三连冠”是艰苦卓绝的团结奋斗的成果。

记得在中国女排首次赢得世界杯的时候，我曾写过一篇祝贺的短文，里面引用了我写过的一首诗：

成功的花，
人们只惊慕她现时的明艳！
然而当初她的芽儿
浸透了奋斗的泪泉，
洒遍了牺牲的血雨！
——《繁星》五五一

我忘记了在一九二一年是为哪一个成功的人或哪一件成功的事，而写这首诗的，然而无论是哪个人或哪件事的成功的明艳程度，都不如今天中国女排的“三连冠”，那样地光彩照人，不可逼视！

我想起也就是和写这首诗差不多的年代吧，我在协和女子大学学习时参加了女校的篮球队。有一次，我们的体育教员——美国人——带我们到通县去，和美国学校的女篮球队比赛。在火车上，那位美国女教员，还在闭目默祷，为我们祈求胜利，但是上帝也帮不了这个忙！那天我们穿的是制服——竹布上衣、青裙子；在球场上的美国对手穿的都是紧身上衣和短裤，而且在身高、球艺和身体素质上都远远地超过我们。那次输了多少球，已经不记得了，但是“败北”之恨却很久地铭刻在我们的心里！

中国解放了，包括妇女在内的中国人民都翻了身。毛主席说：“真正的男女平等，只有在整个社会的社会主义改造过程中才能实现。”又说：“中国的妇女是一种伟大的人力资源，必须发掘这种资源，为了建设一个伟大的社会主义国家而奋斗。”

新中国成立以后，在社会主义建设的三十五年过程中，中国的女青年们在体育训练上也获得了真正的平等。中国女排就是被发掘的伟大资源中的一支无坚不摧的方面军！是她们首先冲出亚洲走向世界，成功地为建设一个伟大的社会主义祖国而奋斗不止。

八月四日中午，我在电视机前心摇目夺地看了中国女排以一比三负于美国队，当时我并没有失望。因为我深知我们的钢铁长城般的女排，在指挥若定的袁伟民教练的指导之下，必定会总结经验、出奇制胜，团结一心，勇敢进击。果然在八月六日下午，中国女排以三比零胜了日本队。今天又以三比零胜了美国队，而荣获了“三连冠”。

爆竹的繁密声响仍在继续，不但近处有，远处也有。我知道这声响不但充满了祖国九百六十万平方公里的大地，而且遍及世界上、一切有中国人居住的地方。守在电视机前为这胜利而流下激动欢喜的热泪的，也不止我国疆土上的十亿人民，而且有五洲四海的炎黄子孙。他们必将和祖国的、在各条战线上建设四个现代化的同胞们在一起，以女排荣获“三连冠”的勇敢进击的精神来鼓舞自己，同心协力，为建设我们伟大的社会主义祖国，而奋斗不止！

一九八四年八月八日

我在西北大学的日子里

侯外庐

光阴荏苒，屹立在东方的新中国诞生三十五周年了。在这举国欢腾的日子里，思绪万千，心潮起伏，多少心里话不知从何说起……这里我还是谈一件个人经历中曾引起一点儿小小波澜的事!

解放前，我一直从事社会科学研究工作。新中国成立后继续坚持在这个岗位上战斗，在我看来，于党、于人民、于个人特长的发挥，似乎是理所当然的。一九五〇年初，正值我在北京师范大学历史系任教，一天，组织上找我谈话，要我到西安西北大学担任校长职务。我愕然了。我申诉了自己的意见，表示，一来，自己书生一个，毫无行政管理经验；二来，个人志趣是中国思想史研究，希望党在这个方面扬我所长。组织上还是坚持要我去，指出建国之始，随着经济建设的发展，教育事业必须与之相适应，而高等学校加速培养出人才为当务之急，还特别强调说，我们就是要用自己的专家学者来办好我们的高等学校。我实在不想去，记得还提出一个理由，西北地区总是希望西北籍人士出任该职，而西北籍的名流学者不乏其人，自己不是陕西人，不是西北的人，还是最好考虑适宜人选。但是党根据当时情况，决意要我去。我经过反复思想斗争后，接受了这个任务。于是，从一九五〇年到一九五四年，我专心致志，一人独居西安，在西北大学担任了行政领导工作。

我虽然青年时代在大学短暂地教过一段时间书，但与教育行政领导无缘。西北大学这个国民党留下的烂摊子，如一团乱麻，百废待举，我不知工作如何下手为好。

重重的困难，成堆的问题，逼得我不能不亲自走向风口浪尖，决心硬着头皮干下去。当时的我，用今天的话说，正值年富力强，上任时不过四十七岁，精力是很旺盛的。

如果说我在接受校长任务时，还有担心贻误研究工作的惋惜情绪的话，那么，当投入紧张的学校工作后，则早把它置诸脑后了。而到了三十年后的今天，再重新回顾这四年多校长岗位上的日日夜夜，我非但毫无悔意，反倒觉得是一段十分值得珍惜的经历。

那四年多的工作，的确是见了一些成效，作为一个毫无教育行政工作经验的书生，能取得工作成绩，我打心眼里感到，这是党正确领导的结果。具体地说，关键在于，党在建国初期路线正确，深得人心。而西北地区党组织则重视贯彻党的路线。我个人的一些作用，离开了这个路线就等于零。

在我接受中央人民政府主席毛泽东的任命状时，既激动又深感责任重大难以胜任。中央教育部领导鼓励我，向我郑重表态说，学校实行首长负责制，要我大胆放手去工作，不要怕犯错误。教育部还指出，刚刚建国，一些具体的规章、制定的建立，尚有待时日，要我根据共同纲领的精神，遵循中央各时期工作的重点，从实践中去摸索经验。

师资是学校教学的根本，原西北大学师资还是有一定基础的，但无论是数量和质量，都不能适应需要。因此，除根据党的政策发挥原校知识分子的作用，尊重他们，并强调需要学习和思想改造外，当时中央和西北教育部门都大力支持我，同意我以校长的名义邀请各地愿来西北大学任教的专家或学有所专长的中青年教师，从而大大加强了师资力量。不久我们及时上报教育部，给一些教师评定了教授、副教授职称。这些教授为西大培养了一批中青年师资，据说现已成为教学和科研方面的骨干和带头人。从外面调来的青年教师，不少已成为培养中国思想史博士生的导师，有一位并担任了西大校长职务。事实已经证明聘请来的人，尽管身上存在这样那样的弱点，但政治上绝大多数是拥护党的，即使少数后进一点儿的，也是可以帮助教育而发挥其作用的。可是，在“文革”中，却因此给我加上“网罗牛鬼蛇神”“大搞招降纳叛”的罪名。今天看来，西北大学在解放后一两年内即开始有所起色，确是和师资队伍的增强分不开的。

在师生中进行马克思列宁主义理论学习，特别在解放初，对改造旧大学有决定性的意义。对这一点，我作为一校之长，在学校党组织的支持下，亲自给学生上政治课（大课），这就比多少口头号召都要有力得多。全校学习马列主义风气日见浓厚。

全国高校于一九五一年前后有步骤地在中央统一领导下进行了教改，历时一年左右，在西北大学由于紧紧抓住了上述两个环节，教改活动进行得相对顺利些，一些对教改意义不甚了解的教职员，在实践中也较快认识到把学校改造成新型大学，集中一段时间教改是必要的。在教改中，由于强调了系、室不要放松本专业的科研，不仅保证了教学质量，也激发了教师的积极性。这里，我要着重指出的是，当时学校的重大问题都和校党组织的领导人商量，互相配合，并得到大力的支持。这是保证工作得以开展的基础。

今天，正如小平同志指出的，我们正处于“面向现代化、面向世界、面向未来”的新历史时期，同建国前期不可同日而语。值此新中国三十五岁之际，抚今追昔，一些成功的经验，仍值得记取并在新条件下发扬光大。

一九八四年十月一日

圆明园忆旧

罗哲文

我接触到圆明园，还是在本世纪四十年代初期。

一九四〇年，我考入中国营造学社学习古建筑时，我用心地翻阅着这一个古建筑研究机构出版的书刊，一是为了学习，二是要了解这一学术机关以往工作的情况和成果。果然我在营造学社编辑出版的《中国营造学社汇刊》中学习到很多的专业知识，而且发现了中国建筑历史上许多惊心动魄的事件。而其中最使我难忘的是看到刘敦桢先生所写的《同治重修圆明园史料》一文。文章虽然主要是介绍清朝同治时期准备重修圆明园的史料，但同时也介绍了这一名园的修造历史和园林建筑以及被毁的情况。特别是文中还有大量的残迹、烫样、图纸的照片，使我真觉得有些眼花缭乱了。

一九四六年初，我来到清华大学，就住在西校门内的西院宿舍，一出校门便是圆明园的遗址。于是给了我一个走访名园遗址的很好机会，次数之多，不可胜记了。我记得去得最多的是福海周围的区域和被称作西洋楼的这部分，因为它们正位于清华校园的西北角，一出校门举足可到，更重要的是这里还有较多的遗址可寻。

福海是圆明三园（圆明园为圆明、长春、万春三园的总称）的中心，属于圆明园的部分，修建的时间也较早，大约在康熙四十年（一七〇一年）以后陆续修建的。福海是全园最大的一个湖，所以被称之为“海”，水面有十万多平方米。海的周围布置了廓然大公、方壶胜境、三潭印月、平湖秋月、雷峰夕照、接秀山房、别有洞天、南屏晚钟、夹镜鸣琴、一碧万顷、湖山在望等著名景点。特别是湖中心的一组蓬岛瑶台建筑景点最为突出，它完全是按照中国古代园林传统方法“海上神山”的意境设计的。当我每次来到这里漫步，绕着残存的岸边遗址，在山岗小道上下行走的时候，虽然昔时清澈的海水已经不在，但海址中心突出的小山和建筑残迹仍然依稀在望。当年仙境般的蓬岛瑶台景象还可以依托着杭州西湖中的岛屿、颐和园昆明湖中的龙王岛屿的形象想象得出来。据说侵略军在焚毁圆明园的时候，由于先把船坞和船只焚烧掉了，以致无法渡过，这一处水中仙岛才得以暂时保存了下来。但是以后也逐渐被破坏了。

西洋楼，位于全园的西北角，长春园的最北部分。它由方外观、海晏堂、远瀛观、线法山、线法墙、万花阵等一组建筑所组成。因其系仿西洋建筑式样所修建，所以俗称为西洋楼。这里是我当年经常漫步之地，其原因是这里保存的建筑物残件最多，基础、门楼、柱子等等都雕刻得十分精美。据说这一西洋楼建筑都是请当时欧洲有名的建筑师来设计的，当时在中国的传教士郎世宁、蒋友仁、王致诚等人都参加了西洋楼工程的规划与设计工作，并请了欧洲许多高水平的建筑工匠和雕刻艺术家来进行具体的施工和雕刻工作。当然大量的劳动还是中国工匠们付出的，从石料开采运送、构件成型以至局部雕刻制作，都有中国工匠们的心血。这一区西洋楼建筑在圆明园中虽然有如一个“特区”，但是它仍是园中的有机组成部分。我那时正在学习西洋建筑史，这里正是一处很好的实物教材，多次来到这里参观对照。它那雄壮稳重的汉白玉石柱、券门、基座和上面精美的雕刻，显示了“文艺复兴”所产生的艺术的硕果。这样精美的建筑艺术，听说在欧洲也是不多的。我漫步其间，俯仰观赏，爱不能去，以至有时流连忘返了。

在圆明园里，还有一处当时我经常去的地方，出了西校门（清华大学），举步就到。它就是圆明园在四十年代还唯一保存下来的一组较为完整的建筑物，名叫“正觉寺”，俗称喇嘛庙。那时它是清华大学的职工宿舍，我有好几个朋友住在里面，我经常去看望朋友，也同时欣赏这一名园的唯一遗构。寺庙虽然做了学校的宿舍，但是对原有建筑并未做多大的拆改，仍然原样保存着，连环境也都没有多大改变。当我每次来到这一宿舍的时候，都感到环境是相当幽静的，院内古松柏犹存。筒坡顶、磨砖对缝墙壁、球纹隔扇门窗、红色山门院墙等地地道道的皇家寺院的精致建筑工程，使我这个学古建筑的人情感备增。尤其因它是这一名园的唯一遗构，更觉可贵。

解放后，我调到文化部文物局专门从事古建筑工作。一九五一年，当时的文物局长郑振铎先生要我举办一个“伟大祖国建筑展览”，地点在故宫午门城楼上。经过几个月的筹备，这个展览就开幕了，对当时进行爱国主义教育来说起了很大的作用。因为这个展览，我又一次接触到圆明园。我们把圆明园作为展览的一重要项目，从清华建筑系、北京图书馆、文整会、故宫等处收集到不少的有关圆明园的展品。如像梁思敬先生在抗战前所绘的大幅圆明园复原鸟瞰水彩画，样式雷的圆明园“烫样”（建筑模型）以及许多早期照片、绘画等等。在展览过程中，圆明园这一个项目的效果很好。以圆明园这一宏伟精湛的建筑园林艺术，说明了中国劳动人民的辛勤劳动的创造智慧，说明了祖国的伟大。同时又以这一名园惨遭破坏的事实说明了帝国主义侵略者的凶残本质和近百年来清王朝和反动政府的腐败，激发了站起来了的中国人民的爱国热忱，抗击帝国主义侵略、振兴中华的决心。我记得陪同徐老（徐特立同志）参观时，他很高兴地说，这个展览很好，我们要以圆明园这样的生动例子来教育人民。

我离开清华已经三十五年了，但是我还经常到圆明园去漫步观赏，凭吊这一历史的遗迹。尤其是在北京，像这样一个比较幽静的游览去处，大片的空旷地区，实在引人入胜。能够把这一遗址保存下来的确不易。听城市规划的同志们说，这都是周总理的关心，他很早就指示圆明园的地不能拨给任何人进行建筑，要保留起来，作为爱国主义教育的场所，将来把它修整开放。

最近几年，我又几次去过圆明园，情况大为不同了。在行政管理上得到了各级领导的重视，成立了圆明园管理处，负责进行经常的保护维修工作，使面目大为改观。在艺术上成立了圆明园学会，进行圆明园有关的历史、艺术、造园、建筑等的研究工作。西洋楼的整修工作已进行了多年，收集了许多散失的石雕文物，遗址也在逐年整修中，参观者络绎不绝。听说最近已在进行福海的整修工程，闻之不胜之喜。我上面回忆常去的三个地点，福海、西洋楼、正觉寺，两处已经复兴有望了。唯有正觉寺，现在还处在日益残毁之中，希望有关部门能重视此事，在复兴全园的同时能首先把这一名园的唯一遗构保护下来，加以维修开放。

祝名园复兴指日，永世长存。

一九八五年五月七日

金色瀑布

周而复

瀑布，一般是白色的，为什么我们要去参观的世界著名的冰岛瀑布却是金色的呢？

陪同我们去参观的翻译白如珂先生，望我笑了笑，用中国话说：我们冰岛这个地方的瀑布就是金色的。他是冰岛中国友好协会的干部，曾经在北京大学学了三年中文，讲一口流利的中国话。他既然不说下去，我不好再问了。我坐在车子里，怀着好奇的迫切心情朝车窗两边望去，希望早一点儿看到，可是公路两边依旧是荒凉的原野、起伏的丘陵，天空还落着绵绵不断的小雨。白如珂叹息地对我说："要是天晴就好看了。"我想起了三十年前在黄山看的人字瀑布，下雨的时候更加壮观，为什么雨天看金色的瀑布不好看呢？小白翘着金黄色胡须笑了笑："你到那里就知道了。"

车子在公路上奔驰，转向左边支路，远远传来轰轰的声音，可是什么也看不见。我向前方望去，车子开始在爬山坡，没有多远，开到一个广场，那儿停了许多车辆，小轿车倒不多，主要是大型旅游车，许多国家的游客穿红着绿匆匆向前面走去。我们下了车，那轰轰的声音更大了，仿佛千军万马对阵，金鼓齐鸣，可是看不见人马，只见山坡后面有一条巨大的白色的物体在滚动，但看不真。

我们顺着停车场向上走去，不远，看到一位少女的铜像立在山边，头上垂下辫子披在肩后，那一双水灵灵的眼睛充满了智慧，注视着来到这儿的客人。有一位穿着红色雨衣的冰岛中年妇女，悄悄地走过去，好像怕惊动她似的，站在铜像面前，弯下腰，轻轻吻了她的额头。小白看到我站在铜像附近没走，他给我讲了一个动人的故事：

这位少女叫薛格丽尔（Sigríður），她的父亲是一位大农庄主，拥有这儿一大片土地，包括金色瀑布也是他私人所有。金色瀑布是世界著名的大瀑布之一，地形好，落差大，给一位最富有的国家大资本家看中了，想花钱把金色瀑布买下，用来发电，可以获得更多的金钱。父亲动了心，没想到瀑布可以变成黄金；经过讨价还价，准备把属于瀑布范围的土地全卖掉。将要成交的时候，她规劝父亲不要把瀑布卖给外国人，要求把瀑布留下来供冰岛人民欣赏。至于发电，冰岛有足够的电力，不需要再用瀑布发电。父亲感到为难：双方已经谈好，大资本家就要来付款了，怎么办呢？女儿十分坚决，无论如何不同意卖，如果要卖，那么，她就跳下瀑布，葬身裂谷，再也不见父亲了。父亲被爱女感动了，改变主意，不卖了。冰岛人民就给薛格丽米尔立了铜像。凡是来欣赏美丽自然风光的冰岛人民都要吻一吻铜像，表示对她的崇敬和感谢。

听了动人的故事，要看金色瀑布的心情更加迫切了。山坡上小路的土地是黑色的，有点儿像火山爆发后的岩浆，走了一段，土地变成墨绿色，金鼓齐鸣的响声变得更大了，如同来自天宇的雷霆，两人对面讲话也听不清楚谈的是什么内容了。我跑到山坡高处一望：最上面如浩浩荡荡的湖水一样，看不到尽头，水好像不太深，向两边溢开去，形成无数短而肥的瀑布，哗哗流去。附近有一片悬崖，悬崖对面是陡峭的绝壁，两者之间是一个深邃的有七十多米的自然裂谷。

从平湖流下来的无数道短而肥的瀑布，“空中乱漈射”，汇在一起，气势变得雄伟壮观。变成了面宽四十多米的大瀑布，像是银河从天而降，仿佛无数条蛟龙在裂谷中飞舞，直落下去，一碰到对面陡峭的绝壁，立即溅起二三十米高的水柱，变成水球气泡，给太阳一照，如同万斛金星飞舞。

在空中飞舞的水珠和气泡旋即跌落下来，给山风吹远，变成细雨绵绵，落在人们的身上，濡湿了身上的衣服。但在这样美妙奇景前面，谁也顾不得衣服湿不湿了，特别是画家亚明，我和他都攀登右侧的山崖向下俯瞰，四十多米宽的瀑布直落下去，发出雷鸣般的巨响，惊心动魄，看得人眼花缭乱，仿佛自己也随着银河直落九天，可是看不到底，但见裂谷口子下面有一条碧玉似的河流，奔腾不已。这是白河，蜿蜒在荒凉的山野里去了。

为什么瀑布有这样的壮观呢？冰岛有三大冰川，其中一条是欧洲最大的冰川。金色瀑布的位置正好在冰川的下面，又处于白河的上游，由于高山运动和地质结构，形成上有平湖、下有自然裂谷，冰川不断流来，湖里容纳不下，便四溢开去，变成无数瀑布，分为两级，下面那级特别壮观，成为世界著名大瀑布之一了。

在回来的路上，白如珂问我对金色瀑布的印象，我借用苏东坡的一句诗答复他：

“壮观天下无。”

一九八五年五月二十八日

歌舞要植根于人民

资华筠

我是搞民族舞蹈的，一九八四年以后，虽然还不时地参加一些社会活动性质的演出，但是演员生涯已不是我生活中的“主旋律”。团里要我担任艺术委员会副主任，并兼管一支以青年人为主体的五十多人的演出队。于是，从事艺术生产的管理工作成了我面临的新课题。

接受任务时，我想得很简单：登台表演是为了献身民族舞蹈，担任演出队负责人，更要为振奋民族歌舞艺术而奋斗。但万万没有想到，一接手工作，就首先被经济问题所困扰。

按现行的文艺政策，我们中央歌舞团是没有事业经费（特殊任务，临时申请拨款）的。添置器材、服装以及演员的必要补贴等等均要靠演出收入来解决。在这种情况下，演出的“票房价值”就成为一个十分尖锐的问题。

众所周知，近年来社会上风行各种“时代歌舞”。这些歌舞大多是流行于市的港台歌曲和西方迪斯科舞、舞会舞等等，其艺术生产过程既省力，“票房价值”又高。至于各种“组台演出”，私演，私分，“经济收益”就更高了……这对于我们这支年轻的演出队，无疑是一种无形的“冲击波”。

我们中央歌舞团是新中国成立后建立的第一个国家歌舞团。它是以继承、发展祖国优秀的民族歌舞艺术为己任的。难道我们能为单纯追求“经济效益”而舍弃我团的优秀传统吗？但是，要坚持下去，谈何容易？！

俗话说，“巧妇难为无米之炊”。建队初期，为争取到一点儿起码的事业经费，我到处“拜佛”，争取财力支持，可谓“跑断腿、磨破嘴”，所幸者，均能得到理解和支持。当我精疲力竭地回到家中，想到这种“厚脸皮”与自恃清高似乎相悖，心里真不是滋味。但这恰是为了维护艺术的清高啊！

是的，我们吃了不少苦。盛夏酷暑，坐着不动尚且大汗淋漓，我们却一日三班地进行百日大战。三九严冬，我们在没有取暖设备的剧场演出，照样按照节目的要求，身着纱衣，甚至裸臂、赤足，遇到后台没有厕所，还要自己倒便桶……在这种活动中，我所扮演的角色往往是“残酷”的代号。我们严格执行排练演出纪律和奖惩制度。值得高兴的是，得安全奖、贡献奖的人很多，因累积三次责任事故而受罚者，几乎没有。

秋天是收获的季节。经过近一年的奋斗，在有关领导的关怀和支持下，我们演出队代表文化部直属文娱团体赴南京参加全国舞蹈创作讨论会，奉献了一台具有民族特色和探索现代审美意识的新节目。之后在江、浙两省巡回演出。出乎意料的是：原定一个月的演期，由于观众的热烈欢迎而延期至两个多月，以至形成名副其实的“踏雪江南行”。

在杭州剧院演出时，我们的票价比美国明星芭蕾舞团高出一角，五场演出（两千多个座位），场场爆满；在越剧之乡嵊县演出时，由于观众的强烈要求，我们破纪录三天演了八场。不少报刊评论说：这是近年来少见的优质演出。既有浓郁的民族风格，又清新活泼丰富多彩，为广大群众所喜爱……演出后，许多观众来信，称我们是“水中芙蓉”——保持了艺术的洁净与美好……

实践证明：植根于人民生活之中的民族歌舞艺术具有强大的生命力，关键在于创新与质量。那种把社会效益和经济效益割裂开来、把民族风格和时代精神对立起来的观点，从理论到实践都是不正确的。

当然，追求民族风格与现代审美意识有机的结合，无模式可循。我们的探索不过是艰难的起步。这艰难，只有在实践着的当时，才觉得它很严重，待回头望去，又感到它微不足道，反倒觉得前面的路会更艰难。这就是我在回顾过去一年时的真切体会。

我愿在此向有关领导和社会呼吁：为发展祖国的民族歌舞艺术，应给予这项事业必要的投资，对那些月薪只有五十多元，而付出的卡路里却相当于一个运动员的风华正茂的舞蹈演员，应给予更切实的关心。

一九八六年四月四日

绘画·教戏·创作

新凤霞

我现在生活得很丰富，每天都有做不完的事，对我这个素有“闲不住”“无事忙”之称的人来说是很适宜的。

每天的时间我都安排得很紧。画画、教学、学习、写作……几乎无片刻闲暇。

就拿去年来说吧。画画是我一年中最高兴的事，越高兴越爱画；越画越高兴。它给予我无穷的乐趣。但是我缺乏基本功，有时又感到，越画越不像个样子。本想画一朵牡丹，但远看却成了“鞋底子”，近看则成了“烂菜瓜”。气得我把它立即揉成团，狠狠地扔掉，但最后还是把它又拣了起来，从中仔细地琢磨失败的教训。

我教的学生不算少。尤其是评剧发源地的东北三省和河北来的学生更多。我为这些学生深深地感到不安，因为他们有的已是四十多岁的人了，年龄上给了他们一定的限制。一个女演员如果在二十岁上下鲜亮年华时没有打好基础，就很难登峰造极了！再说十年浩劫留下的旧风气，如不讲戏德，不讲班规，不尊师，不认真等等，都会影响到一台戏的质量。“一台戏大家唱，合作好才辉煌”，这是戏德。“教戏先教心，浇花先浇根”，粉碎“四人帮”后，我教了不少学生，也总结了不少教训，觉得教戏容易，而提高学生的思想则较难。我的能力实在有限呐！但我仍尽力地朝这个方向努力。我把重点放在青年演员身上，因为舞台上好的青年演员太少了。去年我收了辽宁省朝阳市评剧团青年演员袁丽梅等六个学生，她们都是初高中学生，气质很好，条件不错，但她们还很嫩，经验少，基本功差。提高她们的思想和艺术要花很大力气，但我乐于花这份力气，并相信她们将来一定会获得成功的。

去年要说收获最大的应当是我学习写作。一年中，我写了三本书。其中《新凤霞说戏》一书，说的是如何创造角色，准备排练，接到剧本后如何设计舞蹈、唱腔，人物情绪如何贯穿，怎样运用手、眼、身、法、步，怎样唱、念、做、打，怎样用灯光布景等等。另一本是《新凤霞唱腔谱》，说的是我怎样为四出戏设计了生、旦、净、末、丑的唱腔。我六岁学戏，什么角色都演过，整出戏的角色都能设计出来。还有一本是《新凤霞唱腔选集》，其中有我的七八十段唱腔曲谱，有我对如何创腔，如何运用兄弟剧种唱段，如何咬字、发声、呼吸以及控制声带等的体会。这三本书，已由宁夏人民出版社、戏剧出版社分别出版了。我还准备写一本《我的脚步》的书，准备从六岁学戏时写起，写我五十年来所走过的艰苦道路。去年已写了近三十万字，争取在今年上半年写完。去年还去了一次辽宁和天津，和老观众、新读者见面，得到许多观众和读者的支持鼓励，我十分感激！我希望我的脚步跟上这大好的时代。我的流水账就报到这里为止吧。

一九八六年四月十二日

谈谈杨小楼

吴小如

杨小楼逝世已五十年，不少人总以为我们这帮看过杨小楼戏的老家伙在过分渲染夸饰，把杨小楼说得神乎其神。其实作为武生演员，特别是大武生，只有杨小楼才配称得上是唱念做打无一不精的全才。时至今日，演武戏只重技术，不重表演，只讲翻摔扑跌而不顾戏情戏理，已成为一种普遍倾向。因此我感到，纪念杨小楼实在是对今天的青年武生演员（包括武旦、武净）起到一次“整风”和示范的作用。即以《青石山》一剧而言，武旦所扮本为狐妖，只能穿红色短装，内行称为“打衣”“打裤”。可是今天有的武旦演员竟改变了扮相，扎硬靠，带靠旗，把鬼蜮世界的狐妖等同于人类社会的女性将军元帅，且用靠旗“打出手”，全不问戏情戏理，一味卖弄技巧。仿佛不这样，就不是“推陈出新”，就不符合改革精神。难道我们的改革是往悖情逆理的邪路上胡来吗？这实际是对我们社会主义的改革精神的严重歪曲。

纪念杨小楼，继承杨小楼，并不是让人们保守倒退，而是要使我们的民族瑰宝（包括京戏和昆曲以及其他具有悠久历史的传统剧种）成为更具有规范化和科学性的文化遗产，正如我们从地下发掘出周鼎秦彝，一定要让它们体现我们中华民族几千年的文化传统和古代劳动人民的无穷智慧，而不是要把它们擦亮磨光，重新炼铜炼铁。听说近时有人重排杨派名剧《别母乱箭》，竟让周遇吉中箭以后大摔其“拨浪鼓”和“元宝锞子”，以博取台下彩声。扎大靠、带甩发髯口而硬翻硬摔，不可谓不难；然而去杨小楼远甚，去戏情戏理远甚，去标准化、规范化、典型人物形象的优美造型则更远。窃以为这并不是振兴戏曲，从而担心我们的传统文化艺术和民族瑰宝即将消亡在我们这一代人手里。我们将成为民族罪人而犹不自知！这并非是我危言耸听，更不想哗众取宠，而是作为一个中华人民共和国的公民，由于热爱祖国的文化艺术而发出的由衷呼吁。知我罪我，请俟来哲。

一九八八年一月二十一日

重访富春江

沙　里

我总想再看一眼富春江，这已经是多年的愿望了。这一次，我从温州回来，刚好有一天空闲，我决定到富阳去。杭州市政协肖冰同志热情支持我，亲自陪同，这就方便多了。

“碧桃三月花如锦，来往春江有钓船”，这是郁达夫描写他那在严陵滩下的家的诗句。我的童年，有一段时间也是在这里度过的。那时我还只有十二三岁。父亲是县衙里的一名职员，我在故乡乐清的小学毕业后，就跟他到这里来了。那时的富阳也像乐清一样，没有中学，我只好在春江小学旁听。说是旁听，我是经常“逃学”的。更多的时间除了自习，则是在富春江岸和鹳山这座大课堂里。

童年的回忆，总是既深刻又有些模糊。前年，富阳越剧团来京演出，我偶尔从一张节目单上看到鹳山的照片，像是见着久别重逢的故人，又把我拉回到五十年前的童年意境，我又回到那一江碧水的身边，还有那棵古老的大榕树，在它的脚下，望着远处的点点白帆，悠悠移动。忆相逢，犹恐相逢在梦中。

在富春江畔，我度过了快活的童年。但我的童年也是在这里结束的。沉重的国难，促使我随着年岁的增长似懂非懂地开始关心起国民来。蒋、汪合作，国人是欢迎的，记得有一次我也站在小学生的队伍里，举着老师发给的小旗，到汽车站去欢迎当时还没有公开叛国的汪精卫和陈璧君；我也密切注视着西安发生的一切，当然我只能从国民党的宣传中知道一些，随着大人们的议论，也跟着忧虑和欢欣；在这里，我第一次知道“卢沟桥”这个名字，而这个名字对于每一个爱国的中国人来说又是多么重要，我在初中的每一篇作文的第一句，总是要提到它；杭州沦陷以后，我随着学校——杭州蚕丝学校迁到临安，以后学校被迫解散，我又步行回到了富阳。但这时富阳县城已经沦陷，我只好到了春江南岸的场口，跟随我父亲的老同志谢泰伯伯流亡回温州。和我做伴的有他的儿子谢演圣，后来他们都去了台湾。谢伯伯如果还健在的话，该有九十岁了。演圣年岁比我小，五十年代，我在台湾体坛名单上曾见到过他的名字，这次我在温州听人说，阿圣在台湾已是一名“将军”，因为他小时出过天花，人称“麻子将军”。五十年前的往事，我不知道他还能记起否。如果阿圣有机会回来，或者祖国统一之日，我当邀其再访富春江，话别五十年，共聚儿时情。

今年的气候特殊，虽已是冬天，在北方也不算冷，杭州更是气候宜人。十一月八日清早，肖冰同志已在新新饭店的大厅里等我。车过六和塔，不多一会儿就到富阳了。说也巧，县政协的楼房就盖在五十年前我住过的院子里，那是旧县衙的院子，大门口还是老样子。前面那条狭小的街，那时是很热闹的，满街是小吃摊点，还有几家当铺，当铺门前唱卖旧衣服的声音盖过一切，总是有许多人在那里围观，看到合适的就买一件。最大的一家是同兴当铺。这里是市中心，晚上的煤气灯也特别亮，我每天晚上都要随父亲到这家铺子门前来玩，大人们则坐在店堂内的高柜台里面聊天。出大门口到江边，只不过百米远，我每天都到江边游玩，呆呆地站着，看那一船船满装土毛纸的船，扬帆而去。那江边还有许多提着小竹篮叫卖香瓜子的小孩，有时我也买它几分钱的，独自到春江第一楼或那棵大榕树底下，边嗑边凝望碧水蓝天，一坐就是半天，四周显得格外宁静。在鹳山，人道有三国孙权墓地，可我始终没有找到它。

我喜爱文学，也读过一些郁达夫早年的作品。我是非常崇敬他的，经常在他家门前徘徊，像到麦加朝圣一样，望着那座临江依山而筑的二层楼房。郁达夫这位文化界的伟人，忠诚的爱国战士，就是在这里出生的。那时他的老母亲陆奶奶还住在这里。后来才知道，在日寇侵入富阳的日子里，陆奶奶绝食饿死于此。陆奶奶的高风亮节，永远值得后人纪念和敬佩。

我们乘坐着一艘小艇，溯江而上，顺流东下，兜了一圈。县政协的同志指给我们看许多过去没有或近几年扩展的沙洲和沙洲上新兴的村庄，可惜我们没有时间登岸参观。从下游上溯，西望鹳山，青山碧水交相辉映，又增添了不少色彩绚丽的现代建筑景观，使原已迷人的风景愈加令人陶醉。上岸后便登鹳山，县政协的余大白等同志陪我们参观郁达夫故居，现在已辟为郁达夫纪念馆了。纪念馆的负责人，详细介绍每一件文物、字画的来历。睹物思君，我的心里充满了无限崇敬和怀念之情。五十年过去了，我又重访这座小楼，而这里又多了一座为纪念郁氏兄弟而建的双烈亭，它已是真正的圣地了，它将留给人们永远的纪念。缔造新中国的英烈们，永垂不朽！

一九八八年二月十九日

中国戏曲脸谱的价值

翁偶虹

脸谱是中国戏曲化妆中的一种特殊手段，它有塑造人物个性的艺术价值，辅助表现人物个性的艺术价值，美化人物形象的艺术价值。在脸谱艺术中，蕴藏着中国民族传统的美学观点，从而在化妆的基本功能上，占一席于画苑，绽一花于艺圃，升华为中国美术作品的一种。

中国戏曲，浩如烟海，几度沧桑，兴衰交替。仅就现存的三百六十个剧种（根据《中国戏曲剧种手册》）而论，绝大部分都有各自不同风格的脸谱。由于不同的剧种或集中于城市，或分布于乡村，或为专业演出，或为业余活动，要想把全国戏曲的脸谱，收珊瑚于铁网，陈珠玑于玉堂；菊圃不遗一叶，梨园不遗一花，众志虽可成城，艺海始难尽岸。

这次展览会（指一九八八年二月底在北京举行的中国戏曲脸谱展览——编者注）上，陈列了戏曲未形成以前的面具，戏曲形成过程中的代面和涂面，戏曲形成后的早期脸谱、中期脸谱、现代流行的脸谱和各个流派的脸谱。或据实物复制，或由演员勾画，或用条幅摹绘，或范泥塑勾勒，或单独地完成一个谱式，或旁及盔、髯的衬托，或升华于美术品中，或装饰于工艺品上，群策群力，务求其全。当然，沧海遗珠，铁网难尽，而灿然骇瞩，亦足以表现全国戏曲脸谱的灿烂辉煌。在欣赏脸谱艺术、探讨戏曲美学的愿望上，标明了四个特点。

（一）从形形色色的面具与脸谱中，可以看到中国戏曲发展的一个侧面。

（二）从各式各样的脸谱展览中，可以看出脸谱的特殊化妆性能。

演员在面部勾画脸谱，都是以本身的五官部位，依其骨骼、循其筋络、同中有异地以求适合于自己的表演。喜爱脸谱的观众，根据演员勾画的谱式，摹绘于幅页，塑制于泥胎，保持了脸谱的谱式原型，累积了脸谱的资料，同时也保留了许多失传剧目的痕迹。进而于脸谱之上，装戴盔巾，悬挂髯口，配饰翎尾，衬托发纱。以脸谱的规定色彩，决定了每个净丑人物的穿戴扎扮，表现勾脸人物的整体之美。每个剧种的脸谱，运用不同的化妆手段，形成不同的独特风格。如：北昆《棋盘会》的钟无盐，《九莲灯》的火灵圣母，旦角勾脸。晋剧《五红图》的徐达，《出庆阳》的李广，须生勾脸。而净角扮演《庆顶珠》的萧恩，《李陵碑》的杨继业，高揉素额，却不勾脸。粤剧《鱼肠剑》的姬僚，勾五色花脸，戴五色髯口，独具一格，绝无仅有。这一部分展出了汉剧、秦腔、晋剧、河北梆子、川剧、绍剧、莆仙戏、粤剧、藏剧等各个不同风格的脸谱，可以看出中国戏曲脸谱确是富有广阔的艺术性能的特殊化妆手段。

（三）从脸谱艺术的性能中，可以看出中国民族传统美学的实用价值。

京剧的产生，是综合了徽剧、汉剧、昆剧、秦腔以及各个剧种的艺术情华，发展成为全国性的大剧种。京剧的脸谱，也是吸取了各个剧种脸谱的结晶，衍变发展，统一在自己的风格之内。这里展出了三国戏、水浒戏、西游戏一大部分的脸谱，同时也展出了京剧名家手绘的手迹。与各个剧种一样，从脸谱艺术的性能中，可以看出中华民族传统美学的实用价值。

人的心理分有意识与潜意识两部分。潜意识多属于幼年时代种下的情感。欣赏戏曲的脸谱，或喜或惧都无法解释，也无法排除。

但是，欣赏戏曲的人，总是想达到“静观”的境界，要达到这种境界，需要对强烈的情感保持着一般心理的距离。这种心理上的距离，是在潜意识的主导下产生出来的。因而观众对于脸谱的认识，也只承认它产生了强烈的戏曲效果。这是因为戏曲人物需要直截了当地使观众对于他们的性格、素质、情操、身份，有深切的认识，而后，“静观”看戏。但是戏曲不能像小说那样详细描写，只能在形象上明朗爽捷地表现出来，使观众一目了然，在“静观”的境界中，在心理的距离中，起到联想的作用，由联想而达到想象。联想与想象是中国民族传统美学的重要观点之一，它已然蕴藏在戏曲脸谱艺术之内。

（四）脸谱已从化妆艺术升华为画苑美术。

三十年代，画苑名家也曾摹画过脸谱，北京首席人物画家徐燕荪、天津首席翎毛画家刘奎龄，先后画过杨小楼、尚和玉、钱金福、金少山的脸谱和扮相于扇、页之上。“六戏斋”，摹画脸谱即为六戏之一。所作时披露于报刊，获青睐于读者。程砚秋兄曾倩予聚画脸谱于集锦扇上，启分十六格，书画相间，杨小楼、梅兰芳、尚小云，荀慧生、瑶卿昆仲、小培父子、余叔岩、马连良、言菊朋、时慧宝或书或画，侯喜瑞、钟喜久及晋剧名净张玉玺则各画脸谱，予亦画《燕子笺》中之贾南仲、鲜于佶、安禄山、李猪儿四谱以附骥。扇为荣宝斋主人所见，独雅予作，请绘四屏，配以四翰林之题字，陈列于诸画家作品之林，标明不售，以示画苑中有此一格。予之达此，非借机以自炫，窃以为过去的事实，证明脸谱艺术通过丹青的摹画，已夺席于画苑。随着时代的递进，许多画家都珍视脸谱，或用国画技法，或用油画技法，或用漫画技法，画出神韵各异，而谱式存真的脸谱，百花齐放，扬芬于美术之林。

一九八八年三月八日

画 竹

管 桦

儿童时代我就喜欢竹子以及那些同竹子有关的故事。竹林七贤啦，人民路祭寇准时挂纸钱插的竹竿变成竹林啦，使我对竹子有一种近似迷恋的感情，却没有想到后来会画它。虽然我从少年时代就开始学习国画，但临摹的是芥子园画谱、徐悲鸿的《晨曲》、刘海粟的山水；入城后，开始也是临徐悲鸿的奔马、喜鹅，齐白石的蔬果、牡丹，高剑父的苍松、白鹤。后来才临摹历史上画竹名家夏仲昭、柯九思、郑板桥、李方膺的作品。到了“文化大革命”，骚乱的狂飙，像一阵恶风挟着黑雾而来，降在我毫无防御的头上。我得了心肌梗死，我便一边偷写反映抗日战争的长篇小说，一边画起竹来。我认为色彩上达到真实平凡而不可企及的美，莫过于水墨了。

去年九月，瑞典伦得大学美术教授伯伟能先生与瑞典电视台合作，来拍我的墨竹技法的电视片时，问我所画墨竹表现的主题思想是什么。在他之前，曾来我家做客的英国苏格兰皇家艺术院士、美术系主任莫洛柯博士，也问过这个问题。可见外国友人喜欢墨竹，但还没有完全理解，我突破传统技法的束缚，粗干大叶，泼墨写意，表现自己对自然界、对生活、对人生的理解和认识。以力量代替前人的清高；以受尽磨难的战斗从而达到最高精神境界的“超脱”，代替前人的“守节”。历史上的墨竹画家，多是生活坎坷，甚或经历过大灾大难，也有怀才不遇者。喜欢墨竹的人也大都是这样。因为他们在灾难和侮辱的痛苦中，产生强烈的对人的尊严的重视和人格的追求，以竹来寄托精神上最高境界的超脱。在封建社会“鸡犬之声相闻，老死不相往来”的生活环境里，一个柔弱的人，追求清高超脱，是完全可以达到的。旧时代已经过去，在现实生活中，想达到超脱的境界，必须有充分的力量。我的墨竹，就是想努力表现人类最高精神的超脱是顶天立地，任何邪恶势力都不能奈何。海内外有的朋友问：你的墨竹为什么不勾节儿？我以为观者感到有节就够了，人性中是无节的。这样的人，在灵魂中才是有节的。一位伟大的哲学家说：“历史是不断走向自己的反面。”请问，节在哪里？但无限是由无数的有限构成的，而艺术家追求的是无限的东西。因此，艺术家的灵魂应该是荡在天空中的灵魂。

一九八八年四月八日

访肖邦故居

黄景钧

去波兰访问之前，波兰朋友便来电征求我们对日程安排的意见，钱伟长副主席毫不犹豫地提出：希望能参观肖邦故居。

故居是在距华沙市区约一百公里处的一个名叫热拉佐瓦·沃拉的小村子里。七月的华沙，虽说正处在暑季，但气温常在二十摄氏度左右。这一天风和日丽。

我们下车后，一位年轻的故居负责人迎上前来，彬彬有礼地向钱老夫妇献花，表示欢迎。他向我们介绍说，这里本来是波兰施卡尔别克伯爵的领地，肖邦的父亲尼古拉·肖邦当年就是在这里给伯爵当家庭教师。一八一〇年二月二十二日，肖邦在这里降生。当时，波兰正遭第三次瓜分，八个月后，肖邦随父母迁居华沙。一八九一年，也就是肖邦去世后四十二年，俄国作曲家巴瓦基莱夫来到这个村子，在附近的一座教堂里发现了肖邦的出生证明书，从此确认，这里是肖邦的出生地。一八九九年，在肖邦故居的四周建立起公园，许多国家送来奇花异草，供人参观。

进入故居的正门，只见屋内一共是三间房，室内陈设依然保持肖邦出生时的原样，据介绍，这大都是以后的仿制品。我们首先参观肖邦父亲的书房，室内存放着肖邦父亲的书稿和画稿。另有几幅画挂在墙上。在肖邦母亲的房间里，摆有一台她曾使用过的古老的钢琴，墙壁上挂着肖邦的出生证明文件。与肖邦母亲房间紧连的是肖邦外祖母的卧室，墙壁上挂着法国画家德拉克瓦画的少年时代肖邦的画像，靠窗户边摆着一台大钢琴，窗外是个大花园，花园的草坪上有一排排木制的长凳。据介绍，每当春秋季节的星期天都要在这里举办肖邦作品演奏会，听众坐在窗外花园的木凳上，欣赏着从室内传出的琴声，仿佛是在听肖邦本人演奏似的。

波兰朋友在肖邦外祖母的卧室为我们举行了一个小型的音乐会，请专程从华沙陪同我们来参观的华沙音乐学院女教授波格娜为我们演奏肖邦的作品。波格娜教授年约四十岁，身材高大，穿着一身花色的连衣裙，兴致勃勃地一连为我们弹了十首肖邦的作品，其中有波兰舞曲、马祖卡舞曲、练习曲和革命进行曲等。她那优美和高亢的琴声，把我们带到了另一个时代。肖邦一生只活了三十九岁，他二十岁时离开祖国，一八四九年病逝于巴黎。他留下的作品并不算多，但却反映了波兰人民的思想、希望和生活，以及为争取民族独立和自由而斗争的呼声。他痛恨沙俄对波兰人民的奴役和压迫，在他的乐章里充满了炽热的爱国主义情感。

波兰人民把肖邦作为自己民族的一颗璀璨的星。肖邦一生大部分时间寄居国外，但是眷恋祖国的心情却十分强烈。一八四九年，当他在巴黎处于病重的弥留之际，再三嘱托亲友在他死后一定要将他的心脏带回祖国。他的朋友实现了他的遗愿。如今，肖邦的心脏就安葬在华沙市内著名的圣十字教堂里。在华沙的公园、街头，我们常常看到肖邦的塑像以及以肖邦名字命名的街道、学校和建筑物。这说明，波兰人民是多么热爱自己民族的文化、那些为民族文化做出杰出贡献的创造者们！

一九八八年五月三日

一代泰斗，乳育百代

——忆叶圣老二三事

苏殿远

我和叶圣老第一次见面，是在《儿童文学》举办的一次具有联欢性质的座谈会上。那时，他已年过八旬，俨然是一位慈颜悦目的白眉寿星了。

在此之前，我像许多小草一样，渴饮过他的文学甘露，受益于他的“文字阳光”，成长于他的启迪之中。五十年代初，我的老师——研究鲁迅文学的学者孙崇恩先生，就鼓励我们读圣老的作品，说他的作品“真善美三个字都全了”，还说他学有所成是受了圣老的影响。圣老哺育了我的老师。我作为孙先生的“门人”，从他那儿学习了《多收了三五斗》。此后，我又当了老师，教我的子弟学习圣老的《多收了三五斗》《古代英雄的石像》等等。而今，我的学生有的当了教授，有的做了学者，他们又在讲授和探讨圣老的不朽之作。如此说来，圣老的文章有如日月行空，光及万代，永育后世。这绝非妄词了。

圣老一代代受人尊敬，是因为他广于“赐爱”。一九八三年春，我应《少年之友》杂志的邀约，向小读者介绍圣老的《小记十篇》。写作中，我打电话向他请教几个问题，他竟然记得我，热情地说：“你笔名叫向阳红吧？是个写诗、写散文的年轻人。”我听了这些话，感动得不得了。一时间，汹涌的情潮把我推回到五十年代中期。那时，我曾把发表过和未发表过的一些诗寄给他，向他求教。没想到，一周后他就给我回了信。信中说："诗，一字一字地细读了，情浓感人。但文字不够凝练。"他具体地指出：《玛雅伊娜的热情》一诗，就可以删掉一些诗行。为此，我按照圣老的启迪，砍去了两节。这首诗发表在《青岛日报》副刊……二十余年过去了，他还记得我的笔名和我的诗，真使我肃然钦而敬之。令人惋惜的是，圣老的大札早在"十年浩劫"中散失了。

他在电话中谦虚地说："《小记十篇》是从一九五三年到一九五七年的散文中选出的，是不是过时了？如果觉得旧，就别介绍了，万不可让孩子们啃旧馒头。"我告诉他推荐、介绍《小记十篇》主要是帮助小读者了解和掌握游记散文的写法，他这才放了心，如释重负地笑笑说："噢噢，那就好。"当我说代表《少年之友》和小读者谢谢他的时候，他再次谦逊如躬地说："要是孩子们通过你的介绍，作文上有点儿长进，那便是对我的感谢了。"

五年过去了，他苍老而炽热的语音，犹如春阳下的钟声，还在我耳边萦绕、回响。

一九八五年，我由中国青年出版社调到《中国法制报》工作，又有求于圣老，请他为副刊题写"华表"二字作为刊头，他竟慨然应允。是时，圣老已近九旬，已看不清字，何况肾脏有病，行将住院。即使这样，他仍然履约：左手拿着放大镜，右手紧紧握笔，颤抖着挥毫，写出"华表"二字。

"春蚕到死丝方尽，蜡炬成灰泪始干。"作为文坛一代泰斗、教育巨星，他在逝世前夕还兢兢业业，抱病育人，扶掖后进，开拓事业，实在让天地敬佩。

一九八八年六月七日

刘公岛的启迪

韶　昉

如烟如雾的柔柔春雨，送我登上了如梦如幻的刘公岛。

在我的想象中，刘公岛该是个风光绮丽迷人、建筑富丽堂皇的所在。待到身临其地，我不由喟然长叹，果真如人说，看景不如听景啊！

刘公岛实在是一座极朴素的小岛，朴素得就像它因之得名的传说中的刘公，就像海边一个普通的渔人，这儿没有奇形怪状的苍松，没有雕梁画栋的楼台亭阁，没有千姿百态的奇峰秀石，没有赏心悦目的流泉瀑布，自然也就领略不到泰山的雄伟、黄山的秀奇、漓江的清丽。时值初春，春风料峭，又逢雨天，来岛上游览的人却依然如潮如织。我暗暗诧异了，这座小岛何以吸引这么多人？怀着一种探幽寻奇的心理，我融入人流中，走进了北洋水师提督署。

北洋水师提督署坐落在刘公岛南端，北依一抹青山，南临一片碧海，院落不大，都很方整。院里的建筑清一色平房，只不过比寻常的平房稍高大宽敞些。虽然朱门黑瓦，修葺一新，但远不如银幕上和想象中的堂皇气派。倘若没有门楣上“北洋水师提督署”几个黑漆漆的大字，说它是旧日某家财主的庭院倒更令人相信。迎门的一幢较大的房屋，新辟成“中日甲午海战纪念馆”。这里荟集了有关这场海战的大量珍贵的资料：一帧帧模糊的照片，一件件锈迹斑斑的军刀、手枪，一幅幅色泽暗黄的北洋水师作战配置图，一面面支离破碎的战旗……配上女解说员柔婉沉郁的解说，织成了一种浓郁的氛围，使人油然萌思古之悠情，思绪翻飞，不能自已。

陈列馆后面是一处宽敞的大厅，这里是当年北洋水师将领研讨军机之地，如今新塑起了丁汝昌、邓世昌等八名北洋水师爱国将领的蜡像。走进大厅，我一下子为雕塑家的巧手匠心所折服了。蜡像身高如常人，一尊尊栩栩如生，姿态神情迥异：或手执兵书，颔额沉思，或怒目圆睁，慷慨激昂，或昂首挺胸，视死如归，或捋须凝眸，忧心忡忡……蜡像的总体构图取甲午海战前一次作战会议立意，八名将领坐立相间，彼此呼应，构成了一幅生动逼真的精忠报国图，令人遐想翩翩。我伫立在蜡像前，仔细地端详着八名将领的面容，仿佛看见了当年北洋水师的战舰和日本侵略者浴血奋战、枪炮轰鸣的壮烈场面，听见了北洋水师官兵同仇敌忾、浪呼涛吼般的阵阵呐喊，我的心弦不可抑止地震颤了。

从北洋水师提督衙署出来，在当年北洋水师码头遗址，我倚栏翘首，久久地凝望着刘公岛。不知怎的，我觉得刘公岛竟是那样的雄奇秀美，北洋水师提督署那普普通通的房屋是那样的高大辉煌，低矮的小山是那样的巍峨峻峭，岛上的一草一木都变得分外妩媚迷人。

我久久地凝望着刘公岛，就像在阅读一部质朴无华、意蕴深奥的书。我的心灵获得了一种深深的启迪：人是历史的撰写者，山河土地往往是由于人的业绩才扬名于世的，不是吗？世间有多少原本是无声无名的普普通通的地方，只因人的辉煌业绩为它增色生辉，在它那儿打上深深的印记，成为人人神往的名城胜地！就像眼前的刘公岛，倘若没有甲午海战，也许，它至今还默默无闻、不为人知哩。然而，当历史为我们提供的机会时，我们将给这片土地留下点什么呢。蓦然觉得眼前的刘公岛变成了丁汝昌、邓世昌……他们正用灼灼的目光瞩望着我，我在心里勉励自己：奋斗吧，莫辜负了脚下大地的深情期望。

一九八八年八月五日

对得起观众

新凤霞

我是一九四九年来北京在天桥“万胜轩”唱戏。戏院子大门挂着一块布门帘子，观众撩起布门帘子就可看见台上演戏，进门要在门口大斗里放进一毛钱，可看一天。但是出来了再进去还要向斗里扔一毛钱。这叫“流水座许出不许进”。戏院老板就指这出出进进挣钱。

在这个小戏院唱戏是连场转。早八点开戏，晚八点半散戏，三四出戏来回倒着唱。门前有两个服务的职工，那时叫“茶房”。他们站在大门两旁吆喝喊叫着宣传：“来呀！看吧！看吧！这是青年明星新凤霞啊，评剧新人啊……看戏快进来啊！晚了进不去了！便宜啊！一毛钱呀！快进去看啊！青年评剧新人唱新腔呀……”这两位一边喊叫，一边用小木棍敲打着门框上挂着的铁片，招得天桥游人一群群地向里拥去。

记得班主为了招揽观众，常常让我唱一段就叫我：“快下来。”开始我不知是怎么回事，就听话地下来了，班主换上一个年老的男演员上去胡编乱唱，一会儿就把观众都唱走了。老板又说服我：“新凤霞，您再上场吧！”于是门口两位职工又吆喝道：“来、来、来看吧！评剧明星新凤霞又上场了。”那些被那个老头乱唱走了的观众又都挤进来了。这样一出一进观众又向斗里扔钱。开始我很听老板的话，上场下场都听他的，几天后我有点儿懂了，这是老板为了挣钱欺骗观众。我的艺人良心啊！我不能叫观众失望。从此，只要老板见观众满了，让我下来，我不听他的，就不下场，我看见这么满满的观众都在欢迎我唱，我怎么能为了让老板挣钱下场呢？！观众对我认真演唱鼓掌叫好，我心里也很高兴，感动得心里热乎乎的！当演员最主要的是艺术的良心！

天桥的观众大都是劳动人民，他们看我演戏满意地说："这个青年演员卖力气，听她的戏过瘾，今天看了明天再来……"

慢慢地，我白天在天桥唱日场，晚上在大众、中和等戏院演夜场。天桥的观众看完日场跟到中和看夜场。这叫"饭馆要有回头客，演员要有回头座"。去饭馆吃饭，要让人吃一顿满意了下顿再来，演员演出要让人家看一次还想着下次再看，不能让人家看一次伤心一辈子。

来北京从城外天桥小戏院子唱起，一直唱到城里中和、长安、吉祥大戏院。我每一场总是想着观众买票看我的戏，我只有兢兢业业地去演好它。为了舞台上那场戏要对得起给我信任的观众，我几十年坚持练功。我牢牢记着：台上一分钟，台下三年功，台上站一站，台下练三年！认认真真地演戏，才对得起自己的艺术良心！

一九八八年九月十六日

父亲的一桩心愿了却了

叶至善

去年，江苏教育出版社和朱乔森同志（朱自清先生之子）商定，要出版朱自清先生的全集。我父亲叶圣陶得知了很高兴，说总算代他了了一桩心愿。父亲跟我们讲起朱先生，总要说做人作文都得向朱先生学，总要为当年没能出版朱先生的全集而感到不安。

四十年前，一九四九年八月十二日，朱自清先生过早地离开了人世。认识他的人都很感伤，就连不相识而读过他的作品的人也都十分惋惜。就在朱先生逝世后的第四天，父亲接到吴辰伯先生的信，说北平的朋友为了永远纪念朱先生，准备编辑朱先生的全集，问开明书店是否愿意接受。开明的同事们正沉浸在悲痛之中，都说这是义不容辞的事，非接受不可，第二天就由我父亲写信答复了吴先生。于是组成了朱自清全集编辑委员会，编委有在北平的，有在上海的，负主要责任的自然是清华大学中文系的几位先生。到第二年全国解放，全集的目录就拟定了，共收朱先生的著作二十六种。建国之初大家都忙，等到全集的稿子大致收齐，已经是一九五二年春天，那时出版界的情况发生了变化，开明书店没有力量担负这样大部头的集子了。全集的编委们认为拖延下去总不是事，对不起朱先生，也对不起读者，决定从目录中选出十二种，编成四卷，先用“文集”的名称出版，等将来条件具备了再出版全集，并推定我父亲写一篇《题记》，向读者做个交代。第二年三月，开明版的《朱自清文集》就跟读者见面了。我父亲写的《题记》印在正文前边，开头第一句就声明说："《朱自清文集》是《朱自清全集》的精简本。"这句话等于向读者做出承诺，等于说"请稍等一等，先出版四卷本的文集是权宜之计，你们不久就能读到朱先生的全集的"。

这一等竟等了三十五年。如今，《朱自清全集》终于开始出版，头三卷已经放在咱们面前了，而且赶得正巧，下个月的二十二日就是朱先生的九十诞辰纪念日。从规模看，这部全集超过了当年没能排印的那一部，搜集的著作要广得多，除了著作，还有朱先生的日记和书信。从形式看，开本这样大方，装帧这样精美，都不是开明版的四卷本"文集"所能比拟的。乔森同志亲自负责编辑，他有朱先生的作风，勤奋踏实而且谨慎；江苏教育出版社郑重其事，竭力要把朱先生的全集出得又快又好。成绩的取得绝非偶然，只可惜当年参加全集编委会的先生大半已经作古，连我父亲也没能等到这部全集的出版。

一九八八年十月二十五日

重印《山水》前言

冯　至

活得长久，人们说是一种幸福。在我看来其中有幸也有不幸。幸，是还可以多做一些工作，多见一些世面，多增一些知识，多听一些过去闻所未闻、想也没有想到的事物，尤其是近三十年来科学技术迅速发展，致使人间的时空观念、价值观念都发生相当大的变化。不幸的是，看到不少中青年时代哀乐与共的朋友相继与世长辞，伤逝之情，难以遏止，再回顾自己从前写的东西，跟今天的思想感情距离越来越远，而对于当前各种观念的变化，限于体力精力的衰退，不能深入体验，也只有从远处听听而已。“悟以往之不谏”，却无力“知来者之可追”，这可能是老年人常有的处境。

如今德国有些青年说，他们跟歌德的距离比歌德跟荷马的距离还远。那么，现在的读者若是读了我在三十、四十年代写的收录《山水》里的十几篇散文，会不会说，他们跟《山水》的距离比《山水》跟明代小品文的距离还远呢？张错先生来信说，想在台湾重印《山水》，征求我的意见，我最初是有些迟疑的。

经过几番踌躇，我还是同意了。人的观念可以改变，思想感情可以改变，白纸黑字印出来的文章却是不能改变的客观存在。在当年战火连天、生活极端艰苦的岁月里，我在其他的创作与研究之外，星星点点地写了少许朴素的散文，作为一段平凡的心灵记录，也不无历史性的意义。读者对于这本小册子，或许会感到生疏，甚至像我前边说的“想也没有想到的”那样——不过，我前边说的“想也没有想到的”是新的事物，而今天的《山水》读者“想也没有想到的”却是属于往日了。承蒙张错先生厚意，重印《山水》，恰似重阳过后送来一盆菊花，但愿花的色香没有褪尽，不至于像苏东坡在诗和词里一再感叹的“明日黄花蝶也愁”。

一九八八年十一月八日

提倡母亲节

新凤霞

在新加坡这个新型的商业国家，过得热热闹闹的节日很多，其中“母亲节”——五月十一日这一天最新鲜了。那些做了母亲的妇女、白发苍苍的老太太们到处受优待，人们见着她们都问好！

这一天正碰上“母亲节”，主人安排我们去一家叫“五月红”的饭店吃中饭。这一家以各种小吃为特点的饭店，好热闹哇，只见老太太们有坐着轮椅来的，有少年夫妇搀扶着来的。到处是一家子一家子的团聚，气氛亲密浓厚。大厅中一望无边的大圆桌一桌接一桌，就像咱们中国旧时办喜事在大席棚里摆桌。年轻的夫妇领着儿女给祖母行礼、送礼品、献花、戴花，宴席上，到处是敬酒声和给祖母、母亲的祝福声。

母亲节是从美国兴起的。我如今也是从母亲当了祖母的人了！对这个“母亲节”很有感触！我以前不知道有母亲节，自我女儿霜霜去美国念书后，每年五月十一日就给我寄个卡片和礼品来，祝贺我节日好，才知有此节日。最令我欣慰的是看到妈妈节日的热闹盛况！这天，我收到朋友黄罗小姐送给我的衣料等等母亲节的礼品，这是多么可爱的日子呀！

我们中国有几千年的文化历史，悠久的传统民族道德代代流传，在世界上也起到了很大影响。记得小时过年买过一张二十四孝的年画，图上画有二十四个孝子，并附有简单的介绍。随着社会的进化，一些带有封建色彩的文化，也应当取其精华，去其糟粕。我认为，在今天孝道还是应当提倡的，但它应该是做人的情感，是做人的责任，是法制。

“文化大革命”十年的劫难，的确是失去了人和人之间的真、善、美。社会发展的是实用关系：有钱有势的父母不仅要养儿女，连儿女的后代也要养着，少一个子儿都不行；无钱无势的父母要为儿女带孩子，当保姆，一旦没有使用价值了就被当作包袱甩掉，甚至惨遭虐待。

现在家家都是独生子女，做父母的娇爱是能理解的，但重要的是要对孩子进行品德教育。常言说：“一棵小树要不断地修剪，也有树大自直的。但为了保险，还是以修剪保护为好。”我希望咱们中国也能提倡过“母亲节”，通过这种形象教育，使小孩从记事起就学礼貌，懂得尊敬母亲、长辈，亲密友爱……

我们应赶上时代教育，摒弃“养儿防老”的旧观念，提倡给儿女留下自强、自立、自爱、自信的高尚品德，但儿女们应尊敬父母、长辈的道德还是应保留的。现在可怜的是那些失去劳动力的母亲们——虽然国家“老有所养，少有所安”，她们不至于冻饿而死。看到国外华侨对儿女还保留了不少中国传统的道德教育，感触很深，我们应当借鉴这一点。

一九八八年十一月十五日

台伯河畔

——意大利漫记

周而复

昏暗的天空不断地下着霏霏细雨，一阵阵冷风吹起台伯河一片片涟漪，寒气逐渐袭来。我们车子顺着台伯河开去，在一幢幽静的住宅前面停了下来。这里住着莫拉维亚（Alberto Moravia），意大利文学界几乎公认他是意大利最伟大的作家。我在意大利能接触到的作家和诗人，经常听到他们提起莫拉维亚。他不但在意大利的名气很大，在国际上也有声望。一九五九年，他曾是国际笔会的主席。我们从那不勒斯飞到罗马的时候，主人就把会见莫拉维亚安排在日程上了。

这次访问意大利以前，我多少知道他一些情况。他出生于罗马犹太裔工程师的富有家庭，从小过着舒适的生活，年方九岁，不幸得了骨结核病，整整病了九年，那痛苦是可以想象到的。不幸的疾病给他带来了意外的收获：生病期间学会数种外语，读了大量古今文学名著，打下了文学修养的深厚基础，也奠定了一生发展的道路。病好了，他到东北部山区埋头创作，花了两年时间，完成了处女作长篇小说《冷漠的人》，满怀希望地寄给一家出版社。第二年，手稿被退了回来，编辑不客气地指责这部作品“词义晦涩，不知所云”。出版社编辑的无知并没有消磨作者的信心和勇气。出版社不出版吗？作者自费出版。《冷漠的人》揭露法西斯统治时期精神空虚、道德沦丧的资产阶级，被认为是“黑暗的二十年”中罕见的优秀作品。看了很多粉饰现实的歌功颂德作品的读者读了这部作品，耳目为之一新，文学界纷纷称赞这部作品是“新文学曙光”。

“退稿”变成“曙光”，值得人们深思。但作者并没有因为颂扬而一帆风顺，反而遭到打击和迫害。墨索里尼独裁政权下令禁止这部作品出版发行，“人民文化部”禁止他在作品上署名莫拉维亚，禁止报刊上评论他的作品，禁止他创作，还没收和查抄他所有作品。他被以“颠覆分子”的罪名列入黑名单。他的人身自由也受到威胁，不得不离开罗马，在罗马东南方的一个小镇中藏了起来。

法西斯在台上的时候，滥施淫威，作恶多端，下了无数的禁令，可是没法下令禁止自己垮台。法西斯垮台了，他回到罗马定居，保持旺盛的创作精力。几十年来，他几乎每年都有一部重要小说问世。第二次世界大战以后，他受新现实主义的影响，写了《罗马故事》和《乔恰拉女人》这些作品。他不少作品，继续对资产阶级和资本主义有所揭露。

我们走进他的住宅，在客厅里坐了下来。客厅正面贴墙是一排书架，下面是几张沙发和茶几；沙发后面过去有张圆桌，上面摆着一盆翠绿的橡树，在小小盆子里顽强地成长着。客厅外面的过道那儿突传来稳重的脚步声，我回过头去，便看到一个消瘦的老人持着手杖从过道那儿走来，颠巍巍的，有点儿不良于行。他干瘪的脸庞上，颧骨凸出，两眼却十分有神，迸射出坚定的光芒。他就是莫拉维亚，精神矍铄，热情地欢迎我们来看他。大概发现我注视那根手杖，他举起手杖时对我说：不久以前不幸发生一次车祸，腿部受了伤，行动不方便，离不了手杖。现在不大出门，很少会客，但听说中国作家代表团到了罗马，虽在病中，也很高兴有机会和中国同行见面。

我们很自然地谈到文学上的问题。他指出意大利作家爱写的题材主要是两个方面：一方面是以人与人的关系为基础描写社会现实；另一方面是从存在主义观点出发，刻画个人的心理状态。作家面临的主要困难在于用现代精神与现实对话。意大利当代文学的特征是个体性，它不像法国文学那样以集团性著称。在今天意大利文坛上没有一个占主导地位的文学流派。每一个作家写自己爱写的内容，采用自己认为最合适的表现形式，走着自己愿意走的道路。战后初期，风靡一时的新现实主义，现在没有了；六十年代的新先锋派也没有了。作家们各自在探索试验，写出了不少好作品。

当代意大利文坛上出类拔萃的作者有哪些人呢？他说男作家中是卡尔维诺、夏侠、索尔达蒂；女作家当中有莫兰黛、金兹布格。提到莫兰黛的时候，他是带着怀念的感情说出来的。

著名作家艾尔莎·莫兰黛曾经是莫拉维亚的妻子，他们共同度过了患难的岁月。当他被列入法西斯的所谓“颠覆分子”的黑名单时，就是和莫兰黛一同逃到罗马东南方一个小镇中去。他认为莫兰黛在意大利女作家中是佼佼者。他们现在虽然分开了，但言语中流露出对她的作品的赞美。

他现在已是七十五岁的老人了，流逝的时间在他额上留下痕迹，但倔强的精神却不减当年，创作精力也不减当年。他像其他意大利作家一样，也在创作的道路上探索和试验，不断有新的作品送到读者手里。他的童话集《史前的故事》已经付梓，又在创作一部中篇小说《魔鬼不能拯救世界》。他告诉我，等这部中篇写完了，还打算花一两年的时间再写一部长篇小说，到了晚年，还有这么旺盛的创作精力，确实令人敬佩。我想他一旦丢掉那根手杖，一定可以健步如飞，随着时间一同前进。我告诉他，他的名著《罗马故事》和一些优秀的短篇小说已经译成中文，受到广大中国读者的欢迎。他的精神更加昂扬了。

他陷入沉思里，回忆他走过的道路，无限深情地说，曾经两次访问过具有悠久文化传统的古老的中国。第一次是一九三六年，到了上海、广州、杭州、北平、热河与承德。那是黑暗的旧中国，许多地方可以看到帝国主义侵略的势力。一九六八年他访问香港，想再看看北京和其他地方，便写了一封信给周恩来总理，要求访问中国。周总理满足了他的要求。十五天后，他便得到签证。这时，“文化大革命”闹得正欢，他看到了出现异常现象的中国。他对中国怀有深厚的友好感情，曾经被选为意大利中国友好协会名誉主席团成员，从事意中友好的活动。他时常想念中国，还想到西藏看看。他希望不久在中国或者在意大利再见到我们。我们紧紧握着手，我看到他深邃的目光里依依惜别的深情。

我们走出他的住宅，霏霏的细雨停了，阵阵的冷风止了，空气也不那么寒冷了，平静的台伯河上升起轻纱也似的烟雾。我们心上感到友情的温暖。我怀念客厅里那一盆翠绿的橡树，祝愿它永远常青!

一九八八年十二月二十三日

还是应当提倡“寓教于乐”

桑　弧

周恩来同志在一九六一年的故事片创作会议上所作的一次讲话中，曾经这样说：“有人问我文艺的教育作用和娱乐作用是否统一的？是辩证的统一。群众看戏、看电影是要从中得到娱乐和休息，你通过典型化的表演形象，教育寓于其中，寓于娱乐之中。”

当时参加会议的同志听了都很感动。因为在这之前，长期强调文艺的战斗和教化作用。建国以后，政治运动一个接着一个，动辄把是否“为无产阶级政治服务”作为衡量文艺作品的唯一标准。很多人战战兢兢，逐渐形成一种“不求艺术有功，但求政治无过”的扭曲的心态。周恩来同志的“寓教于乐”的号召，在当时确实像一股清泉，灌溉着广大文艺工作者的心田。对电影工作者来说，也促使我们认真思考电影的功能以及我们应尽的职责。

一般来说，电影的功能大致包含认识功能、娱乐功能和教育功能。但一部电影作品，有时可以同时兼具这三种功能，也可以侧重具备其中一种或两种功能。这要根据具体作品来衡量，不必也不可能强求一律。

可是，最近几年，随着改革开放，在我们国家由产品经济向商品经济转轨的过程中，对电影功能的理解似乎产生了分歧。有的同志片面强调娱乐功能，提倡多拍娱乐片，好像现在再讲“寓教于乐”，有点儿背时的样子；也有的同志把教育功能改为审美功能，似乎一提教育功能，就有点儿板着面孔说教的味道，不如讲审美功能来得贴切。

我认为，我们对“教育功能”的理解不宜过于狭隘。早在七十多年前，前辈教育家蔡元培先生在他先后担任教育总长和北大校长期间，就曾经大力倡导美育。蔡先生也是最早主张教育应该包括德、智、体、美四育的人。审美功能属于美育的范畴，实质上这也是一种教育功能。如果观众在观看一部影片之后，增进了审美的情趣，提高了美的鉴赏能力，这部影片就是发挥了很好的“寓教于乐”的作用。

回顾一九八八年全国故事片生产中所谓娱乐片占有很大的比重。据说娱乐片产量约为全年影片总产量的三分之二。在娱乐片中，又以武打片和侦破片占多数。其中虽有一小部分质量较好，但多数属于平庸之作。这不能不引起各方面的关注。

这两年由于多种原因，国产影片观众减少，收入滑坡。加上产销体制改革缓慢，各电影制片厂都陷于经济困境。他们竞相拍摄娱乐片，企图增加收益，克服经济难关。这是可以理解的。按说，电影既然具有商品属性，制片厂在决定投产一部影片的时候，确也不能不考虑它的票房价值。问题是在具体制订和执行制片计划时，我们不应该片面追求经济效益，而忽视社会效益，放任那些低劣的节目充斥银幕。何况，如果大家一窝蜂地拍摄武打片和侦破片，观众看腻了，没有胃口进电影院了，那经济效益也就谈不上了。的确，拍摄娱乐片也不是一件容易的事，需要不断提高创作人员的思想境界和业务技巧。

观众的兴趣是广泛而多样的。我们有责任接触观众，多熟悉观众，为他们烹调营养丰富而适口的精神食粮。我始终认为，教育作用和娱乐作用并不是互相排斥的。电影工作者肩负着建设社会主义精神文明的重任，因此，我们还是应当理直气壮地提倡“寓教于乐”。

一九八九年三月三日

叶嘉莹《唐宋词十七讲》弁言

史树青

与迦陵别三十年，一九七四年春夏之交，余初访加拿大，始遇于渥太华驻加使馆席上，握手道故，快慰平生。时值中加邦交之建，迦陵倾谈之际，尝诵杜甫《秋兴》诗“每依北斗望京华”句，以寄深怀故国之思。

同年暑期，迦陵欣然回国，省视亲旧，历览山川。昔日同学，半皆华发，而相聚之乐，无异当年。荷赠所著名篇，知学与日进，道与年增，不负师门教诲，为可敬耳。自一九七九年以来，迦陵应聘归国讲学，先后在南开大学、北京大学、北京师范大学、四川大学等十数所大学讲授中国古典诗词，多方引发体现在诗词中的中华民族文化意识、道德观念，知迦陵涵濡于此者甚深，用心尤堪感佩。一九八三年至一九八六年，迦陵得到中国社会科学院与加拿大社会人文科学研究理事会之支持与赞助，与四川大学缪彦威（缪钺）教授合撰《灵谿词说》，列为中加文化交流科研项目。一九八六年，迦陵应聘为中华诗词学会顾问并被多所大学聘为名誉及客座教授。

《唐宋词十七讲》为一九八七年迦陵应辅仁大学校友会、中华诗词学会、国家教育委员会老干部协会及国际文化交流中心联合举办唐宋词系列讲座之讲演记录。讲座先后在北京、沈阳、大连举行。北京十讲，皆获亲聆，而后七讲，以公职在身，未能远赴，为之惆怅无已。以余所闻，三地听众无不钦佩迦陵学养之深醇与对诗词评赏之精辟，言辞清隽，含英咀华，既能深探词人之用心，又能兼顾纵横之联系。迦陵尝谓："词之为体，自有其特质所形成之一种境界。"并引王国维先生《人间词话》曾有"词之为体，要眇宜修，能言诗之所不能言，而不能尽言诗之所能言，诗之境阔，词之言长"诸语，谓词中所表现者，常是比诗更为深婉含蕴之一种情思和境界，更需要读者之细心吟味，方能有深入之体会。由于迦陵长期从事诗词创作，更参以东西方文论之比较研究，本此宗旨，故论词能博览今古，融贯中西，独造精微，自成体系。所讲唐宋名篇，确有不少真知灼见，足以启迪读者，浚发妙悟灵思。

间尝论之，迦陵于诗词造诣之深，盖根于天性，幼承庭训，读唐宋人诗，便有意于创作。其后，读书辅仁大学，受业于清河顾羡季先生随、盐城孙蜀丞先生人和，为学日进，得益良多。壮岁远涉重洋，胸怀日阔，寄理想之追求，标高寒于远境，伤时感事，写物抒情，称心而言，不假雕饰，要眇馨逸，情词深邈。而亦兼有清壮矫健、气骨坚苍之作，缪彦威教授尝称其所作，谓云"独能发英气于灵襟，具异量之双美"，良非虚誉也。

迦陵在校读书，尝谓羡季先生授课最大特色在于启发，凡书本所有者，学生可自阅读，而讲授者应是以自己之博学敏感和深思，并由于创造经验之丰富，能体会和掌握诗歌真正生命与妙涵，用多种譬喻与例证，将生命与妙涵作最细致和最生动之传达。迦陵之教学与科研即循此前进，硕果累累，并非偶然。

余与迦陵在校同受业于顾羡季先生，近读《顾随文集》所附《驼庵诗话》，知为羡师课堂口讲，迦陵所笔受者，积稿八册，都十万言。三十年来，迦陵生活几经颠沛，贵重物品，或弃或失，而此笔记，珍藏什袭，迄未去身。即此一端，亦可见迦陵自幼读书治学之勤勉与师生情谊之深挚。此种珍爱祖国文化、重道尊师之美德，尤足为今日青年之所矜式。

今迦陵《唐宋词十七讲》即将印行问世，读之者，可以温故，可以知新，对古典诗词之学习与评赏，定可借此而获得更多之感悟和启发。辅仁大学校友会及中华诗词学会以余与迦陵同门受业，相知之深，非同寻常，《唐宋词十七讲》出版，应有一言为介。不敢固辞，乃掇集讲座席上种种遐想，作为与广大读者之谈助，成此短文，以玷佛首。迦陵自来著书，不请人题序，于此其首肯乎！

一九八九年七月十八日

大碗茶

叶君健

在一个地方住久了，左邻右舍——甚至附近街道大多数商店和服务行业——的人差不多都认识，特别当你不时得提着菜篮子到胡同口或者菜市场去买小菜，或者到邮局去寄信和书刊、或者到黑白铁活店去修水壶和锅的时候。即使有些人你不认识，但别人却认识你，因为他们已把你的面孔和衣着看熟了。我和本胡同及附近几条街道上的人的关系就是如此。甚至与附近一带捡破烂的老头儿、老妇及其助手——他们的小孙子或孙女——的关系也是如此。他们当然不太知道我的职业或名字——对此我们都无兴趣。但大家在一起聊起家常来时，为了谈话方便，总得找个代名词。他们给我的代名词是“师傅”。我的头发早已由灰白变成全白，倒是有点儿老师傅的样子。我对这个名词，不知怎的，倒有一种亲切之感。我对它的珍视要远远超过“顾问”“名誉教授”“编委”“评议员”这类的头衔，因为只有在这个名称下我才能享受与他们交谈的愉快。

最近我就和一位经常见面、并且与我家的生活日益发生密切关系的另一位老师傅做过一次“推心置腹”的“亲切谈话”。他是不远一个街道商店的老售货员，现在已经退休，但仍在“发挥余热”，每天推出一辆菜车串街售菜，为的是“方便群众”。他车上如有什么好菜，一见到我就要提一句：

“瞧，这是今天早晨到的黄瓜，多新鲜，买两根去拌凉粉皮。”

“多少钱一斤？”这是我经常问的一句话。

“两块钱。”

我就不再问了，当然也不买。这是两年多前一斤高级瘦肉的价钱。当然我也能买得起，但是一种习惯势力本能地阻止我“下定决心”。我总觉得天气转暖，黄瓜的产量就会很快提高，价钱也会落下来，到那时再享受它不迟。

这期间有时新鲜蒜苗也在他的车上露面，这位老师傅照样友好地提醒我。我也照样友好地回答“等等看”。

这位老师傅人生经验丰富，凭他的观察和耳闻，他对什么现象都得出了一个自己的结论：“读书人现在不行了，刚上市的菜不敢吃，甚至新鲜一点儿的菜也不敢吃。”这是他新近得出的一个结论。当然，就我说来，这个结论不一定正确，因为两块钱一斤的黄瓜我还能买得起。但我不能否认，他的结论却具有“普遍真理”的意义。

他每次做出这样的结论时，总不免发表一点儿议论：

“瞧，××× 是个三教九流式的人物，当上了包工头儿，现在又是一个什么建设开发公司的总经理。气候大了，也能跟 ××× 这号人物扯上了关系，每天钱大把大把地滚进他的腰包，‘女秘书’凭他挑选享用，吃饺子非用扁豆做馅儿不可……想想看，扁豆这时的价钱，比黄瓜还贵！”

他议论完不等我搭腔，又意外地变得激动起来，继续说：“我自己卖扁豆，也不敢用它来当馅儿。现在有补差，再加上奖金，我一月也只有一百五六十元钱。当然这比当什么教授要高一点儿——听说他们的工资和我的差不多，但门路却比我要窄得多！你有点儿像个读书人，没有干过这行业吧？”

我摇了摇头，没有正式表态。于是他又接着议论下去：

“不过这行业的人也需要。比如说吧，如果我的孙子能上大学，还得依靠这号子人。”他的声音开始平静下来。“我倒有个想法，现在世道翻了个儿，万般皆下品，唯有关系高。有的人不会搞关系。

我看你就是这号子人，所以贵一点儿的菜你就不敢买。赚几个老实钱也不难，只要你能跟上时代。我看卖大碗茶很不错。这不要什么本钱，也不需花太大气力。如果你觉得不便，可以派你的老伴上场。就在这个菜摊子旁边方便方便群众。这样我们还可以在一起聊天，何乐不为？”

“你这个想法有价值，”我开始搭腔，称赞他的高见。“只是卖大碗茶也得有牌照……”

“那有什么难？”他抢着说，兴奋起来。“你买几条进口烟的钱总有吧？我可以代你疏通，给你办好！”

他认真起来。这样热心快肠的人，在这个“唯物主义”盛行的时代确也难得，我不好婉言谢绝他，只能答应回去与老伴“商量，商量”。别的话就不好再谈下去了。但与老伴“商量”，如何启齿，倒成了一个问题。这个问题，开始压得我心神不安，好多天不敢再与这位老师傅见面。在我平淡无奇的生活中，这竟成了一场平地风波，引出了不少完全没有必要、但却恼人的思绪。

一九八九年八月二十八日

咬文嚼字

金克木

春节一到，己巳年就过渡到庚午年，蛇化为马，像《西游记》里的小白龙了。己、巳两字形相差虽只一点点，却一属天干，一属地支，不能互换。五代有个词人叫冯延己还是冯延巳，似乎至今未闹清。这是形似的混淆，拼音便容易分别了。但是音似的混淆也有，又靠形来分别。音形俱似而意义不同的更易混淆。例如郎和朗、即和既，现在不是常常不分了吗？还有形既不似音又不似的错别字不是也经常出现吗？

印刷的字体要统一规格，不弄错，不必要求读者去猜，很不容易。手写的那就更难了。行书、草书本来也有规格，现在没有人教，也打破了，有些名人的书信、日记之类排印出来了，其中有的字由于不知传统习惯写法，也会印错。曹靖华将鲁迅给他的信印成一本《鲁迅书简》。信中署名下总是一个“顿”字。猜想是老习惯的“顿首”，可是怎么“首”字没有了呢？幸而插有一幅影印墨迹。这才明白，原来是把从前习惯写法的“顿首”看成一个字了。只要翻开影印的《王羲之传本墨迹选》就可以看出，“顿首”两字有分开写的，也有草写“顿”左边，把末笔向右转拉下来几曲作“首”字的（《快雪时晴帖》），还有不向右转而直接拉下来的（《丧乱帖》）。末笔这一拉，无论长短曲直，都是“首”字的简化。释文中，也全作“顿首”。这个习惯，从晋朝算起，也有一千几百年了。到鲁迅和鲁迅以后“顿首”未作废时，读书写字的人大概都学过。不认识它只怕不过是近二十几年的事。当年收信人自然认得，后来的整理人就认不得了。

有字的混淆和差错固然读起来要猜，费劲儿而且容易误会，没有字的空白也有时出毛病。我年轻时作的一首小诗《雨雪》，过了五十年忽然重新出世，不只一处印，而且还广播过，最近又进入了录音带。真是出我意外，不胜惶恐之至。

可是料不到在八十年代印出的诗中，把末两行前面原来有的一道空行漏了，前后连起来了。我看到这里总是觉得好像咬住了一口气。因为这一道空行是不可缺少的。前面讲的都是雨、春天，这两行讲的是雪、春天。前面的人到这里要化成泥。所以这一道空行是从雨到雪，从少年到老年，一个字没有，却有千言万语说不尽。现在去掉空行，前后连起来，怎么突变的？少年忽然白头，中间不留余地，这一生不是太短促了吗？这类没有字的语言，古时不但在诗词中是常事，在文中也不少。印出来不分行，没有空白，需要读者去想无字处的潜台词了。现在新诗分节分行印，仿照现代外国诗形式，给读者减轻了一点儿断句负担，多了空白，增加了一点儿审美乐趣。无字处的重要性往往不在有字处以下。形式是内容的载体。文字是语言的载体。语言是思想感情的载体。怎么可以不注意形式呢？中国书法是很讲究“分行布白”的。画法也是。笔墨显出了形，也勾出了空白。八大山人和齐白石的画不是这样吗？

秦朝统一天下，统一了六国的字体，只用秦篆，但同时就兴起了隶书代替篆字。东汉许慎作《说文解字》，建立了汉字系统，也未能停止字体的演变。以前科举考试有“功令”禁止别字，忌讳的字更不能犯，否则受罚。可是俗体越来越多。分歧变化是免不了的，但必须有个不分歧变化的规范和标准，分别正误。现在传播媒介这样多，电视剧字幕把“太后”的“后”还原成“先后”的“后”的繁体，难道这是表示慈禧太落后吗？本来是为港、台、海外看惯繁体的人的方便，却由于看惯简体的人的错误，反而造成了不便。这些恐怕不是仅仅纠正错别字的问题，而是我们如何看待文字差错和分歧的问题吧？那就说来话长了。

咬文嚼字原是书生旧习，权当岁末年初送旧迎新的秀才人情吧。

一九九〇年二月二十日

海上之光

刘白羽

夏天，我住在长山列岛深处一个小岛屿上。

一天夜晚，我和一位老渔人坐在伸出海面的礁崖头，崖脚底下的浪涛发出慵懒的、轻柔的絮语。我忽然给海天极远的远处一星发亮的火光所吸引，那火光十分迷人，像一只金黄色的小蜜蜂在微微扑扇着翅膀。不过这火光时明时灭、时隐时现，这是怎么回事？我问那老渔人，他告诉我，这是大海一下涌上浪峰就遮住了火光，一下跌下浪谷就显出火光，是大海在摇晃呢！在这既没有星光也没有月色的漆黑的夜幕之下，这一星火光就像人生的智慧、勇敢、希望那样美丽。我问这是什么火光，他却没有作声，他似乎在沉思默想，当然这更加重了我的好奇心，我于是再三敦促，他才对我说：

“这是海姑娘在呼喊。”

只有这种老渔人，一生一世在大海风浪中搏斗，他的肌体像礁崖一样坚挺，他的心田里包含着大海隐秘，我便恳切地请求，一定让他讲下去。这时大概开始涨潮了，我听到礁崖下的浪涛发出雷鸣般轰响。老渔人仔细听了一阵，像得到圣灵的启示跟我讲起来：

面前这海洋，从古年间叫作死海。为什么叫死海呢？因为一批一批不知有多少航船在这里触礁沉没。这里是无边无际的群岛，从岛群中通过只有这一条航道。由万千岛屿的空隙里，狂流急瀑都倾泻到这儿来，真是万流齐汇，风急浪险。有一回，有一支从闽南来给皇帝进贡珠宝的船队夜间驶入这片海洋，——也是这样一个伸手不见五指的黑夜……船行着行着，忽然狂风暴雨凶恶地扑下来，汪洋大海一下像墙壁一般陡直竖立起来，惊涛骇浪，风吼雨鸣。一只船的船主是个老海洋，他闯过多少险滩，冲过多少危谷，这一回眼看就要船败人亡。突然间，他睁圆兀鹰般两只圆眼，闪着绿荧荧的凶光，暴声狂喊：

“是这个女子一路上眼泪涟涟，冒犯了龙王神威，我们要把她抛下大海，献给龙宫，请龙王保佑我们平安渡过海洋，要不我们就全葬身海底，同归于尽。”

船上人一起跟着呐喊：

“抛下去！……抛下去！……”

船主指的女子是一个十分年轻美貌的姑娘，她在闽中，从海上传来一纸信息，说她意中人在都中病危，她就只身一人漂洋过海。她是那样纯洁、那样柔弱，一路上来，不食不饮，眼泪汪汪，她一心想熬尽她的心血，也许凭一点儿忠贞能感动上苍保护那一条性命，为此她忘掉一切，不顾一切。船主尽管吼得响亮，其实内心非常空虚，因为他早有邪恶的念头，唯那女子不肯俯就；又加上唯恐作为船主，在这危急关头，一旦六神无主，会遭乱篙打死，于是他就决心诬陷这个女子。狂风暴雨在飞旋，惊涛骇浪在呼啸。这时，忽然听到一个娇柔、响亮的声音压倒一切，那个姑娘从容不迫地从人群中款款走了出来，喊了声：“且慢！”

在倏忽而来的闪电一亮之下，这女子像一枝鲜灵的水仙花一样，身上却闪发出一种强大的正义和勇气。船主吓得踉踉跄跄倒退了几步，双手紧紧抓住剧烈颤抖的缆索。全船人却误解了这个女子的意思，随着狂浪颠簸的木船，又乱糟糟地呐喊：

“抛下去！……抛下去！……”

这个女子走到船舷边上，恰好闪电又霍地一亮，只见她回头冷冷一笑，喝道：

“你们的心是黑的，你们的手是脏的，只要你们碰我一下，对我就是莫大的玷污，死，我要死得磊落，死得清白。”

在闪电急急晃动之中，说完，只见她纵身一跳，涌身投入大海。一时之间，狂风哀鸣，惊雷怒吼，大海呜咽，天地变色……

说到这里，老渔人似乎说不下去，我的心也急剧地颤惊。

他从怀中慢慢掏出烟袋，打着火镰，点着火绒，狠狠吸了几口烟。

我沉默地等待着。

他咽了一口气说：这只船在狂风巨浪中又挣扎了一阵，可是这只船没有得救，这个邪恶的船主和全船贪生怕死的人，连同船上的珠宝，都触礁粉碎，葬身鱼腹。不过从那时起，这海上就有这么一把火光，火光不知亮了几千年了。不论怎样风狂浪大，船对准它，就都能够穿过狼牙般林立的乱礁，找到一条生路。

老渔人谈到这里，话就戛然而止，隔了半天才又加上一句：

“自那以后人们就说这是海姑娘在呼喊。”

我没有再问，我只凝望着海上时隐时现、时明时灭的火光。

不知从何时起，大海变得一片沉静，却有一股燠闷的热气突然袭来，跟着响起一阵隐隐的雷声，老渔人仰头望望天说：“今夜怕有一场暴风雨呢！……”

这时我却没有作声，我觉得在这茫茫宇宙之内，就如同苍冥中看不见的、有一种永远不停地进行着的激烈的搏斗，海涛就是这搏斗的呼号，旋风就是这搏斗的呐喊，这搏斗一万年不息，这火光也一万年不灭。然而荧荧闪烁的火光总标志着无穷无尽的希望——我的眼随着火光不眨一眨，我的心随着火光不停地跳荡……

老渔人忽然在鞋底上磕掉烟灰，海风把闪火星的灰烬一吹而散，他说：到现今……闽南来的船家还都带着一个海姑娘的木刻雕像，人们虔诚地带她踏过千层涛、万重浪。

我忽然惊喜地叫起来：

看！那火光！……

那火光已不是一点而是许多点，在那漆黑的海洋上排成一线，有如闪光的链条，就像有一支远航的船队正在意气昂然、乘风前进。

一九九〇年三月十五日

访　春

叶文玲

“寻春何必苏堤去，我访北山王家扬。”——伴着叮咚车铃，两句谐趣小诗涌上了脑际。

早就想拜访寓居西子湖畔的家扬先生了。

去时恰是春日，理该多多地拥有春的声色，出门就遇上了廉纤细雨，无疑增添春的妩媚。呵，果然，被春光春色温存着的家扬先生的寓所，果然比料想中的更有情趣。

我在院中驻足。

哦，不是农家院，却偏有绿帐如织的天地；被深深浅浅的绿色簇拥的乳白小楼，在细雨梳理中，愈见宁静素洁。碧沉沉香油油的绿雾，从小楼倚靠的北山帐幔过来，那样浓密，那样炽烈！这香醇如茗的绿气，似乎把他身居桑州村的父辈，把他少年时对农家田舍的相思债，全都包容了、偿还了。

呵，虽非农家院，仍不乏活泼泼的生意。你瞧这院墙外，浩荡的湖水，叩浪击弦，被游人踏宽了的湖堤，笑语如喧；你看这绿篱中，依依并肩的香樟和广玉兰，可劲地展扬树的雄姿，亭亭玉立的樱花茶花，娇怯怯地绽出花的烂漫；最可人的是这长长的一溜黑土，它被一双勤巧的手，耕作得如裁如绣，茁长的蚕豆苗，嫩汪汪地连叶带花开得嘟嘟噜噜。豆垄里，每一片秀秀的细叶，每一瓣粉粉的骨朵，都蓄着一颗亮亮的水珠，宛似一只只晶莹着的眼睛，齐齐地欲要诉说什么，又像是一颗颗玲珑的心，细细收纳了生活中深沉的叹息。

不消说，一切都是主人亲手侍弄的，一切都是主人仪态风范的写照。

在浓浓淡淡的绿篱绿帐中盘桓，我寻觅到了一条上下数十步的台阶和弯弯的石径。哦，你是专为主人“每日徒步一万五”助添脚力，才铺设得如此迂回曲折吗？在高高低低的树棵花丛间流连，我注意了飞落此处的鸟儿，仿佛连鸣啭歇息也颇知节律。哦，造物主是如此厚爱你，家扬先生，他知你闻鸡起舞劳作不倦，故而召来天地间可爱又懂事的生灵与你做伴。

窗前有竹梦亦酣，如此庭院居所，他可称心惬意？

“种豆北山下，悠然见西湖。”——数年前，行将卸任省政协主席之职时，温情之水便在他心头漫涌。晨昏间常忆往昔的峥嵘岁月时，这句话便成了他自己时时道出的雅谑。

不只一遍听家扬先生的这句“老话”，也不只一遍揣想他在说这句话时的怡然和旷达。

不过，怡然和旷达只是一种心境，却不是人生的全部目的。

一颗热血奔流的心，一个曾经辗转南北、革命风尘满生涯的人，岂是晚年乐居憩园，便可自满自足？他为自己铺排了时时不断的下乡和四季八节的“农活”，不就是他断断不肯闲居的佐证吗？

喜劳作，勤农事，家扬先生真的还很有几分爱花如痴。他亲手培植的几盆君子兰，长得极为辉煌！其中一棵竟并生两茎，花冠个个大如汤碗，从头一数，那茎大的竟开出来三十五朵灿烂无比的花！他拿出去年收获的梅豆子来，我左看右看，怎么也不相信这是豆子，不是吗，瞧这紫白相间的花色，瞧这刚硬饱满的形状，哪里只是豆子豆粒？活脱脱就像有性灵的雨花石！

客厅中、书房里，他萦萦结记的念物可谓多矣，可我最感兴趣的，却是他床头小几的一盏木座台灯，那木座是轻巧巧的一片桑叶，又别致又简朴。原来，那是当年的“青年鲁班”亲手制作赠送于他的。哦，曾在“全总”任职多年的家扬先生，全国的能工巧匠劳模，都是他的老相识呢!

喜诗爱画，更痴迷书法。无怪一进他的书房，宛若进了“荣宝斋”！长案上铺着的，是墨迹未干的宣纸；净几上摊着的，是欲待临摹的碑帖，帘前竹影袅袅流翠，纸香墨香，不打一处透来，王老的书房好俊逸!

更俊逸的自然还是名家的赠画。那两头打滚撒欢的毛驴儿，直是黄胄六十年代的杰作；而一轴云诡雾迷的“雁荡夫妻峰”，更是赖少其精心画就后相与的珍品。他与很多诗家画家成了挚友，赖少其与他更是莫逆之交。一挂“月窗风竹乱，烟渚露荷倾”的条幅，写尽了此间风光，但题于那轴“夫妻峰”的题跋，却更加俏语有趣：

“雁荡山夫妻峰夜夜相逢。”

看似随意写就的话，却是老朋友独出心裁的祝福。

十一年前的家扬先生，刚交花甲，沉疴病榻十五年的妻子溘然长逝。命运抛给他的，是“文革”投下的漫长阴影和五个子女的拖累……感谢爱神丘比特，多情的小天使再次为他张开了美丽的双翼：天台的长老“牵线”，双方的儿女“作伐”，少年时相识的同乡好友之妹章以惠与他赓续了前缘。

“人常说前世有情，后世有缘，没承想这又古又俗的话儿，竟在我们身上应验了！而且，竟在整整隔了半个世纪后应验！”章以惠娓娓述及他们的“前情后缘”来，甜悦的笑容满溢着难以言喻的幸福。“想想也真有意思，要晓得五十年前他搞地下工作时，我们两家是迥然不同的‘两极’，我家祖上是晚清翰林，怎会许可我们两个往来要好呢！”出身名门的她，谈吐仪态，至今不乏大家闺秀的娴淑，毕生从事医道，且又是最细理的中医内科，眉宇间就更多了挚挚眷眷的神容。

哦，不消细问，他们中间自有一段令人惊羡的浪漫史。我不想用散漫的笔在此轻描淡写。因为，个中虽然情味浓浓，但这份得之不易的温馨，理当留于这对饱经世海沧桑的老人且自细品才是。

绿篱环合的家舍，是这样一幅宁静淡远的水墨画，形影相随的老伴，犹似一阕幽姿逸韵的抒情诗，人至老境得此双福，王老足可安享晚年矣！

但他偏不。

“三十功名尘与土，八千里路云和月。”他不追求生前轰轰烈烈的声名功绩，却固执地认定：即便是最平凡普通的人，碌碌一生，总要为下一代留下点儿什么。

留下点儿什么呢？

表面上看，家扬先生醉心于农事花事，十年树木。其实，他最最眷爱的却是，百年树人。

那所风格独标、主旨创新的新型大学——树人大学，不就在他苦心运筹中创办起来的吗？依靠政协各民主党派的力量办大学，实属首创，由此激发的更是一种振兴教育爱我中华的昂扬精神，而“树人”二字，更独见他的一番良苦用心。

毋庸细问，在创办迄今的五年岁月中，家扬先生为之四处奔走而付出了何等辛劳；无须细查，为筹措一笔笔来之不易的资金，为操心那些琐屑的事务，他又添了多少白发。是的，从起意创办开始，他好像就抱定了这样一个宗旨：只管耕耘，不享收获。

但是，收获的硕果却无例外地沉凝着他的汗珠，他的心血！不过五年，树人大学声名远播，慕名的海外人士纷纷资助，而与社会需求极对口因而很快走上岗位的毕业生，更以一份份喜报似的来信，告慰他这个只干事不挂衔的“名誉校长”。

年年岁岁看长青，唯愿芳菲满人间。

“……哎，别记，别记，你要是记这些，我就不同你说什么了。”

蓦然“惊觉”的老人，忽然噤了口，端的是一派孩子般的天真。

我笑了，但我不能不违他的“禁令”。因为我断然判定自己的这管与文化与文学相亲的笔，无法不记录为弘扬中华民族灿烂文化而殚精竭虑的人。

依依辞别时，绵绵暮雨行将止歇，而远天一角，却陡地亮起了一抹迷人的虹霓。

这晚晴，这彩虹，莫不也是某种喻示吗？

一九九〇年三月二十日

绛珠草

周汝昌

绛珠草大约与《红楼梦》的“知名度”可以等量齐观。这种草之所以出名，是因为它就是林黛玉的“前身”——或者就是今之所谓“象征”。文艺理论家讲究“模特儿气”（与“时装”无涉）和“原型”。大抵指角色人物吧。那么绛珠草如何呢？难道它也有模特原型不成？

答曰：不差。它亦有之。

绛珠草是“艺名”，曹雪芹指的（或心目中模拟的）实是苦葴草。葴，和“箴”同音，都读作“针”。它又叫苦苏。据《尔雅》说，即寒浆草——亦名酸浆者是也。但它与林黛玉联在一起的原由却在于它有一个极有趣的别名叫作“洛神珠”。

据晋时崔豹的《古今注》记载，这个名字是长安儿童给它起的。我时常兴叹：那时长安儿童的文化水平真了不起！就凭这个名字，如果那时候有什么“国际××奖”，他早该获奖，名扬四海了。

崔豹说，这草能结实，浑圆如珠，未熟时是青色的，熟则变赤。苦葴结的这种可爱的红实，长安儿童将它与曹子建所会的洛神（伏羲之女宓妃，她落水而亡）联在了一起，而雪芹则又将它赠予了苦命的苏州林姑娘。为什么单单将这洛神珠给她？

这里隐有一段深意：原来在雪芹的原稿中，林黛玉本是在冷月寒塘中自沉而死的，所以很多的艺术暗笔——即鲁迅先生承用的中国文学手法传统的“伏线”，都预示着她的不幸死于水中。

有证据吗？那太多了！

林黛玉为何“诗号”是潇湘妃子？娥皇女英皆水神也。她的《葬花词》特别提出的“一抔冷土掩风流”，只是个愿望而已，那“（强于）污淖陷渠沟”才是命运的真正安排。她的《五美吟》开头就是“一代倾城逐浪花”，何也？宝玉与她谢罪，说“明儿掉在池子里”变个水龟与她（死后）去驮碑，又何也？世上设的誓，哪有这么奇怪的？中秋月夜，黛玉湘云联句，至“寒塘渡鹤影，冷月葬花魂”，妙玉出来拦住，说已是太悲凉，不祥了——也正是暗示黛玉次年此夜此塘自沉的诗谶。宝玉在凤姐生日那天，偷偷跑出德胜门外尼庵中去祭金钏（也是落水而亡）的那一回，别人不晓，独黛玉讥评他，借戏中所演的王十朋《祭江》而讽之曰：这王十朋也不通的很，不管哪里的水，舀一碗对着它哭，也罢了——非得跑到江边子上去？……你听，这是说的什么？雪芹在书中已特笔点醒：那庙就是供洛神的“水仙庵”……

其实，还可以再列些证据，说到底，大观园中主景是沁芳一溪。连亭、桥、闸也俱以“沁芳”二字为名，又为什么？读者至今不悟，那沁芳，即“花落水流红”的痛语，不过在雪芹的巧思妙笔之下，人们只看见那“香艳”的字面，而很少体会内中所涵蕴的无比巨大的悲痛——为妇女命运所流的血泪，酿成了这一部《石头记》。

明白了这些中华文化的富厚美丽、沉痛感人的内容与笔法，才晓得雪芹这位特异罕逢的奇才巨匠，真真当得起“伟大”这个词语的实际，而不同于庸俗的吹捧。

一九三二年有一位德国人，名叫恩金，撰文盛赞雪芹的书，说：《红楼梦》与《金瓶梅》不同，写的乃是“有教养的生活”。这话重要极了，教养就是中华文化的最美好的表现，其品格风调，方是人类最高的境界。他又说，雪芹不知哪里来的这种“神奇力量”，将日常生活琐事写得如此之生动感人！

他还说：读了此书，方知中国人有权利对他们自己的优越文化感到自豪，欧洲人是从没有达到这样高度的！

我们现在重温这种评论，不免心有所感。一位欧洲人士在三十年代之初早已认识到的这种中华文化之瑰宝的价值，如今过去了六十年，可我们自己还停留在“婚姻悲剧”的水平上，只知为“爱情”哭鼻子，以为这就是曹雪芹伟大之所在。岂不值得深自反省？

我是曹雪芹的崇拜者。怎样表达我的崇敬仰慕之情？多年来，积为一个大愿——久藏于心，说出来怕人笑话：就是，想为雪芹修盖一座小庙，民族传统式的小小的祠庙，而不是那种洋式气味的纪念馆之类。朴素的几间小院殿堂，有一点儿花木泉石在跨院，正殿供一尊民族艺术式样的塑像，前设烛炉，岁时节序，前来焚上一支心香，行礼致敬，悼念他一生的艰辛困苦，赞颂他的八斗才华，人品风度——一句话，为中华文化致我最高的敬礼。

但此愿如何成得现实？历来名川古刹，多是苦行高僧。竭一生心力，募化四方，由热诚的施主相助，造成梵宇琳宫，至今成为无价的文物和胜地。自己身为寒士，发此妄想，岂不可哂之至。世上有财力的人士原自不乏，但又未必肯对一个曹雪芹发生什么兴趣。我想写一份“化缘”建庙的启事，散发海内外的中华文化之善男信女们，促成这一盛举。可惜落笔不易。况且是否能招来施主，诚难预卜也。念此不胜慨叹。

“化缘”的不一定是我这书生，但盼另有大力者，登高一呼，四山响应，共同完此宏愿，则那“化缘簿”上，也要给洛神珠补上一笔，因为它也有大功劳，未可负也。

记于癸酉二月上浣，兼怀亡兄祜昌与我永别。

一九九二年三月二十一日

看音乐

金克木

“你怎么张嘴是老，闭嘴是老，越来越倚老卖老了？”有人对我这样说。这引起我想到，原来老中自有乐趣，所以不由自主会卖弄出来。若是不乐而苦，那就要讳老而不会卖老了。

有些老人德高望重，乐于将经验之谈传授后代。我德薄能鲜，做不到这一点。我的老年乐趣是敢把胡思乱想变成胡言乱语、不怕被人耻笑。例如，我敢说，我对音乐是看的，是看电视荧屏上的音乐，耳聋眼花起来对音乐就有了特殊感受。我这话只怕难得有老人会同意。

我欣赏屏幕上有的歌星手舞足蹈声嘶力竭好像是随着歌声一同冲出来，我真佩服那年轻的心脏经受得起这种震动。我耳力不灵，不会发生共振，否则我就不看了。

广播有一点不如电视是看不见。听加看，甚至注重的是看而不是听，更能领略歌声。听不清歌词不要紧，只要有抑扬顿挫的旋律配上歌星的形象动作，就可以助我进入音乐境界，还往往使我想入非非。这便是我的老年乐趣，而且非到八十岁开外不可，早些时我还没有此乐。

看荧屏音乐，我有时想到，凤冠霞帔的杨贵妃唱《马赛曲》，或是一队兵马俑唱《梁祝》，或是虞姬手执宝剑唱“你大胆往前走”。诸如此类境界真让我衷心佩服，乐不可支。

今年四月间，偶然看到荧屏上断断续续出现的《莫扎特之旅》，忽然对钢琴协奏曲有了“灵犀一点通”。心里想着这位只活了三十五岁的天才音乐家，眼里看着那位弹琴的女士的优美姿态，尤其是她偶然抬头仿佛望指挥棒影时有意无意将双眼圆睁两眉高耸使出额上临时皱纹以掩盖稚气面容，顿时她手下的琴声化成一幅绝妙的乐曲形象。两百年前的青年莫扎特的曲音，竟能使我清醒地进入梦境。这一次人和乐的美妙的合一，好像给我打开了钢琴曲的大门。心中的和眼前的，作曲者和演奏者，声音和形象，都在我的模糊的眼中耳中化为一体，呈现出一个仿佛熟识而又陌生的世界。可惜能看的音乐我见得太少了。单靠耳朵，我的音乐感不灵。能眼耳并用看音乐，是我老年的乐趣，是年纪赐我的恩惠。

老来乐，乐在自得其乐。不老的人不能分享此乐。除看音乐以外，还有不少乐趣。我不怕说出来，写出来，只因我确实是老了。

“真该有顶帽子来保护你那胡思乱想的脑袋。”这是一个女孩子给我的临别赠言，这句话说得真聪明。听这句话后我又开心了好一阵子。

难道我头上没有一顶帽子吗？白发编成的这顶“老”帽子摘不下来，我也不愿去掉，要靠它保护我不被人瞧不起，得人谅解。

一九九二年五月十二日

仙鹤降吉祥

管　桦

丰润县和丰南县都是我的故乡，因为它们原是一个县，六十年代划分为两县。国庆前夕中秋时节，我和故乡的亲朋们欢聚，还是先到丰润十年前我曾经访问过的沙流河镇。那时在一间小黑屋里座谈，现在已是宽敞阔绰的会客室了，村长们都兴高采烈地谈论着工农业的发展和人民的富裕生活，沙流河生产队就举办了全县的农民运动会。镇党委书记领我参观了沙流河村兴建的有电子等科学设备的现代化小学校，和有大城市气派的商业一条街。第三天又同县政协主席、文教局长一起去左家坞浭阳酒厂，这是因为今年县政协和文教局对曹雪芹家族历史做过严肃认真的调查以后，又邀请周汝昌、杨向奎等红学家论证曹寅饮浭阳酒的颂诗。现在浭阳酒名满京门，其实，还在我儿童时代，丰润县浭阳酒就为世人赞颂，只浓烈的酒香已令人醉倒。现在虽然供不应求，正在扩建厂房，但为庆祝国庆，还是尽力满足京津两地的宾馆和大饭店。告别丰润时，我向县委书记李永丰同志祝贺："丰润大有希望！"告别解脱贫困、有着不断扩展的光荣前景的丰润，来到丰南县。

丰南是全河北省十大先进县的第二名，榜举全国先进百县之一。唐山市常委兼丰南县委书记王世义带领全县干部、人大、政协老中青和丰南县人民，以自力更生的苦斗精神，只用了几年时间便改天换地，兴修农田水利，开垦海边荒地二十六万亩。县委和人大的同志领我参观各村镇的工厂。年轻美丽的农村姑娘在染花机旁或在陶瓷车间里工作着，并不断有新的产品问世。全县已无一人待业。只黄明庄小康二村别墅式的居民小楼已经令人惊叹。参观新开发的区大规模的冷冻厂、纤维尼龙厂等十几座建筑工地，高楼已在凌空而起。一所包括专科和职业高中在内的综合大学，九个月建成。现在学生已开始报到。为庆祝国庆，迎接该县十月九号的海鲜节，锣鼓声中，体育馆广场，正排练大型歌舞。

第六天，我们向丰南县南部已开出二十六万亩稻田的大草原进发。我爱丰润北部美丽的山峦，也爱这空气清新、一望无垠的大草原，交错着稻田的芦苇摇曳，万流纵横的大草原，粮食、鱼虾螃蟹丰足的大草原，蓝空中高飞着雄鹰，芦花稻浪似乎是为了节日已近而兴奋而摇颤。阳光漂浮在含有清香的空气里，海风抚摸着无边的绿野。而更使我们狂喜欢呼的是这里居住了几个月的二百多只仙鹤。我们按照农民指的地点，沿着田埂兴奋地颠跑着。一阵翅膀拍击的声音，接着一群仙鹤从稻田的水洼里飞起，在蓝空中闪耀着它们银白色的羽毛，向远处悠然地飞去，好像海面上泼溅起来的雪白浪花。右边一群刚刚消失，左边又飞起一群。一阵悠长嘹亮的叫声，似乎在呼唤着我们同它们一起飞入仙境。在头上回旋时，芦苇中间急流的溪中，掠过它们的倒影。我们都兴奋地说：仙鹤是吉祥的象征，国庆前夕，落在京东。县电视台准备录像，向首都和全国人民播映。我们注视着一群群仙鹤和白鹭，祖国的祥瑞之气在空中流传，新生的喜乐在起伏的稻浪的上空进发。叱咤风云、雄伟广阔而又风雅的大草原，我们分享你的丰盈，赞颂你的壮丽和你成为仙鹤之乡的带给国庆的吉祥。于是，县委的肖克利同志和农场场长即兴吟成两句诗，由我用书法写出来："仙鹤落宝地，吉祥降丰南。"

我看见丰南党和人民宏伟的心胸和现时代的勇敢。他们的集体富足，嘲笑了那些已经过去的向帝国主义屈膝求怜的时代。无论你是谁，这里向你发出无尽的忠言：只有走集体致富具有中国特色的社会主义道路才能救中国。六十年前的冬天我到这海边荒村找在戟门教书的父亲，那时，昏黄落日的惨淡的微光里是一片不毛之地，凄凉的荒野。

在回县城的途中，我到唐山冀东烈士陵园为父亲扫墓，我被丰南人民奋发建设社会主义祖国的豪情所激发，在陵园的留言簿上写了如下的诗句："世界上，唯有解脱奴隶的命运，才是伟大的斗争。"又写下了今年六月我随全国政协江苏视察团赴南京雨花台时吟成的一副对联："苍茫大地，风雨雷电，闪过多少英雄豪杰；奔流江河，波涛悲怆，更见后浪泼截星月。"

在大江南北，在边疆，在故乡，在一切人的身上，我看见了祖国。

一九九二年九月二十二日

包　装

鲁枢元

如果要给人类社会发展找一个外在显著的标志，我可能要选择“包装”。

四十多年前，在我童年开始记事的时候，在我们那座历史悠久的名城里，商品的包装还是十分简陋的：买一斤红糖，也就是一张黄草纸；一块卤肉，一张蓖麻叶子，一斤油条，用根干柳枝横排串起来，倒也十分方便；最复杂的莫过于年节送礼的点心，是用一种薄木片钉起的匣子，像个小抽屉一般，盖子上粘着红帖，然后一匣两匣用染红的麻线捆扎起来。至于化妆品，我见到的只是同院的大婶自己拿个小瓶子到货郎担上去灌一点儿“生发油”，更奇怪的是有一种“刨花”也被卖作润饰头发的化妆品，那可就更谈不上包装了。那时候，商品少，人们吃的用的简单，包装自然也就简单得多。

现在的情况可大不一样了。哪怕随意到一个百货商店，货架上也是光怪陆离、琳琅满目。一块面包，一只塑料袋，一撮榨菜丝，金属薄膜、印花图案，喝几口饮料，报销一只精工巧制的合金易拉罐，一瓶普普通通的大曲酒，则瓶要名瓷，盒要彩绘，锦带金牌，全套披挂，至于泰国进口的话梅果、英国进口的巧克力、法国进口的指甲油，那包装更是精巧豪华，美不胜收。市场上流行的一句行话，叫作“卖包装”，内里的货色倒成为次要的了。

于是，“包装”就成为一种流行的社会心理。

八十年代以来，中国市场上长盛不衰的生意是“时装”，款式、面料、色彩，几乎每个小时都在变，“老板裤”“迷你裙”“幸子衫”“里根服”，不论张三李四，时髦什么穿什么，时装业其实就成了一种包装术。

如果仔细考察，现代人用来包装自己的远不只时装，化妆当然也是一种包装：玉兰油、夏士莲、海飞斯、梦露丹，从头发染到眼睫毛，从手指甲搽到脚指甲，全方位覆盖。

现代人的包装，其实还远不只“化妆”与“时装”，这只不过是两个比较贴近人体的层面。乘车也成了一种包装：“拉达”“上海”“伏尔加”“蓝鸟”“皇冠”“桑塔纳”，型号不一，身价也不同。住房也可以成为包装：“银河大厦”“天鹅宾馆”“格陵兰饭店”“香格里拉”“奥林匹克大酒楼”，与“工农旅社”“人防招待所”恐怕不只是舒服程度不同，那同时也是某种身份、派头的象征，类似于大曲酒的外装炭。

现代人除了这些摸得着的物质性硬包装，还有一层如烟似雾看不清的软包装，比如：“科级”“处级”“硕士”“博士”“理事”“经理”等，竟可以给人包上一层炫目的光环。名片的泛滥与广告的发达齐头并进。

婴儿刚从母腹中走来，是没有包装的。我们的祖先原始人，最初从树上走下来时，大约也是赤条条的，一丝不挂。原始人最初知道用一串树叶、一块兽皮遮住羞部，小孩子最初知道自己给自己穿衣服，这种“包装”意识的萌生，对于族种和个人来说，不能说不是一种进步。然而，包装发展到今天，以至于只看包装不见其人，重蹈古人“买椟还珠”的旧辙，真可谓包装反被包装误，巧于外者而内诈，重于外者而内拙，市场流通中包装至上而伪劣商品横行，个人修养中外部修饰太过，内心精神便开始枯竭，西方所谓“后现代主义社会”，凭借超消费的商品塑造一代“空心人”的教训，我们东方应有所记取，“九方皋相马，不辨玄黄”，中国人自古以来看重的就不是外部的皮毛，而是内在的风骨，老子推崇“被褐怀玉”，有点儿和时装商人闹别扭，庄子主张“以日月为连璧，星辰为珠玑”，似乎在和首饰店赌气。魏晋时代的文人名士“飘如游云，矫若惊龙”，以风流倜傥彪炳于史册，他们都是些格外重视陶冶心性的人，主张以内在的精神气质带动外在的容止和仪态，而不像目下的俏男靓女一味在发型、唇膏上讨出路。对于人性的丰富与完善而言，现代的倒未必都是进步的，甚至发展着的，也并不全都是合理的，比如：包装。由此还可以推出：传统的并不都是落后的。

一九九二年十一月三日

革故鼎新

高占祥

不论古人，还是今人，都喜悦于“新”。可能是由于这个缘故，我们的祖先创造了许许多多关于“新”的词，诸如更新、创新、革新、除旧布新、破旧立新、辞旧迎新、推陈出新、温固知新、吐故纳新、革故鼎新……在这些闪光的词中，我尤喜爱“革故鼎新”这一成语。它深邃、文雅，它清新、深刻，它永远跳跃着青春的活力。

“革故鼎新”语出《周易·杂卦》：“革，去故也；鼎，取新也。”其意为，破除旧的，建立新的。古人倡导的“革故鼎新”“苟日新，日日新，又日新”和“作新民”，已成了中华民族优秀文化传统的重要内容，成了历代有识之士开拓进取、建功立业的宝贵品格，成为推动历史前进的巨大力量。

在几千年的历史发展进程中，中华民族培养、造就了许许多多推进社会进步的思想家、理论家和改革家，不断地进行着政治、经济、文化、军事等诸方面的改革。李悝制定的《法经》，完成了中国制度改革上第一次变革。商鞅继而实行变法，“行之十年，秦民大悦，道不拾遗，山无盗贼，家给人足。民勇于公战，怯于私斗，乡邑大治”，为秦统一中国奠定了坚实基础。其后，一代又一代的改革家吴起、申不害、田齐、管仲、子产、汉文帝、桑弘羊、隋文帝、唐太宗、魏徵、王安石、忽必烈、朱元璋、张居正、皇太极……为变法图强奋力开拓；还有一批又一批思想家屈原、韩非、贾谊、荀况、范仲淹、苏坪、陈亮、叶适、唐甄……为改革进取奔走呼号；更有一大批有识之士龚自珍、林则徐、魏源、郑观应、冯桂芬、王韬、严复、左宗棠、马建忠、薛福成、黄遵宪及康有为、梁启超……为救亡图存的改革做出了突出贡献。尤其是到了孙中山先生采用革命手段推进社会变革之时，才使革故鼎新的优良传统摆脱了旧制度的藩篱。新中国成立后，尤其是到了党的十一届三中全会之后，革故鼎新的改革大潮，成了锐不可当的历史潮流。我们应当继承中华民族革故鼎新的优良传统，站在改革的前列，做一个勇于改革的弄潮儿。这就需要在改革的实践中，培养改革的品格。

要做改革者，就要树立新的观念，解放思想，破除阻碍改革的陈腐观念，是革故鼎新的重要前提。历朝历代的改革都会遇到陈腐势力和守旧思想的队伍。商鞅改革之际，秦孝公在栎阳召集文武百官商讨要不要革故鼎新就说："照旧办法老规矩做不会出差错，走老路不会走邪道。"商鞅则用新观点驳斥道："必须按照时代的变化来制定新法……只要有利于治国就不必仿效古法。"今天更是这样，社会要发展，人类要进步，事业要繁荣，就非改革不可，绝不能抱着僵化的旧观念不放，而要观念更新，敢为天下先。

要做改革者，就要有探险精神。改革之路就是前人未走过之路，因而改革者有相当大的风险性。搞改革难免遇到失败、挫折，甚至会遭到排斥、打击、诬陷。这就需要改革者要有"千磨万击还坚劲，任尔东南西北风"的意志，要有"明知风涛险，偏向风涛行"的胆略，高扬改革之帆，使改革之船驶向胜利的彼岸。

要做改革者，就要有大公无私的品德。改革是为了民富国强，而不是为了牟取私利。当年商鞅改革中有一条是废除贵族特权，而他就是卫国国君的后代。这充分说明，商鞅搞改革则为了国家的富强，而不是为了维护个人的私利。真正的改革者，绝不借改革之机牟取自己的私利。

要做改革者，就要有实事求是的科学态度。改革如渡河，水流湍急，且难知深浅，因而要探一步，走一步，摸着石头过河，不可鲁莽行事。改革如航海，海宽浪高，且有暗礁，要探航线，行一段，看一段，大胆起航，稳步前进。只有这样，才能获得改革的成功。

今朝逢盛世，尽在大潮中。古人昭示我们要“作新民”。我们要高举革故鼎新的旗帜，站在改革之船的船头，迎接新世纪的曙光，创造美好的新生活。

一九九三年一月二日

老　王

杨　绛

我常坐老王的三轮。他蹬，我坐，一路上我们说着闲话。

据老王自己讲：北京解放后，蹬三轮的都组织起来，那时候他“脑袋慢”，“没绕过来”，“晚了一步”，就“进不去了”。他感叹自己“人老了，没用了”。老王常有失群落伍的惶恐，因为他是单干户。他靠着活命的只是一辆破旧的三轮车，有个哥哥死了，有两个侄儿“没出息”，此外就没什么亲人。

老王不仅老，他只有一只眼，另一只是“田螺眼”，瞎的。乘客不愿坐他的车，怕他看不清，撞了什么。有人说，这老光棍大约年轻时候不老实，害了什么恶病，瞎掉一只眼。他那只好眼也有病，天黑了就看不见。有一次，他撞在电杆上，撞得半面肿胀，又青又紫，那时候我们在干校，我女儿说他是夜盲症，给他吃了大瓶的鱼肝油，晚上就看得见了。他也许是从小营养不良而瞎了一眼，也许是得了恶病，反正同是不幸，而后者该是更深的不幸。

有一天傍晚，我们夫妻散步，经过一个荒僻的小胡同，看见一个破破落落的大院，里面有几间塌败的小屋；老王正蹬着他那辆三轮进大院去。后来我坐着老王的车和他闲聊的时候，问起那里是不是他的家。他说，住那儿多年了。

有一年夏天，老王给我们楼下人家送冰，愿意给我们家带送，车费减半。我们当然不要他减半收费。每天清晨，老王抱着冰上三楼，代我们放入冰箱。他送的冰比他前任送的大一倍，冰价相等。

胡同口蹬三轮的我们大多熟识，老王是其中最老实的。他从没看透我们是好欺负的主顾，他大概压根儿没想到这点。

“文化大革命”开始，默存不知怎么的一条腿走不得路了，我代他请了假，烦老王送他上医院。我自己不敢乘三轮，挤公共汽车到医院门口等待。老王帮我把默存扶下车，却坚决不肯拿钱，他说：“我送钱先生看病，不要钱。”我一定要给钱，他哑着嗓子悄悄问我：“你还有钱吗？”我笑说有钱，他拿了钱却还不大放心。

我们从干校回来，载客三轮都取缔了。老王只好把他那辆三轮改成运货的平板三轮。他并没有力气运送什么货物。幸亏有一位老先生愿把自己降格为“货”，让老王运送。老王欣然在三轮平板的周围装上半寸高的缘，好像有了这半寸边缘，乘客就围住了不会掉落。我问老王凭这位主顾，是否能维持生活。他说可以凑合。可是过些时老王病了，不知什么病，花钱吃了不知什么药，总不见好。开始几个月他还能扶病到我家来，以后只好托他同院的老李来代他传话了。

有一天，我在家听到打门，开门看见老王直僵僵地镶嵌在门框里。往常他坐在蹬三轮的座上，或抱着冰伛着身子进我家来，不显得那么高，也许他平时不那么瘦，也不那么直僵僵的。他面色死灰，两只眼上都结着一层翳，分不清哪一只瞎、哪一只不瞎。说得可笑些，他简直像棺材里倒出来的，就像我想象里的僵尸，骷髅上绷着一层枯黄的干皮，打上一棍就会散成一堆白骨，我吃惊地说：“啊呀，老王，你好些了吗？”

他“嗯”了一声，直着脚往里走，对我伸出两手，他一手提着个瓶子，一手提着一包东西。

我忙去接。瓶子里是香油，包裹里是鸡蛋。我记不清是十个还是二十个，因为在我记忆里多得数不完。我也记不起他是怎么说的，反正意思很明白，那是他送我们的。

我强笑说：“老王，这么新鲜的大鸡蛋，都给我们吃？”

他只说："我不吃。"

我谢了他的好香油，谢了他的大鸡蛋，然后转身进屋去，他赶忙止住我说："我不是要钱。"

我也赶忙解释："我知道，我知道——不过你既然来了，就免得托人捎了。"

他也许觉得我这话有理，站着等我。

我把他包鸡蛋的一方灰不灰、蓝不蓝的方格子破布叠好还他，他一手拿着布，一手攥着钱，滞笨地转过身子。我忙去给他开了门，站在楼梯口，看他直着脚一级一级下楼去，直担心他下楼梯摔倒。等到听不见脚步声，我回屋才感到抱歉，没请他坐坐喝口茶水。可是我害怕得糊涂了，那直僵僵的身体好像不能坐，稍一弯曲就会散成一堆骨头。我不能想象他是怎么回家的。

过了十多天，我碰见老王同院的老李。我问："老王怎么了？好些没有？"

"早埋了。""呀，他什么时候……"

"什么时候死的？就是到您那儿的明天。"

他还讲老王身上缠了多少尺全新的白布——因为老王是回民，埋在什么沟里。我也不懂，没多问。

我回家看着还没动用的那瓶香油和没吃完的鸡蛋，一再追忆老王和我对答的话，捉摸他是否知道我领受他的谢意。我想他是知道的。但不知为什么，每想起老王，总觉得心上不安。因为吃了他的香油和鸡蛋？因为他表示感谢，我却拿钱去侮辱他？都不是。几年过去了，我渐渐明白：那是一个多吃多占的人对一个不幸者的愧怍。

一九九三年一月三十日

联想所及

甲　乙

举一反三是联想的妙处。

打个比方：看见粉白的脖颈，便想到酥胸；望见纤纤玉手，便不由然而然地动念于藕样的臂膀，这似乎是一部古旧小说中的言辞。我所以想到这么个“有伤风化”的例子，大约是见街头巷尾，这阵子“艳情”之类的小说特别地多，于是潜化搬用过来。但目的则是“纯洁”的，是想，最俗和最惯见的比喻，则于读者最易于理解。

还是言归正传。

既然说到联想，便不能没有联想的主体，激动起我联想的乃是报上“延安有座‘回扣楼’”的消息，这消息被好几家报纸转载，读者一定很多，只是不知这众多的读者中，有没有像我者联想之丰富。不是我自吹，如果我把我联想之后的发现讲出来，说不定要惊得人目瞪口呆。区区一座延安地区人民医院有多大规模我不清楚，以我猜测，千八百人，几百张病床，每日里上千号人就诊足矣了吧？这等医院在全国相比实在是多乎哉的。可是，就是这么一家谈不上有多大的医院，竟在三年里头，用药剂科进药的回扣款三百多万元，盖起了一座像模像样的大楼。从中不难看出，卖药给医院的公司厂家其“促销”的手段是多么厉害。

值得称赞和褒扬的是延安地区人民医院的医务人员。他们没有把因进药品而给的回扣据为己有，更没有把这笔钱变着名目作为“创收”而放进每个人的口袋。虽然这不正之风他们无力抵制，但是他们能管好自己，把并不光明的钱，用在干光明正大的事上，同流不合污，“洁身守道，不与世陷乎邪”。确属难能可贵。

说到这里，我们不妨联想和假设了。像延安地区人民医院这样一家中等规模的医疗单位（我权且这么猜想），三年里头就得进药的回扣款三百多万，那么全国那么多的医院，那么多的医院统统加起来数十亿数百亿地进药，该又有多少有形或无形的回扣款被医院拿走。这么一想，问题似乎就出来了。依今日凡医院进药必有回扣的“惯例”，人们可以想想，医院中手把进药权的主管人，将为医院牟进多少不显山不露水的钱财！延安地区人民医院使这笔钱“取之于民，用之于民”（因为回扣最终要算在药费里，还得病人掏腰包）。于是人们便要问了，其他的医院呢，那么多也拿了回扣款的医院，用这笔不小的回扣干了什么？说根本就不曾拿过回扣款没人相信，而人们产生怀疑恐怕也就顺理成章。那么医院拿了这钱做了福利？要么这回扣被手握进药权的人挪用为“小集体”占有？或是从一开始就进了某个人的口袋？无论怎么说，你说压根儿就没这笔回扣，那是连傻子也骗不了的。

老实说，联想到这一步，实在不是我比别人高明，乃是现实之无序，人的行为之混乱不得不使人时时自己为自己敲响警钟。这不，手头就一个材料，说的是国家卫生部公布一九九二年度全国药品检验的情况，结果表明形势不容乐观。怎么不乐观呢？药品不合格率回升。据四十四个省级及计划单列市药检所检验，检品不合格率为12.39%，抽检不合格率为14.85%，不合格率最高的是甘肃省，为26.85%，最低的是广州市，为4.2%。不合格率超过20%的有九个省市。

以上数字，稍稍明白一点儿的人就不难联想到买药拿回扣这码事。不合格的药、假药流入市场，没有回扣在前冲锋陷阵，它们能够大举进军吗？虽然报纸上表扬了延安地区人民医院药剂科同志们的廉洁，不为歪风所刮倒，但拿回扣毕竟容易为制造和销售不合格药品及生产假药者提供了方便。想来，最根本的还是应该抵制回扣。积这些年来的经验，真正好的东西，无论是商品还是药品，是无须用给回扣的办法来促销的，而伪劣假冒者往往才用给回扣来开道。

写到这里，联想该收住了。既然联想从“回扣楼”始，那么还应从“回扣楼”终。不管别人怎么看“回扣楼”这一现象，而我要说，它确属我们时下社会肌体中分娩出的一个怪胎。

一九九三年十月九日

丑　女

徐城北

文艺作品中的女性正面人物，几乎没有不美的。现实中的电影、戏剧女星，也大概没有不漂亮的。她们一旦登台，自然就“美上加美”了。多年以来，我们看惯了由美女扮演的正面人物，从没见哪个“丑婆娘”担当过“女一号”。

十多年前，有关小凤仙和民国将领蔡锷的故事，通过银幕舞台几乎弄得家喻户晓。张瑜扮演的小凤仙聪慧而纯洁，很能得到少男少女的同情。文艺界内部的同志，包括年纪大一些的观众，总觉得她的表演缺少一点儿“妓女气”，是塑造中的不足。比较起来，倒是王馥荔在《日出》中扮演的妓女翠喜，反而更能感动（或震撼）观众。我当时想，小凤仙不是翠花，能够混到陪伴蔡锷的份儿上，想来容貌是错不了的。何况小凤仙后来有那样超出常人的作为，把她塑造得相对纯洁、真诚一些，也算不上什么大错。

许多年过去了。最近在台湾报纸上偶然看到一篇忆旧文章，作者引证了一位同乡前辈的亲见，向读者披露了一个意想不到的事实。原来小凤仙并非绝代佳人，而是丑陋得难以入目。文章说：“世人提到名妓，认为一定美丽无比，实则不然。有些妓女与老鸨沾亲带故，被提携入了妓班，既不聪明又不美丽，小凤仙就是这么个妓女。”作者的那位前辈是当时的国会议员，与蔡锷是朋友，会去“八大胡同”打茶围，也叫过小凤仙的“条子”，据说一见之下，大失所望，原来小凤仙既矮又胖，皮肤也不白，谈吐相当庸俗，没有一丝书卷气。

与这位老先生同时代的许多人，都会专门到“云吉班”打茶围，为的就是看一眼小凤仙，结果一望之后，无不失望。既然小凤仙属于丑女的范畴事实既定，那么问题来了：像蔡将军那样一位将领，什么美女没见过，怎么会和这么个丑女“相好”起来？文章对此做了令人信服的分析——原来，蔡从云南初到北京，就发现了袁世凯称帝的野心。为了及早抽身返回云南，蔡“做”了个假动作。在要求袁“早上大位”的呈文上第一个签了名。没想到这一动作做“过”了，反而引起袁的疑心。于是蔡赶快变换策略来迷惑袁。他发觉小凤仙头脑愚笨、缺少心机，绝不会走漏自己的计划；同时，他也晓得自己是个多情种子，万一真拜倒在千古佳人的石榴裙下，或许反倒不肯抽身了。我以为，这样的分析颇能服人。试想以往，蔡身边有过多少珠环翠绕，如今整日面对这么个俗物，心中能无痛苦？人物一“痛苦”，自然“戏”就多了，性格棱角也就出来了。从小凤仙一面说，明知自己是丑女，蔡将军还频频光顾，他究竟是真心？是假意？同样会从疑虑中显现痛苦。后来了解到蔡的真实心理，通过思想斗争，决定全力支持蔡的行动，这显然就比美女的脸蛋更具有震撼心灵的力量。我想，如果隔些年再拍这一题材，试从这个角度入手，肯定会比十多年前的要好。

还有一个眼前的例子：巩俐拍了《画魂》，扮演那个画坛奇女潘玉良。可是，当年的那个真潘玉良的照片，最近也频频曝光于报章，年轻人看了无不要吓一跳。那个真潘玉良，与巩俐的假潘玉良简直是地下天上，成为人类丑美的两个极端！潘的丈夫赞化是个有文化、有地位的人，他能看上地位卑微的潘，显然不是为其外貌。当然，也许是那丑得吓人的外貌，反倒引出他高尚的同情心来！如果从这个角度入笔，是否会更有深度一些？

前一段，社会上掀起一股“选美热”，其实选来选去，不过都是在比脸蛋和“三围”。今后的银幕舞台，能否反其道而行之？敢不敢掀起一点儿“选丑（中见美）”的浪潮呢？不排斥“美中见美”，但“丑中见美”似乎更合舞台艺术规律，更具有震撼人心的力量。赵丽蓉扮演的刘姥姥，你能说这个人物不美吗？

一九九五年一月五日

“为官一任”

李　侃

“为官一任，造福一方”“为官一任，保一方平安”……诸如此类的“官箴”警语，实在令人赞佩。这样的“官”，恐怕在全国各地各级都有不少。不但在修什么“史”“志”的时候要为这“为官一方”者的善政记下一笔，而且在选贤任能、凭德才和政绩选拔干部的时候，也理所当然地要委以重任。

“官”，在古代，被老百姓称之为“大人”“老爷”，名之什么“州牧”“县令”之类，也号曰“民之父母”，总之，是掌权掌钱又管人的。不过即使在古代，也有“循吏”和“酷吏”之别与“清官”和“赃官”之分。现在的“官”，虽叫“干部”，却是为人民服务的公仆。古往今来“为官一任”，究竟为人民做了些什么，给那个地方留下了什么，感受最深切、心里最有数的是那里的老百姓。史书上记载着“循吏”“清官”大都是曾经为民造福兴利除弊的人。就以人们所熟知的海瑞和林则徐来说，他们都被当地百姓呼为“青天”，在他们离任的时候，人们夹道痛哭、焚香跪送，还送什么“万民伞”之类，以颂功德。为什么呢？因为他们确实为老百姓办过好事，诸如兴修水利、减免赋税、赈济灾民、平反冤狱等等。此等事迹和故事，至今还在流传，有的还被编成戏剧在舞台上演出，老百姓看了还是赞叹不已。

共产党和人民政府的干部的天职，就是为人民办好事、办实事，为人民谋利求福。干部好不好，是不是得到人民的爱戴和怀念，也是“公道自在人心”。老百姓会记得：是哪位什么书记或什么“长”在哪一年，曾为当地修渠筑堤、修路造桥、抢险救灾、办学兴教、造林种果……就是时间过去了，那个地方面貌大为改变了，老百姓提起这些什么“书记”和什么“长”来，依然会念念不忘。因为这些“官”，给老百姓留下了美好的记忆，留下了不能忘记的业绩。君不见，焦裕禄、张鸣岐以及许多类似的人民好公仆乎！

老百姓们也会记得另外一种“官”，贪官污吏自不必说，就是不贪赃、不枉法、不受贿、不谋私，只是由于官僚主义或专为保护“乌纱”，他们也会留下令人难忘的痛楚，甚至劣绩。比如说，某地某年某月，因为办“夜总会”，烧毁了一个博物馆；某地某年某月，歌舞厅失火，烧死了几百人；某地某年某月，剧场失火，烧死了几百个学生；某地某年某月，为了搞毫无着落的所谓“开发区”，强令老百姓砍掉了大片的防沙林木，如此等等。这些令人痛心的事，过了多少年，那个地方的“官”姓甚名谁，老百姓也是会记得的。可见“为官一任”，事关当地人民祸福，好事坏事，不但在当时为众目所视，而且还将流传久远。“为官一任”虽然并不一定都政绩卓著，“流芳千古”，但至少也不可殃及百姓留下“骂名”和“劣绩”，为“官”者，可不慎哉！

一九九五年三月二十一日

说“风”

张志公

近年，社会上有两股“风”，风力很强，少说也有五六级，很值得注意。

一是“好古风”。一说要弘扬祖国文化传统，立即刮起了一阵好古之风。古就好，好必古。说话、写文章一定要用两个古字，古语，弄得文白夹杂，不文不白，有时候还不免闹点笑话。如，报上登过一篇写某位学问家的报道，有这么一段，说他之所以成为大学问家，是由于他多年刻苦学习、博览群书、勤奋钻研、著述极多。这一段是用一句古语开头的：“冰冻三尺，非一日之寒”，叫人读来不免莫名其妙。现在“保健药”盛行，多种保健药都声称是根据“古代宫廷秘方”的。一个古、一个“宫廷”，还的确大有广告价值，销路都不坏。然而吃这种秘方补药的人忘了一个事实，古代帝王活到康熙、乾隆那么大年纪的很少，就连康、乾二位，放在今天也算不上长寿了。可敬而又可怜的孔老夫子，浮浮沉沉、坎坎坷坷活了两千多年，在世时并不如意，曾经“厄于陈蔡”，连饭都吃不上，死后逐渐走运成了圣人，以后又消沉过，终至成了“孔老二”“孔家店”，现在一说要弘扬文化传统，少不了又把老夫子请了出来，再度成了“圣人”。我们承认孔子言论中有不少极精辟的见解，能够超越时间、空间的制约，一直存在到现在，仍不失为至理名言，值得继承、学习、奉行、弘扬，而且早就远播于海外，几乎被一些国家像尊奉“国教”似的那样推崇。可是，如果说夫子的理论、观点是尽善尽美的，“半部《论语》”就“可以安天下”（宋代赵普语），那就不合乎实际，太违反历史主义观点了。另外，在出书难、出版业不景气的声浪中，古《麻衣神相》却大摇大摆地问世了；某科学出版社出版了刘伯温的《推背集》，一印就是二十万册，每天注明“宜”做什么，“不宜”做什么，“忌”什么，如“不宜远行”“忌婚娶”等等的历书，也堂而皇之地摆出来了。古什么什么“宫”连“妖魔鬼怪宫”都建起来了，供应“宫廷风味”的餐厅、酒店开起来了，为争好风水而打架的事件发生了……时至二十世纪末，竟出现好古好到这样荒诞无知的程度，实在令人担忧——污染社会空气，毒害下一代。更需注意的是，这股好古之风，风向不稳、不对。一方面，如上所说的风力不小，另一方面真正保藏优秀文化遗产的古籍，却越来越少有人问津，整理出版古籍的单位叫苦连天，辛辛苦苦搞出来的东西，不大有出路，为数不太多的做这类工作的人员不断流失。大学中文、历史、哲学系的学生趋向减少，在校的也并不多读古籍本身，而主要是听教师讲授知识、理论。好古那边风大，这边风小，两边一挤，简直是在践踏文化传统，哪里说得上什么“弘扬”！我们的文化传统，方面很广，内容非常丰富。自然科学如数学、天文；应用科学如医学、建筑、水利；社会科学和人文科学，如教育、法学、经济、历史、哲学、文学、艺术，无所不包，宋元以前无不领先于全世界若干世纪，如果说知识产权，恐怕我们被窃的最早、最多（有的是我们无偿赠送的）。我们无意吃祖先智慧的老本同谁算老账，不过大家彼此要心中有数，不可装糊涂。咱们自己要认认真真地、科学地研究，文化遗产要站得正、走得直，要自力更生，真正侵权的事不干，对内对外一样，更不要拿上“弘扬文化遗产”这顶帽子乱套，以致走入误区，走上邪路，惹人家耻笑，害了自己！

这里要说到另一股风了。风力也够大，也有五六级——“崇港崇洋风”。现在不少人喜欢买成衣，选择的顺序是，最好是“进口”的，其次是“外资”公司出的，再其次是“合资”公司出的，万不得已才要国营厂的。买吃的，亦然；给孩子买玩具，亦然；买各种“机”，当然更是这样；不信“宫廷秘方”而吃西药的也是一样。果然洋的什么都好吗？内行人说：“不见得！”可是，明明是国产品，并不出口，也要在包装上印个洋名字，果然销路就好些。出租汽车，有的地方叫“计程车”，都很好，偏偏要说个四不像的“打的”，进而有了“面的”“摩的”“的哥”“的姐”，中不中，洋不洋，这都是哪国话啊！放着现成的“早”“你好”不说，见面就“嗨”；放着现成的“再见”不说，偏偏要教小孩子说“拜拜”。什么缘故呢？这里有深厚的、值得注意的社会因素。第一是不少人把钱看得太重了。人家经济发达，科学技术发达，而我们还是个发展中国家，人家有钱，于是人家什么都好，语言也好！咱们要学那个调调儿，只沾点儿边也好。第二，一九四九年之前，我们过了上百年半殖民地的屈辱生活。鸦片战争开始，老牌帝国主义者一连气地打我们，英法联军、八国联军、甲午战争，一方面激起了大多数中国人的爱国反帝精神，但无可讳言，也有一部分人被打得丧失了自信心，以至自尊心，而近现代历史，不少人都淡忘了。虎门炮台在哪儿？三元里庄在哪儿？义律是什么人？瓦德西是什么人？邓世昌是什么人？刘公岛在哪儿？那里出过什么事儿？“划分”“势力范围”是怎么回事？什么叫“利益均沾”？这些都是谁提出来的“高招儿”？如此等等，拿这些问题考考看，能交出个及格考卷的有多少人？老账我们可以不算，老事却不可以忘记！前事不忘，后事之师。

上边谈了两股“风”情，偶尔有见失误之事，不成“风”，在所难免，也不值得大惊小怪，可若成了弥漫一时的大“风”，就不能等闲视之了！有效的根本办法是，要认真加强切实有效的而且有确实具体措施的爱国主义教育、古代史和近代史的教育、科学普及教育。我们要从我们的实际出发，采取实实在在的有效办法，刹住歪风邪气，我们坚信歪风可刹，正风可树，前景光明！

一九九五年五月十六日

充分发挥传统诗词的社会功能

孙铁青

传统诗词是精神文明建设的丰富资源

中国素称诗国。传统诗词卷帙浩繁，佳作如林，名句如珠。三千多年来，传统诗词生动形象地展现了中华民族不同时代不同地域的政治沿革、历史事件、社会生活、传统美德、山川风光和各种成就，成为中华文化的重要基石和母体。我国六经以《诗》为首，《史记》《汉书》大量转录诗赋，方志有诗专辑，医药著作、佛道经典都有诗诀诗偈，传统戏剧多是诗剧，四大古典小说都与诗有不解之缘，书法、绘画、雕塑、音乐、舞蹈都与诗相得益彰，一切高雅的文艺创作和表演总是和诗紧密相连，许多著名的思想家、政治家、军事家、文学家、艺术家、科学家都是诗人。传统诗词内涵之博大、艺术之精美、地位之崇高，在世界上是独一无二的。一部中国诗史，实际就是中华民族的发展史、心灵史和文化史。不研究中国诗史，就难以真正了解中国和中华文明。

我们建设社会主义精神文明，必须同发扬优秀文化传统紧密结合，使之具有鲜明的民族特色。传统诗词是精神文明建设取之不尽用之不竭的丰富资源。

爱国主义是传统诗词的主旋律

爱国主义是千百年来形成的人们对自己祖国最忠诚最深厚最持久的一种民族感情。在我国，这种崇高、伟大的感情借助于传统诗词这一特殊艺术形式，得到了最充分的体现。

“路漫漫其修远兮，吾将上下而求索。”屈原这闪耀着哲理光辉的诗句，至今仍激励着我们为祖国、为事业而奋斗不息。陆放翁的“死后原知万事空，但悲不见九州同。王师北定中原日，家祭毋忘告乃翁”，文天祥的“人生自古谁无死，留取丹心照汗青”，激励过多少英雄豪杰关心祖国的完整和统一，在祖国危难关头赴汤蹈火。鉴湖女侠的“拼将十万头颅血，须把乾坤力挽回”，徐锡麟的“只解沙场为国死，何须马革裹尸还”，都是鲜血凝成的救亡图强的檄文。

以毛泽东、朱德、董必武、陈毅、叶剑英为代表的老一辈无产阶级革命家，都是驾驭传统诗词艺术的行家里手。被誉为千古绝唱的《沁园春·雪》《人民解放军占领南京》，以及“锦绣河山收拾好，万民尽作主人翁”“此去泉台招旧部，旌旗十万斩阎罗”等诗句，概括凝练而又气壮山河，抵得上洋洋洒洒的万字宣言，充分显示了诗词的艺术感染力。

改革开放以来，传统诗词生机焕发，诗社如林，诗赛迭起，正在神州大地形成一股汹涌澎湃的创作热潮，不少反映时代强音的优秀作品应运而生。“久蛰思高举，同怀捧日心。曾教鳞爪露，终乏水云深。天鼓挝南国，春旗荡邓林。者番堪破壁，昂首上千寻。”王巨农的这首《壬申春日观北海九龙壁有作》，尽情地讴歌了小平同志的南巡讲话。

历代的爱国诗篇凝聚着中华民族的理想、抱负、气节和心魂，是我们今天进行爱国主义教育的宝贵资料。

传统诗词对于促进祖国团结统一有特殊作用

对于促进中华民族的团结和统一，传统诗词具有特殊的艺术影响力和感情凝聚力。

“国破山河在，城春草木深。感时花溅泪，恨别鸟惊心。……”杜甫的《春望》，表达了山河破碎给国家带来的灾难和哀伤。李白的《静夜思》“床前明月光，疑是地上霜，举头望明月，低头思故乡”，能使关山阻隔的炎黄子孙的心贴在一起。

台湾是祖国神圣不可侵犯的一部分。针对丧权辱国的《马关条约》，谭嗣同愤然写道：“四万万人齐下泪，天涯何处是神州！”丘逢甲也愤笔疾书：“四百万人同一哭，去年今日割台湾。”今日重读，仍令人涕泪沾襟。

日本投降、台湾回归中国后，海峡两岸同胞受到了人为的阻隔。于右任先生一字一泪的《望大陆》，张大千“半世江山图画里，而今能画不能归”的诗句，反映了台湾同胞思念祖国渴望统一的共同心声。

现在，海峡两岸的诗词团体之间、诗人之间，也开始友好交往。借助诗词的特点和优点，这种交往将会日益发展，对促进和平统一做出贡献。

传统诗词是增进国民文化素质的重要条件

传统诗词语言精练、声韵优美、上口好记、饱含诗情，富于哲理特质，具有其他文学形式不能代替的教育功能和艺术魅力。孔子教人，主张兴于诗，他说：“诗，可以兴，可以观，可以群，可以怨。”《诗·大序》说：“正得失，动天地，感鬼神，莫近于诗。”古代贤哲，有远见的政治家，都高度评价和重视诗教。传统诗词不仅会引导人们激发爱国情思，忠于自己的祖国，而且会引导人们在更广阔的领域增强文化素质，正确对待人生、对待事业、对待人际关系，成为品德高尚的人。

传统诗词的艺术魅力还在于，谁只要爱上它，往往就会愈爱愈深，乐于接受它的熏陶和“改造”。这也就是传统诗词潜移默化的特殊功能。很难相信，一个深切了解“谁知盘中餐，粒粒皆辛苦”和“成由勤俭败由奢”的人会糟践粮食，浪费金钱，任意挥霍；一个崇尚“纸上得来终觉浅，绝知此事要躬行”的人会迷信书本，轻视实践；一个深信“言者无罪闻者诫，下流上通上下泰”的当政者会压制民主、堵塞言路。

现在，随着改革开放的深入，市场经济体制的确立，人们面对生产效率亟待提高，以及落后、腐败、犯罪等社会现象，是愈来愈感觉到提高国民文化素质的必要和迫切了，提高国民的文化素质，主要靠加强教育——学校教育和社会教育。振兴传统诗词应当成为提高国民文化素质的重要手段。有鉴于此，应积极发展诗词社团和诗词爱好者队伍；诗词创作应力求适应时代，贴近生活，走进大众；诗词阅读和吟唱活动应广泛开展；报刊应加强对传统诗词的宣传报道；诗词出版物应努力发行到人民群众中去。

一九九五年五月二十三日

送　书

许　淇

如今我出书最好的结果是以书顶酬或包销一部分。有朋友来信说：只会写书不会销书，或有时间写书没时间销书，是当今文人的悲哀。与其堆在办公室里筑书城，不如寄赠他人以求知音。

我的小册子《词牌散文诗》寄给公刘先生后，他不仅从头到尾读了，还写读后感发表在《随笔》杂志上，给予过高的赞誉。坦率地说，我那阵子像孩子一样高兴，至今引以为荣。公刘先生是我的师辈。心仪久之，却无缘谋面。最近又收到先生寄附的《公刘随笔·活的纪念碑》一书，乃上海知识出版社出版的一套由柯灵主编的《当代中国作家随笔》丛书之一种。惊喜之余，正襟危坐，拆封拜读，书里夹寄信函一纸。公刘先生说："书价太贵，送不起，因之不少故人新交，均未请教，请你不必与人言及此事。"我想，这几句话读之令人鼻酸。一介寒士，自己的书竟无法随意送人，好在不必买书号出印刷费，是公刘先生的影响所在，其开篇《作者自白》中就说这码子事儿，意谓"运交华盖"，没得法子。

定价十一点五元送不起故人新交而特赠予我的这本随笔集，实在是一本好书，尤其用作书题的《活的纪念碑》一篇在《收获》上发表以后，我也和公刘先生收到的不少读者信中所表达的那种感情相同。这篇文章所记述的，既是公刘先生个人特殊的、又是众多知识分子在时代大背景下共有的经历。故而兔死狐悲，感怀涕零。我虽侥幸逃过"正式流放"的命运，但可称"名誉流放"或"准流放”。人格受辱的程度不同而已。军营编号、集中看管。挖过渠，打过夯，放过马，下过窑，爬过掌子面，吃过“康复饼”……

公刘先生文章的读后感应另著专文，言归“送书”。

还有一位没有驳回我的面子的是冯骥才先生，在收到我的真正的拙作之后，他寄赠我一本插图本《阴阳八卦》，书中央附印有他画作的明信片。其时他刚访美归来，时差生物钟尚未纠正，“我当着意拜读大作”，骥才先生说。有这句话，读不读我都是高兴的。

最近我意外地收到寄自北大燕南园的挂号邮件，信封是专用邮政包装袋，这种特制包装袋加上邮资，大量使用便是一笔不小的开支。拆封，是“百花散文书系”之一种的《宗璞散文选集》，扉页上娟秀的字迹：“赠给　许淇先生　宗璞　一九九五年四月。”我可以说是从五十年代宗璞的第一篇小说《红豆》读后才“认识”冯先生的。当时，看遍了屠格涅夫之后，惊讶地发现当代小说中也有我们自己的“初恋”。新时期宗璞先生率先发表了吸收现代风格的心理意识流小说，但她的散文都是古典儒雅、情真意切，是我每见必读的。

和以上两位见面，还得回溯到第四次作家代表大会上。大冯是豪爽人，到他宿处拜晤，随便说了几句，他恐怕早就忘了，倘在街头邂逅，他绝不会认出我来。宗璞先生和我编在一个组，她是照例不发言的，我当然更不发言。一次在电梯上，她和陈敬容先生在一起，我和陈敬容先生关于朋友译稿的事（陈当时代审《诗刊》译稿）通过信，说了几句话，宗璞先生转过身去等陈。她至今并不认识我。此次只因我送她短篇小说集《疯了的太阳》和散文诗集《词牌散文诗》而回赠我散文选集，确系忠厚长者所为。

冯先生的书中也夹附一纸，函曰：“赠书甚感。因目力大坏，不能细阅。以词牌为题写散文诗，以前未见。寄上小书一册。问好。冯宗璞　一九九五年四月三日。”我很为宗璞先生担忧，眼睛是作家的生命。目力不好，我那劳什子不读也罢，养息着，多写点优秀的散文和小说吧！

送书的事，当然还有，此文就此打住。

一九九五年八月十五日

没有回家

高红十

小时候，家乡的概念于我很模糊，像一卷有墨痕无线迹年代久远的画。混沌之中过了少年，“文革”、插队、上学这些人生重大活动皆与家乡无干，只是填表中很靠前的一栏：籍贯？老实招供：湖北宜昌。

一九七三年上大学，开门办学写张思德，重庆采访完张的战友，坐船走三峡直抵武汉。许是中了写三峡大块文章的蛊，真的与山对脸与水照面时，心底涌起的是说不出的失望。天很混浊，映得江水也很混浊，山很普通，遍寻不见当惊世界殊的神女魄力与魅力。人与自然相交要有悟性如同缘分，那会儿无知无识满脑子政治的我悟不出家乡的美好，与家乡无缘，损失的不是家乡，是我。回到北京，我轻描淡写对父亲说：“路过你老家了。”“谁的老家？”父亲反问。“你的。”“不是你的？”“不是。”

现代都市人，被所谓教育、文明一遍遍透析，先是拔去了根，而后过滤了血，血色素中家乡的含量几无。何况我到底没有喝过家乡的水、吃过家乡的米。

奶奶则不同了。奶奶一九五三年到北京，先后带大我们姐妹四个，直到三十五年后以九十九岁高龄仙逝——她随身携带的小包袱里携来了整个家乡，给青年离家的父亲身后竖一道家乡的风景屏风，更填补第三代的我们对家乡认知的空白。奶奶用懒豆花、江米酒、豆腐乳、水豆豉喂得我们身体健康，用菜饭掺半的饭食帮我们度过三年困难时期。她老人家一辈子节俭，一辈子心平气和。到了远记忆清晰近记忆一塌糊涂的晚年，她向往家乡的景色，清清的溪水、大大的水车、沉重的水碾和水磨、金黄亮眼的油菜花……

对于身后事，奶奶一定想回老家入土为安，可是深明大义的奶奶，知道对当领导干部的儿子提出这要求，很不适宜，也会让儿子为难。她始终没有开口，临终也没有，就按大都市的规矩被送进京西高高的火化炉。三年后，骨灰由八宝山请至福田公墓，那里的安静与春来一园桃花让父亲觉得可以告慰老母，据说老家的山坡梯坎春季也有那么艳丽的桃花。

离休后的父亲一九九四年回老家探亲，说探亲是他谢绝有关部门的邀请接待，住在亲人家里，天天逛菜市，串亲戚、回乡给老婶子烧纸，第一次不以旅行社头儿的身份做一名普通的旅游者。家乡的绿小菜、黄柑橘、酽涩的茶叶，还有空气、风和亲情使他身心惬意。老家的亲人请他每年回来一趟。

只有第三代没有回家。

那几年长江时兴豪华旅游，三峡江面游弋着神女龙女玉女什么女，总感觉不该不像不对劲儿，那船身与日渐混浊的长江水不合适也不和谐。

后来又听说豪华船宰客，高收费低服务宰得狠而无情。设想彼时彼地的我该持何身份与心情——法制报记者穷追猛打毫不留情？还是扭过身去替家乡悄悄脸红？

葛洲坝红火时，没有回去，嫌太缭乱，无法看清。

三峡动工前没有回去，嫌太喧闹，无法听清。

择一风和日丽季节，悄悄地去，悄悄地逛，悄悄地观察、体验、品尝、感觉，悄悄地不带走一片云彩离开……

可否如此回家？

一九九五年八月三十一日

写作的快乐

王　蒙

有的人喜欢讲写作之苦，我则爱说写作的快乐。

苦是指写作乃艰苦的脑力劳动，吟成一行诗，拈断几茎须，呕心沥血，伤目劳神，耽句成病，谋篇如痴，绞尽脑汁等等——世上最令我害怕的熟语莫过于“绞脑汁”三字，想一想就不寒而栗，脑仁儿疼。

写作没有把握，动不动搞成无效劳动，抱着稿子发表不出去的苦处，自认为是才高八斗，人家偏偏不买账的苦处，不难体会也。

也就是说知音难遇，空怀和氏之璧；伯乐未逢，难展千里之蹄。

三百六十行，行行出状元。三百六十行，行行也有难处，叫作一家一本难念的经。只不过写作的人太会表达，说起苦来也分外吓人。

而我更愿意说的是写作的快乐。不是苦吟，不是神经病，不是孤独，不是拼命，也实在不太寂寞或者太不寂寞。

写作是我最好的参与方式。既有参与的积极性也有参与的度——叫作知止而后有定。通过写作，国家百姓、世道人心、历史文化、地球宇宙都与我联系起来了。我说了许多话，我的声音传向了四方，我表达了我的思想意见、感情倾向，不能不说我是一个积极关注的人。同时，这一切毕竟只是文人的一家之言：知无不言在我，闻者足戒随君，何况不断有人对我追踪分析，与我争鸣切磋辩论批评，给读者提供了选择分辨的题目与乐趣，当不致一面倒过去，误人子弟。

写作是我最好的学习方式。新的生活气象，新的语言辞藻，新的思索探求，新的经验体验，新的知识信息，新的形式方法，就像清泉活水，永远奔流，永远被搞写作的人所汲取所运用所消化所生发所沉淀积累——学以致用，用也是学，没有比写作者的学习更诱人的了。

写作是我最好的交际方式。与一些悲观主义者相反，我总是觉得世上好人如此之多，应该交往应该请教应该互通声气互相帮助的人如此之多，没有可能一一与之过从、一一与之通信、一一与之“感情深，一口闷”，乃有文章。所有的文章都是我给现在的与未来的朋友们的书信，所有的文章都是我的心。一文在手，心相通焉，情相感焉，知我爱我，知音知心，高山流水，反复操琴，伯牙子期，缘分多多。我们的朋友遍天下焉。

写作是我最好的娱乐休息。电脑屏幕，从无到有，如歌如吟，如梦如戏，如花万朵，如云千变。我要编织，我要刺绣，我要抡砍，我要抚摸，我要突发奇想，我要出语惊人，我要插科打诨，我要披挂上阵，我要欲擒故纵，我要大开大阖。布迷宫，入幽谷，呼风唤雨，撒豆成兵，生杀予夺，纵横捭阖，神龙见首不见尾。惜墨如金，大雨倾盆，铺天盖地，泼墨如水。何等快乐，何等趣味，何等丰富，何等变化无穷！您上哪儿找这样的乐子去！

写作是最好的养生。心有用焉，精神集中，不受干扰，神有栖焉，不受外惑。感情得以舒张，想象得以飞扬，郁积得以宣泄，空洞得以充实，遗憾得以补偿。内功导引，身心俱泰，信心增强，颓废全无，正以去邪，文以去病，功莫大焉。

当然，最最重要的是创造的快乐。在文学创作中，你在缔造一个新的世界，从无到有，从有到无。喜怒得到升华，思想得到明晰，回忆得到梳理和新的组合，想象得到发挥与铺染，体验得到温习与消受——这确是人的最好的精神享受。

感谢生活，感谢各方。我高高兴兴地写作着，再写作着。我希望今后写得更好更多，报答读者厚爱。

一九九五年九月十五日

本来面目

高洪波

曾很喜欢一句格言：处世何妨真面目，待人还须大肚皮。以真面目处世，照例是一种高标准要求，不太容易做到。为什么？原因再简单不过：见人只说三分话，未可全抛一片心；防人之心不可有，害人之心不可无……这一类聪明的格言、真诚的古训太多的堆积，使你下意识地往脸上罩一张面具，朝心底铺一层防范设施。而且感到很深沉、很老练，让人尊重而且器重，好处实在大得很。

也有不满意自己的时候，会愤愤地骂一声“什么东西”，感到凭什么要活得这般累、这样乏？凭什么丧失了自己的本来面目，要虚伪矫饰？但可气的是这种时候不多，盖因为人是一种自我保护意识极强的动物，无论在生理上还是心理上，他没有理由总处于自我谴责状态，向认识或不认识的人去忏悔，没来头地三省或反思。所以人总给人以假象，一种兴致勃勃、意气风发甚至微然不可一世的假象；一种谦恭柔顺、言听计从甚至奴颜婢膝的假象；一种温柔体贴、关怀备至甚至情同手足的假象……人以种种假象示人，正因为是人。别的动物，如猫们，则没有这种与生俱来的掩饰自己的本能，否则，猫在春天绝对不会放肆地叫春，空惹来人们的咒骂。

人的本来面目是什么？

你、我、他的本来面目又是什么？一个人到底从哪里来？又往何处去？

这似乎是个永恒的难题，本来面目成为一种人生的目标似的，遥遥地、远远地树立在前方，让你向往而反复，追求而难寻。我曾思考过这一沉重的命题。我惊奇地发现人在三种状态下极松弛。最松弛因而也就最易现出原形，现原形——应该说就是露出本来面目。

哪三种状态？一曰醉态；二曰乐态；三曰居态。

醉态显示出的本来面目，有一种因酒精催化作用下的半晕眩状，这个时候可见真性情。故古代军事家们考察将帅，常有“醉之以察其性”的经验之谈。醉中人物，其实是酒醉心明白，但因酒醉作用，易产生放大的豪迈、膨胀的勇气，平时不敢言而此时放言且多言，平日不敢为而此刻颇敢为，像鲁智深醉打山门，若非那两桶美酒，他绝对不会放肆到一膀子扛倒泥金刚的地步！鲁智深是莽汉子、武英雄，醉态与否不重要，他时时都以真面目示人。我曾见过一个儒雅文人，醉后一反常态，狂躁傲慢，出口伤人，目无余子——或许，这才是他真正的心态。酒精帮助他卸下了人生的假面，所以他的“一反常态”，恰恰是复归自我的正常状态。

酒是恢复人性的灵丹妙药，好东西！

乐态是我的简称语言。若具体判断，这种状态是一种群体相处时的最佳氛围，比如同学相处时的聚会，像我最近在中央党校学习，来自天南地北的同学相聚一堂，没有任何芥蒂，不须任何戒备，更不必摆架子端身份，大家一视同仁，你不再是书记，他不再是局长，我也不再是主任或主编，聚在同一屋顶下，拣一个月夜拉起手风琴，尽情唱着大家熟悉的歌子，从《洪湖水、浪打浪》一直唱到《送君送到大路旁》，间或有女同学即兴起舞，舞步踢踏，舞袖飞扬，乐态分外可然。那一种投入，那一份热诚，那样快活和放肆地歌唱，使每个人都袒露出本来面目，久久不愿离去。

乐态与酒无关，至少无大相关。但需要欢笑与歌声，它是音乐送给人们的礼物，故而更贴近艺术的魔界。

最后说到居态。居态者，居家过日子的常态也。这种人生本来面目，你无法掩饰也不可藏拙，在亲人面前无须遮掩，家庭人生的掩体、事业的堤坝，走进自己的居室，乐意干什么都成，是为居态。此时若有朋友来聚，杯酒小酌而后香茗小品。逸兴遄飞之际，正是彻底露峥嵘之时，这时观察一个人的真性情，真如瓮中捉鳖，田头寻瓜，容易得很。故而才有民谣：本乡本土无圣人。圣人居家过日子，每每露出非圣非贤的真面目，左邻右舍稔熟得如自己掌中纹路，这时你逼着乡人承认你的伟大与非凡，甭想。记得有出戏叫《高祖还乡》，作者借乡亲之口，把刘邦骂得狗血喷头，衣锦荣归的刘皇帝，由于乡亲们太知根知底，了解他昔日的居态、醉态与乐态，只好灰溜溜地结束了胜利大游行，一走了之。处世何妨真面目，对极；待人还须大肚皮，更妙。前提是你须有宽容和自信、有坦荡与豪迈。否则会很累，凡硬撑着做的事，都是这种结果。

一九九五年九月二十一日

读　帖

袁行霈

小时候长辈命我临帖，也曾敷衍过一阵子，既是敷衍，当然尝不到什么乐趣，也就没有什么长进。长辈见我不堪造就，便放松了督责，我索性不再临习了。现在想起来颇有点儿后悔。

然而，毕竟算是摸过帖的人，临不好，读还是乐意读的，这读帖的乐趣一直维持到现在，每逢空闲或虽忙而欲“偷闲”的时候，便随便取些帖来，或坐或卧，任意翻阅。《平复》就《平复》，《兰亭》就《兰亭》；《祭侄稿》也行。《寒食诗》也行，拿到什么是什么。有时连文章一起欣赏，王羲之帖中的伤时之情，颜真卿帖中的浩然之气，孙过庭《书谱》的高论，米芾《虹县诗》的遣词，都令我赞叹。有时只看书法，而不顾文章如何，就一个字而言，其提顿转折、间架结构，或严整，或奇险，或潇洒，或庄重，很值得揣摩。就一行字而言，其字距之疏与密，气势之畅与涩，大有可以玩味的地方。就一幅字而言，其布局的巧妙，那种类似音乐旋律的意味，那种徐疾浓淡所形成的节奏感，更是常读常新。有时读到会心处，情不自禁学着用手比画几下，即所谓“书空”。有时并不比画，只是呆呆地读着，一边读一边猜测前贤的模样和秉性：王右军也许很瘦，既然“颇有哀祸”，又“哀毒益深”，焉得不瘦呢；苏东坡字肥，人大概也胖胖的；张长史嘛，写狂草的人，恐怕有点儿邋遢；黄山谷呢，笔法开张，为人大概相当豁达。就这样，与千载之上的古人交友，真有无穷的乐趣。

我还有一种习惯，一边读帖一边听音乐，多半是欧洲的古典音乐。眼前是二王、颜柳、苏黄米蔡，耳边是巴赫、海顿、莫扎特、贝多芬。书法与音乐，中国和欧洲，颇有可以沟通的地方。巴赫与颜真卿的恢宏，贝多芬与苏东坡的雄放，肖邦与文徵明的俊逸，往往令我惊异其间的相似：当读到笔里酣畅之处，又恰逢五音致会之际，浸润在一片不可言说的愉悦之中，如痴如醉，物我两忘，不知时光之流逝。曲终以后，慢慢合上帖，环顾四周，自己多年购置的书籍不太整齐地插在书橱里，心中很充实也很轻松。我不练气功，这就是我的“气功”。试想“寂然凝虑，思接千载”，这不是“气功”的境界，又是什么呢？

一九九五年九月二十八日

雨和书

赵丽宏

窗外，秋雨绵绵。雨珠噼噼啪啪敲打着书房那扇朝北的窗户。看着雨水在窗玻璃上画出的一丝丝朦胧曲折的线条，我的面前慢慢浮现出一张瘦削的脸来。

六月初，我到天津去参加一个签名售书的活动。那天下午，下着小雨，在书店里热闹了一阵，结束后，主人请吃饭，登天塔观光，回到旅馆时，已经是夜里九点多了。刚走出电梯，楼面上值班的女服务员告诉我，有个人找我，已经在我的房间门口等了好几个小时。我吃了一惊，谁会有这样的耐心，竟会为见我一面等几个小时呢？大概是哪个熟悉的老朋友吧？

出现在我面前的却是个陌生人。这是个瘦小的中年人，衣着简朴，戴着副眼镜，手里捧着一本用报纸包着的书。见到我时，他竟涨红了脸，嗫嚅着说不出完整的话来："下午在书店里，你很忙。我有你的几本书，都是以前买的，不好意思在书店里打扰你，占用你的时间，所以就找到这里来了，请你签个名。给你添麻烦了，实在对不起，对不起……"

我赶紧把他请进屋子，让他坐下，给他倒了茶。他打开纸包，里面是一本《死之余响》，是我在好几年前出的散文集。我为他签了名，还拿出我新出的一本书，签名后送给他。他高兴得不知说什么才好。我看出他很想和我聊聊，便留他再坐一会儿。在门外等了我几个小时，就这样匆忙离开，我感到过意不去。最初的约束和不安过后，我们谈了起来，话题全都围绕着书。

他叫焦从海，是《天津地方志》的一个编辑。想不到，他竟是个很有成就的藏书家。从小时候开始，他就迷上了文学，迷上了书。跑旧书店，是他生活中最大的乐趣。父亲健在时，家里的经济状况不错，有时，他还坐车到北京的书店里淘旧书。在报上，他读到唐弢和姜德明的不少介绍现代文学和书籍的文章，受到很大影响，对现代作家的书籍产生了浓厚的兴趣。他为自己的收藏定了个苛刻的主题：收集现代作家著作的初版书。这是个难度很高的目标。他像个饥渴的旅人，在旧书的海洋中瞪大了眼睛，寻找着每一本他所能发现的现代文学著作的初版书。后来父亲去世，家里断了经济来源，他和母亲相依为命。然而，贫穷无法阻止他对书的热爱，他继续以自己的方式丰富着他的藏书。有时候，为得到一本旧书，他会饿着肚子走遍整个城市。“文革”中，到处是批判的口号和烧书的烈火，藏这些旧书，弄得不好会引火烧身，可他冒着风险，将他的藏书保存了下来。他是“老三届”，下乡“插队”过，经受过生活的煎熬。回城后，他当过工人。能够当上编辑，靠的是他从书籍中学得的广博的知识。在坎坷的人生旅途上，书始终是他的忠实伴侣，那些珍贵的藏书，使他暗淡的人生燃烧起动人的火焰。他收藏的中国现代文学著作初版书，竟多达一千余种，这大概使国内大多数图书馆都无法望其项背。

有两个故事，足以证明他的藏书非同一般。

故事之一：京城的一位政界名流，一向以自己收藏的各种版本的晚唐、五代词集《花间集》为骄傲，认为世所留存的《花间集》古版本，以他的收藏最为完整。焦从海听说后，写信告诉他，说自己藏有明代的一种《花间集》刻本，是国内的孤本。这位政界名流听说后，不相信天津这个名不见经传的业余藏书者会有如此珍贵的古版本。直到看到了焦从海送去的书，方才信服。后来，他在北京的报纸上专门为这本书写了文章，发了一通感慨。

故事之二：一位藏书家在报纸上撰文，介绍他收藏的孙犁的《鲁迅的故事》初版本，认为这是孙犁的第一本书。焦从海看到后，写信告诉这位藏书家，孙犁的第一本书，不是《鲁迅的故事》，而是他在晋察冀根据地工作时写的《论通讯员和通讯写作诸问题》，孙犁曾在他的《在阜平》一文中谈到过这本书，并且感叹："可惜现在找不到了。"焦从海的书架上，就有孙犁的这本珍贵的油印著作。

书给了他做人的快乐，也耽误了他的生活。他把几乎所有的财力都花在了收集书籍上，而他的财力又是那么可怜。为买一本几十元的旧书，他要节衣缩食好些日子。他告诉我，他没有房子，一直住在亲戚家的一间又小又破的房子里。母亲已经去世。他至今还没有成家，不是不想，而是没有能力。陪伴他的，只有那些散发着陈年芬芳的旧书。现在，珍贵的旧书已经非常难得，即使看到，昂贵的价格也不是他所能承受的。于是他开始有选择地收藏一些作家的签名本。这样，我和他就有了认识的缘分。

转眼竟谈了将近两个小时。他要走了，可外面仍在下雨。我说："让你冒着雨来，又冒着雨走，真过意不去。"

听我这么一说，他一下子收敛起脸上的微笑，呆呆地看着窗外，目光中流露出能让人觉察到的哀愁。"唉"，他叹了口气，自言自语道，"下雨天，是我最害怕的时候。如果回去，我也是睡办公室，一个人喝闷酒。"

他的神态和语气都使我吃惊。我连忙问他这是为什么。

"我那间破房子漏雨，修也没法修。书都在里面，我只能用塑料纸遮盖一下。下雨天，那屋子没法住人，我只能睡办公室。晚上，听着那雨声，就像刀子在割我的心！它们一滴滴都落在我的书上！这些书，都是文物啊，真是委屈它们了！有什么办法呢？听着窗外的雨声，我只能一个人喝闷酒，喝醉了，倒头睡下去，忘记一切烦恼……唉！”

我看着他哀愁的目光，竟想不出一句安慰他的话。

因为怕下雨，他就为自己的书库取名为“畏雨庐”。他喜欢邵燕祥的文章，喜欢他的正直和磊落，就写信给邵燕祥，请他为“畏雨庐”题字。他相信邵燕祥不会拒绝他。果然，邵燕祥很认真地写了“畏雨庐”三个字，从北京给他寄了过来。然而家里没地方挂这幅字呀，挂在墙上，一下雨，字就要糊了。他只好很小心地把邵燕祥的字珍藏起来。他告诉我，他不当官，也没有高级职称，连一张文凭也没有。单位里分房，一直轮不到他。而他的要求并不高，只要有一间不漏雨的房子，能让他的那些宝贝书籍有一个安全的家………

此刻，在绵绵秋雨中，我很自然地想起他来。他是不是又在对着清冷的秋风秋雨，正为他的藏书担忧呢？那淅淅沥沥的雨声，会不会又像刀子一样割痛他的心？也许，命运之神会突然垂顾他，让他得到一间小小的、不漏雨的房子。我不知道，这“也许”，是不是会成为事实。放眼中国的大地，到处是新造的楼房，那雨后春笋般的盛况，比杜甫当年在诗里幻想的还要兴隆。“安得广厦千万间，大庇天下寒士俱欢颜，风雨不动安如山……”然而，其中有哪个“风雨不动”的角落，属于焦从海和他的藏书呢？

一九九五年十二月五日

参观楼兰少女

赵燕翼

本世纪七十年代末，新疆考古队于古楼兰国属地，发掘出一具三千八百年前的完整女尸。因该女正当青春妙龄，比安卧在马王堆楠木棺材里的那位汉代老太婆起码年轻四十岁。于是，便有人在报刊上大做文章，称她是一位风姿绰约的“睡美人”——“高挑个儿，浓眉秀目，睫毛密而长，楚楚动人的鹅蛋脸，鼻梁高窄，鼻尖锐俏，棱角分明的双唇，似乎挂着一丝笑意。黄褐色的蓬松长发，散披在肩后……她躺在罗布泊沙海深处，如同酣眠于一张金黄而松软的大波斯地毯上，她睡得好香呵，仿佛在做一个甜甜的梦……”云云。

这便是轰动一时的考古界奇迹——“楼兰少女”。

一九八〇年夏天，我去新疆深入生活，搜集剧本创作素材，住在乌鲁木齐市。偶然从自治区文化局获悉，那个令人神往的“楼兰少女”，已在考古专家的严密保护下，平安运抵乌市。

好奇之心，人皆有之，而对这样一个差不多与殷纣王的爱妃苏妲已同一世纪的古代美女，谁不想先睹为快一饱眼福？

我带着组织介绍信，兴冲冲前往自治区博物馆进行交涉，能否破例允许“远方的客人”一睹“楼兰少女”的芳容？

博物馆同志以应有的礼貌，婉言谢绝说，“楼兰少女”下车伊始，现住本市特设卧室，尚待从容梳妆打扮，做一系列与观众见面前的准备工作，故对任何外宾、游客，一律不予接待。

美人没有见着，却碰了一鼻子灰！我只好在其他展室中胡乱溜达，看一看石斧骨针、锈刀断箭、坛坛罐罐之类的文物，意兴索然。

正在这时，有博物馆一工作人员，手执半导体话筒，以不容置辩的口气宣布说，奉上级领导命令，所有观众即速离开展室，本馆另有接待任务……如此这般，大喇叭一连喊了三遍。

既然下了逐客令，焉有赖着不走之理？当约莫一二十位观众正准备自认倒霉、扫兴而归时，不料，竟有一个血气方刚的年轻小伙子，大声提出抗议：咱们都是花钱购了门票的，只看了一半，干吗就要轰咱们出去？……

小伙子与大喇叭互不相让，吵得不可开交，却引来一位态度温和的干部模样的人，问明原因，遂说，先别让观众退场，我去请示一下。少顷，他回来说，诸位都别走了，大家一块儿看吧。

紧张气氛，立即解除，展厅中顿时活跃起来，接着，传来杂沓脚步声，一伙衣冠楚楚、满面春风的贵宾光临展厅。

走在最前面的是一位年逾花甲的老干部，头顶毛发已脱，看样子是个领导干部。因为不便打听其姓名身份，我们就叫他首长吧。

首长敞开外衣，缓步展厅，态度很是随意。他边看边议边问，有时提出一个出人意外的问题，常使那些簇拥在他身边的陪同参观的地方官员张口结舌，回答不上来。

“嗯，历史上的西域境内，有那么多王国，不知有没有汉人当过国王的？”首长说，似乎在虚心求教，又仿佛有意考问。

大眼瞪小眼，周围一片沉默……

“有哇，”我忍不住插嘴回答说，“建国于吐鲁番的高昌国王曲嘉，还是我的同乡呢！”

“噢！你是？”

“我在兰州工作。”

“有意思！”他满面笑容地说，“那么你就给我们讲讲你那位贵为国王的老乡亲吧！”我说，在西方世界的救世主——耶稣还没有降生之前，吐鲁番盆地就是汉朝远征军的屯田区域——就像现在的生产建设兵团一样，有大批戍卒和内地移民在这片土地上进行开发。我说，我的同乡曲嘉，是甘肃榆中人，他在公元五世纪末，被国人拥戴为高昌国国王，传了一百四十余年。比元朝封为高昌国王的畏兀儿首领纽林的斤早了整整八个世纪……首长大悦，连声称赞我“有学问”，还亲切地拍我的肩膀，请我“多多赐教”！我趁机将话题一转，提起了“楼兰少女”……

“哦！”首长惊奇地说，“我们也去看看这个楼兰少女！”

陪同的官员一听，立即吩咐打开库房，并通知有关专家进行讲解。首长招呼我同去参观。

我终于亲眼见到了“楼兰少女”！

然而，休说她“风姿绰约”，也莫提“睡态香甜”……她，毕竟是掩埋在沙土底下达数千年之久的一具僵尸！发黑起皱的干皮，包裹在弯曲蜷缩的骨头架上；眼窝枯陷，牙齿外露。一头乱蓬蓬的毛发里，据介绍还爬满了虮子、虱子……

遗憾吗？不！这才是真实的“楼兰少女”，任何事物真实才有意义。

一九九五年十二月十四日

留在记忆中

毕克官

参加政协十年，结识了许多委员。一起开会、视察、谈天，交流友谊，增长见闻，受益良多。现在，忆记几位，以存纪念。

一九四九年，北京米市大街基督教青年会经常举办周末学者讲座。那时，我正上学。有一次去听侯仁之先生讲北京的历史沿革和地理变迁。这个讲座使我对历史地理和文物古迹产生了兴趣。此后，凡侯先生的文章，只要看到的，我都细心拜读。十二年前，我到西交民巷工地采集古代瓷器碎片，发现五米深的淤泥层中夹杂了一些木桩，地层特殊。想起侯先生，便写信到燕南园向他讨教。侯先生马上回了信，用的是京丰宾馆的信纸信封，我才知道他正在出席政协会议。信写得很长，工整清秀的笔迹，详细介绍了工地一带的历史地理状况，对我提出的问题谈了他个人的推测。三年之后，我自己也以委员身份驻进京丰宾馆，体会到宾馆客房的夜灯之下，一位年近八十的老教授伏案的情景。一九九〇年，我与侯先生一起参加了到甘肃的视察。同登阳关汉代烽火台，同走明代土长城，所到之处，他是随意聊天，我却长了不少见识。烽火台附近有个“古董滩”，他执意要带我去拣古陶片。后因时间太紧，未能如愿，成为憾事。所幸，吴祖光先生在长城遗址为侯先生和我拍下合影，留下了纪念。

十年来，和吴祖光先生同在文艺组，八届时更分在一个小组，相处了五年。一九九二年我和吴先生都参加去江苏的视察，一路上又巧与吴先生同住一室。有机会“朝夕相处”，对他的言谈举止是“看在眼里，记在心里”。夜晚无事，我们总会聊天。谈到四十年代他在重庆与周恩来等共产党人的交往；谈到建国初期他无偿地将家传书画古玩捐献国家；谈到他一九五七年受到的误解；自然也谈到他的贤妻凤霞女士。过去常听人说吴先生心地诚露，对看不惯的事好直述己见。会间他的小组发言，给人同样的强烈印象。多年接触，我还发现吴先生是一个心地善良、很富同情心的人。例如，一九九六年他到湖南视察，从长沙报纸得知当地一位吴姓孤老婆婆拿出养老生活费，资助一个吴姓女孩上学。对此，吴先生十分感动，说自己也姓吴，也应尽点力。当即掏出所带一千元，请当地政协转交。吴先生家里先后雇用的保姆很多。他们夫妇有时拿出学费让姑娘们上补习学校学技能；有时帮她们寻找工作；有时忙着替她们找对象。他们视小保姆如自己的家人，姑娘们也把他们夫妇看作亲人。吴先生是个真正久经风霜的老人，但他至今却坦诚得常常像个孩子。

一九八九年，我参加了去内蒙古的视察，与史树青先生分在一组。一路上史先生的好学精神使人感动。视察活动对老年委员来说有些辛苦，但史先生宁可中午不休息，也要跑书店去淘淘书。当看到好书堆在那里无人问津，他十分感叹。有一本多位著名老学者合撰的文史知识小册子，为作者治学读书的经验谈，但被当成处理品堆在角落里。史先生认为此书难得碰上，便买了一摞说要带回北京分赠朋友。视察过程中，史先生谈古说今，对周围古迹多有评论。他修养博，见识广，同行的委员都很佩服。有的委员家中存有古旧小摆设，利用开会之便带请史先生鉴定。我曾带了一个小铜佛，趁大会堂开会之前讨教他，史先生一看就断定是明代的。又见一位委员拿了一块碎石片，史先生说是石器时代的切削工具。有的委员见状开玩笑，说我们是在倒腾文物。史先生在无党派界别，每年开会都与我的同学张守义委员同住一室。我多次对守义说，真羡慕他的幸运。和人品学问受人称道的长者在一起，即使对坐不语，也会有所感悟的吧？

七届时认识了罗哲文和谢辰生先生。那是一九九三年我们一起参加全国政协三峡淹没区文物抢救与保护调查组。在钱伟长先生率领下走了十几个县市，住在船上相处达半月之久。在中国历史上有不可替代重要作用的三峡文物，已探明的有一千二百多处，抢救方针是“重点保护”。但什么是“重点”，方方面面存在不同看法。为了尽可能多抢救一点儿，为了抢救经费尽快到位，罗、谢二先生交提案、写文章、递书信，反复进行呼吁。北京“东方广场”的最初设计方案严重影响到长安街的基本历史风貌，罗、谢二先生又反复通过写信和提案进行呼吁，以求能够修改。又如虎门炮台、龙门石窟的保护等等，二位先生和许多文物专家都操心不少。在会议期间和平时，常能接到他们的电话，征求关于文物保护的意见。七八十岁的老人，为了中华文化遗产而奔走呼喊，有时却受到误解，正像梁思成先生当年为保护北京古城墙而受到非议一样。但毕竟“知识就是力量”，正因为文物专家广博的学识修养，才理解文物的历史和现实价值。经他们长期呕心沥血地努力，许多国宝才从愚昧的手里被抢救出来。

我常想，如果没有梁思成、苏秉琦和罗哲文、谢辰生——许多文物专家的呼喊，现有的许多文物古迹，早不知到哪里去了呢！假如要送他们庆功匾的话，铭刻“功在千秋”四个大字怕是最合适不过了。

如今，几位先生都已相继从政协离任，但与他们朝夕相处、谈古说今的幸聚，是会永远留在记忆中的。

一九九八年三月四日

我心依旧

叶文玲

刚刚告别不平凡的一九九七年，忽然得知：一九九八年，我将不再担任全国政协委员了。

就像乍别相聚多年的家庭和亲人，霎时间，有点儿不是滋味，怅怅依恋的心情几天都没有平复。

毕竟是在政协这个大家庭过了一十又五年的日子，毕竟这十五年的日子，头头尾尾是五千余日，五千余日在人生的长河中总非弹指一瞬。

俗语说："智士惜日短，离人愁夜长。"怅怅中回想这五千余日，竟又觉得倏忽如昨。十五年前初为六届全国政协委员时，我与冯骥才、何士光，都刚届四十，还有比我们小一岁的李谷一，一个个乌发如云，红颜如酡，是政协文艺界最年轻的委员。年轻的岁月，年轻的心情，同样年轻的中央电视台著名主持人赵忠祥来采访我们，若用四个字概括当时的一席谈，真正是：意气风发。

而今回想这五千余日，参与政协活动，行使委员之职，一年一度上京开会，一年一度视察活动，一年四季列席省政协常委会的会议，年头岁尾，庄严和紧张交替，忙碌和思考相汇，不敢谬称自己在政协的作用和贡献，却确确实实收获多多：因为直接参与了国家重大的政治活动，因为结识了政协这个大家庭的许多有识之士，思想和学识收获丰厚，只觉得人生内容更为充实。

情思依依中拿出了十五年间保存的两把大折扇和十数枚信封。

那上面，龙飞凤舞着文艺界几十名委员风采各异的签名，其中，多位委员相继作古，但他们当年握笔题签的情景、他们畅谈国是的音容笑貌，一如多姿多彩的电视连续剧，又历历恍现眼前。

正是当时欢愉的心情驱动，我曾先后以《仰望星空的乐趣》《香山雪》为题，叙述了在政协这个大家庭所得享的教益和如水温情。在香山举行的一次联欢会上，当素装如雪的潘虹朗诵《香山雪》作为晚会的节目时，随着她那极富感染力的表情和声音，我分明看到那温暖的小雪花飘忽在很多老委员的眼眶里……

我依依凝视十五年来的十五张全国政协大会的出席证，她宛若启开记忆闸门的钥匙，我又忆起了六、七、八三届政协会议中，中央领导同志和文艺界大组的几次座谈，一边是虚怀若谷的悉心倾听，一边是坦诚无忌的耿耿诤言，中国特色的国家政治制度的优越、被誉为“人才库”的政协委员的才情胆识，在这种载入政协活动史册的座谈中，得到了动人的体现……

触发我记忆的事项多多，大到列席全国人大会议时如何倾听政府工作报告、看人大代表如何行使人民赋予的权力表决议案、其中还包括了一位代表如何给小平同志递条子为珍惜其健康让他不要吸烟这样的逸闻趣事；小到两会中间的许多难忘的参观活动、委员们书写特别是联名提案时的认真和热烈、小组讨论时记者如何蜂拥、会议住地如何每每为恰逢生日的委员赠送蛋糕和鲜花……回忆如纷飞的繁花涌集脑海，心头似道道温暖的小溪淙淙流淌。

任职有年限，责任无穷时。政协委员和人大代表一样，是一种政治荣誉的身份符号，但作为人民团体的一分子，作为文艺界中人，无论荣任与否，为国家尽责、为人民代言的心情绝不能有丝毫的消淡和冷却，这就是我依依告别政协这个大家庭时，最想说的话。

一九九八年三月四日

吃——最大的缘分

毕淑敏

这几年，“缘”字受宠，好像见面就是缘。我是个笨人，坐在飞机上，不相识的邻座要我在他的本上写句话，憋了半天，写了句“——机缘”，还暗中得意好久，以为急中生智。

在翠绿的伊犁河谷，一位哈萨克少女，高擎着马奶子酒说，尊贵的客人，世上最高最长远的缘分是什么呢？是吃啊！一生下来，婴儿就要吃。到不能吃的时候，缘分也就尽了。人们因吃而聚，因吃而离……

那一天，所有的味道，都被这句话漂白。

吃是笼罩天穹的巨伞。甚至从生命还没有诞生，我们就开始吃了。构成我们机体原初的那些物质：骨的钙，血的铁，瞳孔的胡萝卜素，头发的维生素原 B_5，肌肉的纤维，脑神经的沟回……无一不是我们从大自然攫取来的。生命始自吃大自然，大自然是胚胎化缘的钵，这就是最洪荒的缘分啊。

出生后，我们开始吃母亲。乳汁是世界上最完整最富于消化吸收的养料。妈妈的胸怀，是我们赖以生存的谷仓，遮风雨的帐篷，温暖的火墙和日夜轰响的交响乐团（资料证明，婴儿在母亲的心跳声中，感觉最安宁。因为这声音的节奏，已融入孩子永恒的记忆）。因为吃与被吃，母与子，结成天下无与伦比的友谊。这种友谊被庄严地称为——母爱。

长大了，我们开始吃自己。养活你自己，几乎是进入成人界最显著的标志。填平空虚的胃，曾经是多少人惨淡经营的梦想。待统计到国计民生上，温饱解决了，我们就能进入小康，吃——此刻不仅仅是食物，更成了逾越文明纪录的标杆。吃是基础，有了吃，一个民族才能在世界的麦克风中有扩大的声音。没有吃，肚子咕咕叫的动静压倒一切，遑论其他！由此我又想到农业的重要。

普天之下，熙熙攘攘，多少酒肆饭楼，早茶晚宴，都是为吃聚在一处。古往今来，不知有多少大事在杯觥交错中议定，有多少金钱在餐桌下滚滚作声。

为了吃，人是残忍的，远古时曾尝遍了包括人自身在内的所有生物。进步了，不再吃人。科学了，不再吃有害健康的食物。但人的好吃仍是无与伦比，毒蛇有毒，拔了牙吃。河豚烈性，剥了内脏继续吃。珍禽异兽，都曾被人烹炸清炖，吃了南极吃北极，先是磷虾后是鲸……人是地球上能吃善吃的冠军，狮子老虎都得自叹弗如。

吃到遥远的地方，吃出奇异的境界，是人类永不磨灭的理想。所以人总想吃出地球去，吃到太空去，到另外的星球上找饭辙，这便是无限神往的明天了。

但吃亦有道，须吃得聪明，吃得正大，吃得坦荡，吃的是自己双手挣来的一份，吃得丰富而清白才是人间的幸福。

珍惜能吃的日子，珍惜一道举筷的亲人。珍惜畅饮的朋友，珍惜吃的智慧。敬畏热爱供给我们吃的原料、吃的场所，吃的机会，吃的概率的源头——大自然与母亲！

一九九八年三月九日

谢吾师

舒　乙

一生中教过我的老师上百位，但有一位，他并不会说话，他是长在树上的小树叶，却使我难忘，我尊他为我的老师。

他曾伴我走过最艰难的日子，给我安慰，给我勇气。直到今天，一闭眼，他便回到我的眼前，真真的。他仍在树梢上迎着寒风飞舞，表现了顽强的生命力和不屈不挠的大无畏精神。

那是二十多年前的事。

我住的“牛棚”是两间大教室，外间住着看守我的人，总有五六位之多，里间就我一人。住进来之后，他们便向我宣布了纪律：不准回家，不准自由走动，完全隔离，写信要经过审查，去食堂吃饭时不得和任何人说话。每日三餐是放风时间，我在前面走，后面五六个人跟着，浩浩荡荡，面孔非常严肃。

审查并不是天天进行，甚至根本就没有几次像样子的审问。隔离本身仿佛便是目的。

越是没有变着花样的折腾，日子越是难以打发，孤独就成了最难受的事。孤独窒息了我，几乎把我掐死。

窗外有一棵大树，是加拿大杨树，长得很茁壮，树冠蹿得比楼顶还高。我住进去的时候，是夏天。满树的绿叶油亮油亮的，迎着微风舞动，因为叶柄长，摆动幅度很大，显得非常活泼。

我常常呆坐在窗前，瞧这棵大树，看树叶翻腾飞舞。树叶们成了我唯一的朋友，不说话的而充满了生机的朋友。

我一看就是一天。

迎来了秋天，又送走了秋天。西伯利亚寒流既冻坏了绝大部分树叶，又刮走了大部分树叶，大树上差不多只剩下光光的枝丫。这一切都发生在我眼前，连叶柄在狂风中由树枝上脱离的一刹那我都看得很清楚。朋友们随风而去，我感到凄凉，心中冷冷的，虽然窗户的亮度增加了，大树的枝干也清晰了，但一切都显得那么大而无当，单调枯燥和万分失落。

最后，全树只剩下一枚大叶子始终没有被风卷走，特别神奇。大风时，他大幅度摇摆，拼命飞舞，经受了惊心动魄的撕扯，却坚持在那里。于是，每天醒来，我的第一件事就是看这枚孤军奋战的叶子还在不在树上。

他在树上足足比别的树叶多待了十天，多么艰难的十天，多么难忘的十天，多么伟大的十天。

在这十天里，我每天都在观察他，为他揪心，为他害怕，为他担忧，同时也为他骄傲，打心眼儿里敬佩他，把他当作最贴心的知己。他的状态有点儿和我相似，但他的处境比我更加险恶，比我更加孤单，他却像一面小旗，高高飘扬，挺得住，站得稳，生得牢，成为我无言的榜样，伴我走出困境。

我坐在封闭的禁室内，面对一枚小小的树叶，受着一堂生命的课。树叶是我的老师，我是树叶的学生。随着树叶的每一次翻飞，我的思绪渐入正轨，完全镇定下来，像一只蜕壳的蝉，体验到一种心灵的新生。

我终于能把逆境当成一种锻炼自己身心的机会；我终于能把度日如年的日子尽我所能安排得满是节目，宛如给自己开办一所单人补习学校；我终于能修得一副心安理得、遇事不惊、吃得下睡得着的坦然心态；我终于能把只说真话不讲假话的原则坚持到底；我终于能把宽厚待人、善待他人，包括善待那些反对过自己的人当作自己的处世信条；我终于发现自己变得更爱我的长辈、妻子、孩子、朋友，变得更加热爱这个多事的世界。

所有这些变化只因我接受了那枚不会说话的挺立到最后的小树叶的启示。

多年以后，我又回到那棵大树的所在地，可惜，大树已被伐掉。

那枚孤单而可敬的叶子却永远活在我的心里，我一闭眼，它便来到我的眼前，真真的，在狂风中上下翻腾，一点儿也不服输。

可爱的小树叶，我的老师，我谢谢你！

一九九八年三月十五日

石　子

韩映山

在平原上长大的孩子，都很喜欢石子。孙犁在一篇散文中说："我幼小的时候，就喜欢石子。有时从耕过的田野里，拣到一块椭圆形的小石子，以为是乌鸦从山里衔回跌落到地下的，因此美其名为'老鸹枕头儿'。"

我小的时候，也管石子叫"老鸹枕头儿"。有时随着姐姐到地里挑菜或去拾柴，拣到一块石子，喜欢得如拣到一块宝贝似的，用手摸擦干净，让小伙伴们传看。把它带回家去，小心地存放起来。这就叫物以稀为贵，因为平原上很少见到一块石子。其实，这种石子，并不好看，既不光润，也无色泽，更谈不上透明了。

后来，我参加了工作，到过一些山区。在山里，像平原上那样的石子多得很，人们并不觉得稀罕。石子铺在小溪底层，溪水从它们上面流淌，显得石子是那么晶莹、透明、美丽。等到把它们捞上来，放在岸上，经过风吹日晒，它们身上曝有一层干碱，就不叫人喜欢了。它们脱离了原来的环境，失去了溪水的陪衬，也就失去了自然的美和朴素的美。

一次，我到北戴河去休假，路过天津，我去看望孙犁同志。我知道他素喜石子，我说："到北戴河，我给你拣点石子回来。"

他沉吟了一下，说："不用；北戴河已经没什么好的石子了。"

我当时没言声，心里还是半信半疑的。等我到了北戴河光着脚丫在海边转悠，留心搜寻石子时，果然，就像孙犁说的，确实很难拣到一块好看的石子了。据说，原先这里也有好的石子的，后来，游人越来越多。石子供不应拣，渐渐就只剩下一些歪七歪八、残缺不全、疤瘌麻子的石子了，就是这样的石子，也还有人拣，这叫“饥不择食”吧！于是，每天清晨或黄昏，我也只好在海边拣了一些不起眼的石子，自认为是认真挑选过的。休假完了，回来时，我又去看孙犁，想把我拣来的石子，送给他一些。哪知他桌上竟放着一碗石子，浸在清亮的水中，呈浅灰色，很是淡雅、光润，比我拣来的石子好看多了。于是，我没敢拿出来。

前年，有机会到了南京。游览了“石头城”，我想到了曹雪芹。这位伟大的作家，曾在这儿生活过。他的《红楼梦》，又名《石头记》。我揣想，曹雪芹生前也是颇爱石子和石头的。他书中的主人公贾宝玉，一落生，口里就含着一枚卵玉，实际就是一枚晶莹的石子。作者还给我们讲了一个神话故事，说是女娲氏炼石补天，用了三万六千五百块石头，独有一块石头，没用上，弃在青埂峰下，年深日久，此石便成了气候，转生到凡尘……这位石兄，就是作者的理想人物贾宝玉。有时，作者也把自己比作石头，抒发自己写书的宗旨，如在第一回，石头说：“……我师何必太痴！我想历来野史的朝代，无非假借‘汉’‘唐’的名色，莫如我这石头所记，不借此套，只按自己的事体情理，反倒新鲜别致。……”它批判了那些才子佳人和诲淫诲盗的坏书，说它“淫秽污臭，最易坏人子弟。……竟不如我这半世亲见亲闻的几个女子……”作者还借宝玉之口，给黛玉起别名：“西方有石名黛，可代画眉之墨。”可见，曹雪芹是多么喜欢石头。后人画曹雪芹小像，让他坐在石头上，旁边陪衬着一些竹子，我觉着，画得很好，表现了曹雪芹的性情、爱好和操守。

在南京，我还去看了雨花台，并第一次看到了雨花石。那才是真正名不虚传的雨花石，一颗颗石子，光洁晶莹，圆润通透，宛如美玉。我怀疑，贾宝玉当初口里含着的，是不是这种石子？有的呈赭红色，有的呈淡青色，花纹斑斓，错落有致。据说，有的还有图案，隐隐约约，像《红楼梦》里的大观园。

我爱不释手，托着一颗颗雨花石，站立在雨花台前，仰看台上的壁雕，那一位位昂首挺胸的烈士们，他们的鲜血，曾经洒在这片光荣的土地上。那雨花石上赭红的颜色，该是英雄们的鲜血染成的吧!

我珍重地带回一包雨花石，准备送给孙犁一些，纪念我们的友谊，纪念我们的童年。

一九九八年六月十日

老师的教诲

赵秀君

我这个在京剧艺术道路上探索中前进的“毛丫头”能成为艺术大师张君秋的关门弟子，还要感谢我们的老市长，现任中共中央政治局常委、全国政协主席的李瑞环同志。

那是在一九九三年一月十九日的晚上，海外京剧名票和部分张派弟子及师父的亲朋好友，欢聚在钓鱼台国宾馆，热烈祝贺张君秋艺术生涯六十年演出的圆满成功。当时我也在座，席间李瑞环同志向张君秋先生表示热烈祝贺，并且提议请张先生收我为徒，再为天津培养一名京剧接班人。话音一落，只见师父连连点头应诺。我怀着又惊又喜的心情，急忙站起来，走到师父面前，深深地鞠了一躬。

师父笑哈哈地把我拉在身边坐下说：“学生学戏成绩的好坏，有两个因素起着重要的作用，一个是专业老师的教学，一个是学生本人的勤奋刻苦。从你现在展示的成绩，可以看出天津市戏曲学校专业老师给你打的基础好。师父领进门，修行靠个人。这句话很辩证，既谈到了学戏的客观条件，又说到了学戏的主观因素，其中主观因素是成功的关键。老师把自己的艺术教给学生，老师的本领再强，也不能代替学习。‘大匠能予人以规矩，不能使人巧’，这个‘巧’字是在学生经过长期苦练后才能得到的。”师父讲到这里，若有所思地说：“秀君，今后千万不要认为自己的天赋条件好，接受能力强，又有名师指点，就可以不刻苦练功了，那将会聪明反被聪明误。你说天赋条件需要不需要？”“需要。”我忙回答。“对。”师父接着说，“因为我们是从事艺术工作的，特别强调天赋条件，强调嗓子、扮相、身材等先天条件，但是，天赋条件好，只能说明你具备了学戏的条件，并不等于你天生就掌握了戏曲艺术的各种表演手段。尤其是各种技巧，必须要经过演员自己长期不懈的刻苦磨炼，才能很好地掌握，所以天赋条件也好，老师名气也好，都是客观因素，主观努力才是起主导作用的。注意不贪图虚名，要有脚踏实地的实干精神。”

我细心聆听着师父的教诲，师父又联系实际指点我说：“我小时候，嗓子条件比较好，但是演唱时是不是耐久、响堂等等，还需要不间断地在苦练中反复琢磨，反复研究体会，才能不断有所收获。你练嗓子一定要从难从严，找难度大的唱段练。比如《祭塔》中的‘反二黄慢板’，音域宽，以便扩大自己的发音区域，能高能低，特别是注意气息的运用，掌握偷气、换气的技巧，锻炼收放自如。《坐宫》中的‘快板’，这段唱对掌握吐字、发音、换气的技巧很有好处。同时吊嗓子你还要注意选择各种辙口的唱段。”师父的话深深地启发了我，于是忙插话说：“我觉得开口音不好唱。”师父点头道：“对，千万不要因为不好唱就不吊了，越难就越要吊，这样本领才能全面。”师父接着说，“从历代名家艺术发展的道路上可以得出四个字‘博采众长’，要使自己的戏路子宽，通过演出剧目的实践，逐渐摸索出适合发挥自己特长的剧目来，形成自己的代表剧目。另外，你学流派要广，不要只学一种流派。流派各有所长，在学习流派一招一式的过程中，不能偷工减料，要仔细体会各种流派的精华，结合自己的特长，使自己的表演艺术逐渐提高。学流派，又不要被某个流派艺术束缚住，要广撷博采，发挥自己的优势，做到真正的继承和发展。再有就是要通晓其他行当的表演，使自己能文能武，这都是不断提高自己艺术水平不可缺少的一门艺术课。作为一个好演员，不仅要精通戏曲表演，还要不断地在其他艺术门类中吸取营养，比如诗、书、音、画等等，都要广泛学习，丰富自己的艺术知识。”

老师的一席话，是那样亲切，为我指明了在京剧艺术上应走的道路。

一九九八年六月十八日

文思小语

蒋　巍

偶　然

我们每个人都是偶然被扔到这个世界上来的。我们没有挑选过父母，我们是在偶然的时间、偶然的历史时代、偶然的社会，带着偶然的天赋的遗传结构，被我们的父母生养出来——于是必须按照这一切来自偶然的约定去过我们的生活。因此，人生的起点就像投骰子一样，它的偶然性深深植根于一些无法逃避的事实中。

一切事物都似乎生发自偶然，这就是文学艺术的起源。最大的幸福和最大的痛苦都来自偶然，最出乎意料的故事也来自偶然。偶然性是一片深不可测的海洋，一个不可知的神秘王国，一朵来无影去无踪的云，一个富于魅力的哲学命题。它给作家艺术家提供了无比广阔的想象天地和戏剧性，让古往今来的哲人为探求隐藏在它身后的必然而耗尽了才华和生命。

因为不可知的偶然，生活和追求、文学和艺术才变得这样饶有兴味。

否　定

否定，一个多么苍白单调的词语。

可是请想想吧，假如人类没学会否定，我们就仍将生活在茹毛饮血的原始时代。远古人不否定洞穴，就不会有今天的摩天大厦；爱迪生不否定蜡烛，就不会有电灯；爱因斯坦不否定牛顿的经典力学，便不会有他的相对论；马克思不否定血腥的资本主义，便没有他的伟大学说；“五四运动”不否定僵化的文言文，便不会有鲁迅郭沫若茅盾巴金……；毛泽东不否定苏俄革命的条条，便不会缔造新中国；邓小平不否定为害甚深的“两个凡是”，便不会有今日生机勃勃举世瞩目的中国奇迹。

否定是一切创造力的起源，是思维狂欢节的序幕，是召唤新世界的号角，是文明大厦的基石。当理性的光辉照亮了人类的前额，否定便成了人类最可贵也最伟大的力量。否定，是最无情也最有情的一个词，它一手制造着死亡一手创造着新生。否定之否定之否定之否定，构成了螺旋式上升的人类文明发展的轨迹，今天的我们因此而沐浴着现代辉煌。

那么，你学会了否定吗？

绳子和轮子

正如真理是朴素的，人类历史上有些简单的发明其实是最伟大的。我们大概永远不可能知道是谁发明了长长的绳子和圆圆的轮子，但是正是这两者，牵动着人类文明巨车隆隆向前滚动。

远古人发明的弓箭和梭镖是伟大的，没有这些原始的武器可能就没有今天的人类，但那伟大的弓箭和梭镖首先需要用绳子（最初是兽筋或藤条）来捆绑。没有文字的时候，古人结绳记事——绳子起到了文字的功能。原始人披的是树叶和兽皮，我想，当某一天开始用绳子系束和缝合兽皮，才是真正意义上的服饰文化的起始。由绳子而纤绳而电线而光缆，人类文明就这样由一条“绳子”牵引到辉煌的今天。

轮子也同样伟大。从最初的原木滚动（数千年前，埃及金字塔和中国长城的巨石就是靠这样的办法推上高处的）到今天航天器上使用的精密轴承，以圆心为轴的滚动，从古至今一直是并将永远是人类文明加速前进的好办法。

随着高科技的发展，我们的四大发明可能会被新技术所代替，但绳子和轮子则永远不会在人类生活中消失。

在人生历程中，你也不能缺少绳子和轮子。伟大的理想就是无形的“绳子”，不懈的追求就是无形的“轮子”。

黄河号子

你永远不会忘记黄河纤夫那一声声雄浑苍凉的号子。

劳动创造了世界，劳动创造了人类。远古时候，人们还不会说话，勇士们在推原木抬巨石猎兽时，为了协调运作，不知是谁，突然喊出了一声“噢——嘿——”，这个人就是人类历史上第一位科学文化艺术大师。语言、哲学、文学、音乐、力学等等人类文化的一切都从这一声雄壮的呐喊中起源了。

于是，当听到黄河纤夫的号子在天空和大地之间回荡，我不能不深深地激动了——黄河纤夫拉动的篷帆就是中国的第一面国旗，黄河纤夫的号子就是中国的第一支国歌呵！

泰山挑夫

登罢泰山，归来久久不忘的不是山光水色奇石异树，而是挑着货担盘山逶迤而上的挑夫们。

你们一挑挑了五千年，挑上去多少个威震八方显赫一时的王朝，又挑下来多少个日薄西山气息奄奄的君王。品茗闲谈中，你们笑说大江东去，浪淘尽千古风流人物；弹指挥汗间，你们目睹多少豪杰英雄转眼又灰飞烟灭。数千年封建王朝替代，你们说那是潮起潮落；无数的雄心野心出将入相，你们说那是舞台社戏。

日月流转，花开花落，只有江山依旧。

世事轮回，人事更迭，只有你们依旧。

你们生活在泰山脚下，却总是比泰山高；你们饱尝了泰山艰险，却远比泰山坚韧；你们依靠泰山存活，泰山却因你们而有了活的生命；中国崇拜泰山，泰山却崇拜你们。

你们挑上泰山的是中国的整部历史。翻遍历史的书页却找不见你们的姓名和踪迹。大地般黝黑的肤色，山峦般不弯的脊骨，秋湖般淡泊的情怀，时光流水般处变不惊的步履，长河入海般坚忍不拔的目标。你们就是中国特色，中华民族的精魂和象征。

空　间

数百年来，工业化的钢铁巨手一直把人们朝城市里驱赶。散发着泥土香味的乡村像篱笆墙的影子一样沉寂了，田园风光成了艺术家的梦和凄美的作品，而始于高更和毕加索的现代派艺术家则忙于拣拾工业化切割下来的碎屑，来拼凑自己的作品。人在城市里，从生命到精神被水泥钢筋加模板压缩成大大小小的长方体或立方体，稍越雷池一步便会踩着别人的鸡眼。各种上水下水的管子和线路蛛网般穿过有限的生活空间，如同穿过人们的生命。只要这些管子和线路哪一段出了问题，人们的生活就全部乱套，成了失乐园。而高楼大厦的缝隙和墙根居然成了孩子们的乐园，那本是宠物们撒尿的地方。

一九九八年八月十七日

一朝点火

黄宗英

影响，是予者与受者击撞之果。

我生在一九二五年。当我开始想人为什么活着时，已经是活在华北沦陷后的天津租界里，是苍白、空虚、稚弱又已无力升学的少女。

一九四〇年秋，我大哥宗江从上海写信叫我去演话剧。我到上海的第一天晚上，在卡尔登剧院的灯光台上，看到曹禺编剧、佐临导演的《蜕变》，看到台上台下公然喊出："打倒日本帝国主义！"我热血沸腾，汗毛立正，泪流满面。我自己居然能参加能演这种戏的剧团，真高兴得不知怎么好了。觉得以前的什么愁都是无聊的，我仿佛知道该怎么活着了。以后，我认得了曹禺，又演他的戏；再以后，不管他写什么戏，写得出或写不出戏，不管戏剧史、剧评家（乃至我自己）怎么评议他，我都小心翼翼护着曹禺在我十五岁少女心头曾点起的这一把"蜕变"之火；并也将永远小心翼翼地护着三十年代左翼戏剧电影运动的先行者们，在我心头续火添薪的热量和热能。

一九四六年，我在抗战胜利的北平，再一次感到苦闷、失望、彷徨。昔日的汉奸特务摇身一变新贵，"五子登科"猖獗，盟军在东单施暴，北平未陷落地也陷落了。我当时在舞台扮演《北京人》剧中的愫芳。国家前途、社会时尚、舞台气氛和角色内心，都使我这个"愫芳"恨不得逃出"曾家大院"。这时，陈鲤庭和赵丹把我请到上海，以后又进了地下党领导的昆仑影业公司。我进昆仑拍摄的第一部影片就是田汉编剧的《丽人行》。这部影片明揭日伪，暗指美蒋，强烈谴责反动势力汉奸走狗的暴政和腐化，坚持正义的斗争，迎接人民的解放。当我饰演的爱国女教师新群，从后街骑车冲向繁华的南京路撒传单时，我怎不血热肝肠？当我到工人夜校上课，告诉姐妹们天快亮了，心头怎不燃起庄严的圣火（虽然解放后复映，每看到上课的尾声都觉得拖沓该剪去）？编剧赋予角色生命、演员创造角色、角色又雕琢着演员本身。我对田汉很尊敬，影剧圈里田老大轶闻不绝于耳，使人感到亲切。再说，谁又没看过《桃李劫》？哪个年轻人不会唱《毕业歌》……“起来，不愿做奴隶的人们……”唱翻了旧世界，迎来了新时代。

一九五三年，《扬子江暴风雨》在上海文化广场开阔地搭起了大轮船，好大的气魄，震天撼地的中国工人艰苦奋斗的勇敢精神，感染着我们每一个参与广场剧的演出者，而《名优之死》又是我们演员敬业的范本。我不像赵丹，十五岁前就把田汉写的剧本都由他当团长的“小小剧社”演遍了。我也不是在课堂上、在书本里认识田汉，而是在排演、演出时，被不在场的他点燃了心之火。而真正碰到田汉，倒也有意思。

一九五〇年秋天，于伶打电话通知我：“马上报到参加世界和平大会。”我问：“会在哪儿开？我骑车就到。”于伶答：“在波兰华沙。先去北京集合。全国有六十多名代表。”当我随上海代表团乘火车到达北京站时，我是和袁雪芬在一起，刚下车就被田汉叫住了：“雪芬、宗英跟我走。”我们还闹不清怎么分队、在哪里下榻、行李……只来得及跟上海带队的金仲华打个招呼，就被田汉带走了。十月底，是北京初雪过后，田汉带着雪芬和我爬一座山，又爬一座山，是在北海？还是景山？是去和中国戏曲学校娃娃班学员见面。袁雪芬一见这些小演员眼圈就红了，说了许多鼓励的话。后来，又攀上景山崇祯皇帝上吊的地方，在风雪中站了半晌，田汉才说：“送你们归队。”彼时，雪芬和我都不知自己的队伍到了哪里。归队时，我很不好意思。但说给谁听，谁也不觉得奇怪，说：“田老大就这样！”彼时，“官场”对田汉，田汉在“官场”，倒也都行得开。

一九四八年至一九九八年，半个世纪过去了，国事剧事人事，风风雨雨、是是非非、荣辱生死、颠颠倒倒，多少不该发生的事发生了，多少难以逾越的险关闯过来了。如今的改革开放，也并不比往昔的任何一场战斗轻松。仅仅对人的生存、社会环境、党的战略政策的正确认识和把握，就比以前复杂得多、深刻得多、广泛得多。面临伟大的转折，又会碰到新的问题乃至新的苦闷。诚然，要往前赶路，总是要抛掉些不必要的东西，但唯有那曾被点燃的心火，要永远小心翼翼护着，去做自己应该做的事，万不可做不该做的事。火虽微，也是热的。

一九九八年六月二十五日

想起了去年的考察

傅庚辰

去年后半年，我随全国政协教科文卫体委员会的考察组和秘书局组织的参观考察团，到过陕西、广东、河北、北京等地的一些城乡及企事业单位、文物部门、集贸市场、海关口岸等许多地方，使我大开眼界、深受鼓舞，感慨良多。

改革开放的二十年，是中国发生了翻天覆地的变化的二十年，特别是近几年来，党的十五大胜利召开、香港回归一扫百年耻辱、稳妥处理亚洲金融危机、军民奋战洪水、改善中美中俄中日等国际关系，这使我国在建设具有中国特色社会主义的道路上阔步前进。我们所到之处，但见城乡繁荣、市场充盈、物资丰富，商品琳琅满目，使人目不暇接，供求关系确实是进入了买方市场。这和买东西凭票进饭馆吃饭排队的时代真有天壤之别！河北省高碑店的白沟市场过去是“晴天一身土、雨天一身泥”，以贩假、贩黄、混乱出了名，现在则是物质文明和精神文明建设的先进单位，不仅环境整洁优美、经商文明礼貌，而且还创出了“玉兔”牌箱包等驰名中外的名牌产品，经济效益也大为提高。北京郊区的来广营乡和大兴县的留民营乡的生态农场等地方和企业，实行科技兴农后生产力大为提高、经济效益猛增，生态环境和生活质量大为改善，有些地方的村民全部实行公费医疗、公费入托上学、住进水电暖齐全的现代楼房，人均居住面积达几十平方米之多。当地群众发自内心地拥护邓小平理论，拥护十一届三中全会以来党的路线方针政策，拥护以江泽民同志为核心的党中央的领导。一代伟人孙中山先生的家乡中山市有如花园一样，道路之整洁、花木之精美、环境之优雅，确实使人有流连忘返之感。尤其给人印象深刻的是政府出资修建、低价卖给教师们的住宅小区，房屋质量、设施环境均堪称一流，大大改善了教师们的居住条件，调动了他们热心执教的积极性。

当然，在两个文明建设飞速发展的同时，有些地方也出现一些新问题，比如在考察打击文物走私工作时，所到之处反映的问题就不少，有些情况触目惊心。联想到前两年在山西山东文物单位的所见所闻，我归纳了几点意见：一要堵源，二要截流，三要改革。堵源就是堵住文物出土的源头，防止非法盗挖文物，防止出土文物流入走私分子手中。截流就是截断文物出境渠道，地海空各关口全面拦截。改革涉及的方面多，首先是文物市场的管理，要遵循市场的法则和规律。既要体现文物的文化价值，又要体现文物的经济价值，使这两个价值相辅相成统一起来。公有制为主多种所有制并存，成立跨部门、跨行业、跨地区、跨所有制的联合体、集团公司或其他管理机构。加强文物部门与旅游部门联姻，扩大文物部门的资金渠道。物畅其流，为文物工作的发展建设良好的环境。建立文物监控中心并使之网络化，使全国上下，首都与边防、地海空联成网络，让文物盗窃分子插翅难飞。改革有关法律法规、加大奖惩力度，设立有关基金，解决办案经费……总之改革是动力，出路在于改革。

在考察过程中，也发现有个别地方为了创收而滥建旅游点、乱修庙宇，根据一些神话传说就大兴土木，甚至宣扬封建迷信，这种所谓的旅游点给旅游的人们特别是对青少年的影响是不健康的，对他们形成科学的人生观世界观、健康成长是不利的，是有悖于社会主义精神文明建设的，这种不良现象应当引起有关部门的关注和加强管理。

各专门委员会是政协工作的基础。政协的许多工作，特别是许多调研考察项目大多都要由各专委会组织各方面的专家去进行。因此，加强各专门委员会及其办事机构的建设十分必要。参政议政贵在参与，只有参与才能议论，为国家献计献策共襄大计。由此可以说，去年教科文卫体委员会组织的调研考察活动是很有成效的。

一九九九年一月十一日

童年趣事

蒋子龙

我厌恶狗是因为喜欢羊。无论厌恶还是喜欢，都是非常强烈的——这是儿时的态度，至今未能改变。

人的童年离不开动物，有年岁相当的小伙伴并不能取代动物伙伴。我的动物伙伴是一只小羊羔，它是家里的大母羊生下的一窝小羊羔中长得最壮实的一只。雪白的身子，嫩红的小嘴，抱在怀里毛茸茸、肉乎乎。它用嘴拱我的脸、拱我的胸口的时候，暖暖的，柔柔的，痒痒的，舒服极了，像在寻求友谊，寻求呵护。从第一次抱它的那一刹那，我就知道我们两个是天生的朋友，我能猜得到它的心思，它也能听得懂我的话。为了喊它方便，我给它起名叫“牛犊”，希望它能长得像牛犊子一样粗大强健。从那天起“牛犊”就成了我的尾巴，我下洼它跟着，我下坑游泳也会把它拖下水，把它的身子洗得起亮光。只要我高兴，不嫌太累赘，连跟小伙伴们玩耍的时候都带上它。我在家里的时候更不用说了，它出来进去地就像拴在我的裤腰带上一样，形影不离，那感觉真是美极了——人只有跟人的亲密，生命不算完整，还能享受跟动物的亲密，活着才完美、快乐。

有我吃的就有“牛犊”吃的，连母亲给我的好东西我都会省下一点儿给它，一口梨，一块甜瓜，半块糖……我不能吃的也偷给它吃，一把黑豆，一块豆饼。这些东西是给下地干活的大牲口吃的，没有人家会给羊喂粮食的。冬天没有鲜草了，我会喂它白菜心、青萝卜，隔三岔五地让它尝尝鲜。就这样，我长它也长，我却没有它长得快。不知不觉“牛犊”果真长成一个大牛犊子了，腰粗腿壮，皮毛光洁，头上的两根硬角在左右各盘了一个圈儿，然后像扎枪头一样挺向前方，甚是雄壮威武。

“牛犊”的长大是我突然发现的，有一天我打了一大筐草，背着回家实在有点儿吃力，灵机一动就分成两捆放到它的背上，它毫不在乎地稳稳当当地驮回了家。这下我可乐坏了，回到家放下草，为了向小伙伴们炫耀，我骑到了“牛犊”的背上，昂头挺胸，双手抓着它的两只大角，美滋滋地在当街转了一大圈儿。在农村骑牛骑驴不算新鲜，能骑羊的好像我是独一份儿。小伙伴们眼馋得不得了，都想试一试，我坚决不答应，我是心疼“牛犊”，羊生来毕竟不是为了驮人驮东西的。

我和“牛犊”也有麻烦，就是刘瘪犊家养了一条恶狗，个头也很大，看见人就乱汪汪，见了“牛犊”就追就咬。有一次，那恶狗居然动员了四五条狗把我和“牛犊”围在了北场上，我手里又没带打狗的家伙，可真被吓坏了。多亏一位叔伯哥哥正赶上，才把狗群打散。

我恨那条狗，也恨刘瘪犊家，不知他们家为什么要养这样一条恶狗。为了看家护院？他们家很穷，似乎没有什么好看护的，连自己的狗都舍不得好好地喂它，让它跑出来到处找野食，可不见了人和牲口就想咬呗。我并非不知道狗对人的好处，讲狗的机灵和忠诚的故事太多了。但狗对人不是平等的友谊和忠诚，是奴才对主子的忠诚，玩物对玩主的忠诚——所以世界上的狗除去它的主子喜欢它以外，别的人都憎恶它。被人骂得最多最狠的动物就是狗，还不如狼，人们骂狼只有一句“狼心狗肺”——就是这一句有一半还是骂狗的。至于单独骂狗的话就太多了：狗腿子、狗奴才、狗少、狗仗人势、狗娘养的、狗眼看人低……地球上再没有第二种动物能让人类这样痛恨！

但从那次遭到恶狗的围攻以后，我发现“牛犊”也意识到自己长大了。以后又遭遇了刘家恶狗，它不再惧怕，不再退让，而是低下头，弓起腰，用利角猛刺那恶狗，虽然没有刺中，那恶狗也被吓得逃开了。自那以后，我们不再躲避任何狗，每天大摇大摆地在刘瘪犊家的门前经过，那恶狗却只站得远远地对着我和“牛犊”汪汪几声，不敢再往上扑了。我感到扬眉吐气，活着就能躲避、较量，不经过较量不要轻易惧怕什么。

“牛犊”成了我的保护神，我为它感到骄傲。可它还那样温顺，平和。

渐渐地我长大了，身体强壮了，真的能够保护它了，它却老了，不能再跟着我到处跑了，我也不能成天守着它了。家里要杀它，我坚决不答应。家里要卖它，我也不同意。难道要它在家里老死？别说是一只羊，就是那些牛、马、驴等大牲口，是大人们过日子离不开的伙伴，哪一个都为人类立下过汗马功劳，到老了不中用了，还不是都得被卖掉或被杀了吃掉！我说，别的牲口爱怎么处置我不管，我的羊就是养它到老死，给它立一座坟，世界上有鹰坟、狗坟，为什么不能有羊坟？家里人不再跟我理论，认为我上学把脑子上出毛病来了。

我要到外地去读书了，临行前跟“牛犊”告别，它的眼里竟然流下了泪水——羊还会流眼泪！这倒让我没有想到，比看到人哭别有一种让人心酸、让人受不了的力量。我也流着泪安慰它，叫它多吃草，多活动腿脚，等着我回来……

我放寒假回来的时候，“牛犊”已经不在了。尽管谁都拒绝讲它，我却能猜到它的结局，它那么老，是卖不出去的。原来我走的时候它就知道不会再见到我了，是跟我流泪诀别。人的一生没有知己的朋友是很大的缺憾，没有连心扯肺的动物朋友也是一种缺憾。我闷闷不乐地未等假期结束就提前返校了，从那时起不再吃羊肉。但是到了三年困难时期，节粮度荒，成年累月饿得前心贴后背，我也变得什么都吃了。于是想起了刘瘪犊家的那条见人就咬的恶狗，兴许它也是因为饿，所以才恶，才讨人嫌。饥饿才是最可怕的，能让兽吃人，也能让人变成兽。但心里却始终觉得有负于我那只羊……

也许还是现在的孩子们好，他们只在屏幕上和纸面上被动地识别虚假的动物，喜欢变形的唐老鸭，看见真鸭子反倒无动于衷。欣赏活泼的米老鼠，看到真老鼠却吓得尖声怪叫。或者到动物园里隔着铁笼子远远地望几眼已经被驯化了的动物，或者逗逗改变了天性、真正成了人的玩具的宠物，如不会逮耗子的猫，只会摇尾乞怜的哈巴狗，被牛犊子能够踢伤的狮子、老虎……现在的孩子接触不到真实的动物，无法跟真正的动物结下真实亲密的感情，享受不到我曾经拥有过的真实巨大的快乐，但也不会有我这般对动物真实长久的歉疚。

一九九九年一月二十六日

父子情

舒　乙

“慈母”这个词讲得通，对“慈父”这种词我老觉着别扭，依我看，上一代中国男人不大能和这个词挂上钩，他们大都严厉有余而慈爱不足。我的父亲，既不是典型意义上的慈父，也不是那种严厉得令孩子见而生畏的人，他是个新旧时代交替之际的人，所以他比较复杂，当然，也是个复杂的父亲。

我不知道，一个人的记忆力最早是几岁产生的，科学上好像还没有定论。就我自己而言，我的第一个记忆是一岁多有的。那是在青岛，门外来了个老道，什么也不要，只问有小孩没有，于是，父亲把我抱了出去，看见了我，老道说道，十四号那天往小胖子左手腕上系一圈红线就可以消灾避难。我被老道的样子吓得哇哇大哭，由此便产生了我的第一个不可磨灭的记忆。父亲当时写了一篇散文，说：“一看胖手腕的红线，我觉得比写一本伟大的作品还骄傲，于是上街买了两尊兔子王，感到老道、红线、兔子王，都有绝大的意义！”使我遗憾终身的是，在我的第一个记忆里，在父亲称之为有绝大意义的事情里，竟没有父亲的形象，我记住的只是可怕的老道和那扇大铁门。

我童年时代的记忆里真正第一次出现父亲，是在我两岁的时候，在济南齐鲁大学常柏路的房子里。一九八二年我到济南开会时去看过那房子，使我惊奇的是，那楼梯、那客厅竟和我记忆中的完全一模一样，足见，两岁时的记忆已经很可靠了；不过，说起来有点儿泄气，这次记忆中的父亲正在撒尿。母亲带我到便所去撒尿，尿不出，父亲走了进来，做示范，母亲说：“小乙，尿泡泡，爸也尿泡泡，你看，你们俩一样！”于是，我第一次看见了父亲，而且，明白了，我和他一样。

在父亲一九三五至一九三七年写的幽默小文中，多次提到他有一女一儿，“均狡猾可喜”，他常常要当马当牛，在地上爬来爬去，还要学牛叫，小胖子常常下令让他“开步走”，可是永远不喊“立正”，走起来没完。无数个刚想起来的好句子好词就在这些“命令”中飞到了九霄云外，所以至今也没成为伟大的莎士比亚。我很抱歉的是，这些情节我竟一丁点儿也记不起来，我只记得他和我一块儿撒尿，虽然，我很为此而感到骄傲。

在我两岁零三个月的时候，父亲离开济南南下武汉加入抗战洪流中。再见到父亲时，我已经八岁。见头一面时，我觉得父亲很苍老，他刚割完阑尾，腰直不起来，站在那里两只手一齐压在手杖上。我怯生生地喊他一声“爸”，他抬起一只手臂，摸摸我的头，叫我“小乙”。他已经不是那个在地上爬来爬去的牛了，我也不是可以任意喊他开步走的胖小子了。对他，对我，爷儿俩彼此都是陌生的。我发现，在家里他很严肃，并不和孩子们随便说笑，也没有什么特别亲昵的动作。他当时严重贫血，整天抱怨头昏，但还是天天不离书桌，写《四世同堂》。他很少到重庆去，最高兴的时候是朋友们来北碚看望他，只有这个时候他的话才多，变得非常健谈，而且往往是一张嘴就是一串笑话，逗得大家前仰后合。渐渐地，我把听他说话当成了一种最有吸引力的事，总是静静地在一边旁听，还免不了跟着傻笑。父亲从不赶我走，还常常指着我不无亲切地叫我“傻小子”。我发觉，他一定在很仔细地观察我，因为我老听见他跟客人们说这个傻小子怎么样怎么样，闹得我常常自己纳闷，怎么我就不知道自己身上有这些特点，值得他如此仔细地去和别人讨论。他自己从来不告诉孩子应该怎样做和不应该怎样做。只有在他和朋友们的谈话中，你才间接地知道原来他很喜欢你做了这件事或者那件事。他对孩子们的功课和成绩毫无兴趣，一次也没问过，也没辅导过，完全不放在心上，采取了一种绝对超然的放任自流态度。他表示赞同的，在我当时看来，几乎都是和玩儿有关的事情，比如他十分欣赏我对画画有兴趣，对刻图章有兴趣，对收集邮票有兴趣，对唱歌有兴趣，对参加学生会的社会活动有兴趣。他知道我上五年级时被选为小学学生会主席时禁不住大笑起来，以为是件很可乐的事情，而且还是那句评语：这个傻小子！我刚到四川时，水土不服，身体很糟，偶尔和小朋友们一起踢一次皮球，他就显得很兴奋，自己站在草场边上看，还抿着嘴笑，表示他很高兴。他常常研究我的北京话，总是等事情过后把我的说法引述给他的朋友们听，向别人解释道："听听，这个词北京话得这么说，多好听！"他很爱带我去访朋友，坐茶馆，上澡堂子，走在路上，总是他拄着手杖在前面，我紧紧地跟在后面，他从不拉我的手，也不和我说话。我个子矮，跟在他后面，看见的总是他的腿和脚，还有那双磨歪了后跟的旧皮鞋。就这样，跟着他的脚印，我走了两年多，直到他去了美国。现在，一闭眼，我还能看见那双歪歪的鞋跟。我愿跟着它走到天涯海角，不必担心，不必说话，不必思索，却能知道整个世界。

再见到父亲时，我已经是十五岁的少年了，是个初三学生。他给我由美国带回来的礼物是一盒矿石标本，里面有二十多块可爱的小石头，闪着各种异样的光彩，每一块都有学名，还有简单的说明。听他的朋友说，在国外他很想念自己的三个孩子，可是他从没有给自己的孩子写过信；虽然他倒是常给朋友们的孩子，譬如冰心先生的孩子们写过不少有趣的信。

我奇怪地发现，此时此刻的父亲已经把我当成了一个独立的大人，采取了一种异乎寻常的大人对大人的平等态度。他见到我，不再叫“小乙”，而是称呼“舒乙”，而且伸出手来和我握手，好像彼此是朋友一样。他的手很软，很秀气，手掌很红，握着他伸过来的手，我的心充满了惊奇，顿时感到自己长大了，不再是他的小小的“傻小子”了。高中毕业后，我通过了留学苏联的考试，父亲很高兴。五年里，他三次到苏联去开会，都要专程到列宁格勒去看我。他仍然没有给我写过信，但是常常得意地对朋友们说：儿子是学理工的，学的是由木头里炼酒精！他还把这个写到文章里，说自己的晚年有“可喜的寂寞”，儿子闺女和伙伴们谈话，争论得不亦乐乎，他竟一句话也插不上，因为一点儿也听不懂！

虽然父亲诚心诚意地把我当成大人和朋友对待，还常常和我讨论一些严肃的问题，我反而常常强烈地感觉到，在他的内心里我还是他的小孩子。有一次，我要去东北出差，临行前向他告别，他很关切地问车票带了吗，我说带好了，他说：“拿给我瞧瞧！”直到我由口袋中掏出车票，知道准有车票，放得也是地方，他才放心了。接着又问：“你带了几根皮带？”我说：“一根。”他说：“不成，要两根！”干吗要两根？他说：“万一那根断了呢，非抓瞎不可！来，把我这根也拿上。”父亲问的这两个问题，让我笑了一路，男人之间的爱，父爱，深厚的父爱表达得竟是如此奇特！

对我的恋爱婚事，父亲同样采取了超然的态度，表示完全尊重孩子的选择。婚礼的当天，他请了两桌客，招待亲家和老友，饭后大家请他表演节目，他说当了公公不再当众唱戏，改说故事，于是讲了他的内蒙古之行观感。他还送给我们一幅亲笔写的大条幅，红纸上八个大字：“勤俭持家，健康是福”，下署“老舍”，这是续矿石标本之后他送给我的第二份礼物，以后，一直挂在我的床前。可惜，后来红卫兵把它撕成两半，扔在地下乱踩，等他们走后，我由地上将它们拣起藏好，保存至今，虽然残破不堪，却是我的最珍贵的宝贝。

直到前几年，我由他的文章中才发现，父亲对孩子教育竟有许多独特的见解，生前他并没有对我们直接说过，可是他做了，全做了，做得很漂亮，我终于懂得了他的爱的价值。

父亲死后，我一个人曾在太平湖畔陪伴他度过了一个漆黑的夜晚，我摸了他的脸，拉了他的手，把泪洒在他满是伤痕的身上，我把人间的一点儿热气当作爱回报给他。

我很悲伤，我也很幸运。

一九九九年二月一日

又想起代课教师

黄景钧

代课教师这个名词是我去年在广西考察时听到的。

虽然离开广西已有半年，但是工作和生活在那里的代课老师的景象至今仍然历历在目。

我是随全国政协教科文卫体委员会组织的贫困地区实施九年制义务教育调查组到广西去的。一到南宁，自治区教委的负责同志就对我们说，广西中小学教师队伍有一个突出的现象，就是代课教师多。据他们统计，全自治区的小学有专任教师十九万五千一百人，代课教师十三万一千五百人，后者占了百分之四十；初中专任教师九万五千人，代课教师两万一千人，后者也占到百分之十八。这个比例是相当惊人的。

专任教师是指正式在编的国家教师，也称公办教师。他们有固定的工资，按国家规定的中教级别、小教级别领取工资。

代课教师则不然。他们大多是当地的初、高中毕业生，无法升学，到学校找一个临时的讲课职位，工资一般是一百五十元左右。其中学校从教育经费中支付一百元，地方（乡、村）补助一部分，是不属于国家正式编制之内的教师。

广西出现这么一支庞大的代课教师队伍，一是有相当多的贫困地区、边远地区的小学或教学点，没有人愿去从教，只好从当地的知识青年中请人任代课教师；二是政府没有那么多的编制，使代课教师都转为专任教师。

我们在百色、河池、柳州等贫困山区的学校考察时，接触到了相当一部分代课教师，他们为教育事业献身的工作态度和精神风貌，每每使我震惊感叹。

都安瑶族自治县是国家级的贫困县。典型的喀斯特地貌使得这里的自然环境恶劣，光秃秃的石山造成水土缺乏，草木难长，飞禽不到，人走了进去，如临千山空谷。就在这茫茫的石山之中，却坐落着一所所学校，白墙黑瓦，引人注目。在古山乡初级中学，我们见到了三位年龄相仿的青年女教师。其中两位是专任教师，一位教政治，一位教英语，月工资三百二十元；还有一位是代课教师，教数学，月工资一百三十元。在和她们交谈中，代课教师说，她是高中毕业后就来到这里代课的，如今虽然通过自学获得了大专学历，但仍然无法转为正式教师。两位专任教师说，她们高中毕业后上了大专班，毕业后分配到这里来任教的，所以属于在编的正式教师。如今，她们三人同居一室，工作相同，但是收入相差悬殊，在情感上自然有所不同。临别时，年轻的女代课教师眼睛发涩，哽咽着说了一句我至今难忘的话："我唯一的希望是做一名公办教师。"

希望是有的。

在与古山初中邻近的古山小学，我见到了已过中年的黄瑞端老师。他刚下课，在宿舍里对我说："我已教了十七年书，去年才转为正式教师，月工资二百五十元。"十七年的辛勤劳动，圆了他成为公办教师的梦，脸上绽开了笑容。他热爱书法，在室内的墙上挂满了他自书的条幅，其中有一条是录李商隐的四句诗："相见时难别亦难，东风无力百花残。春蚕到死丝方尽，蜡炬成灰泪始干！"尽管有些伤感，但也看出他教书育人的意志。

多数代课教师转为专任教师的希望是难以实现的。在都安县大兴乡国隆小学，一位正在给一年级学生上课的韦老师见到我们，把课停了下来。她已年过四旬，教了二十多年书，至今还是代课老师，月工资一百八十元。她说："代课教师转为公办教师的名额是有的，但是相当少，总轮不到我，我只好努力去争取，争取、争取、再争取。"我祝愿她的美好愿望早日实现。

都安县共有代课教师一千四百八十一人，约占全县中小学教师的四分之一。要使这么一大批代课教师转为专任教师，县里的领导深感力气不足。

见到近日国务院批转教育部的《面向21世纪教育振兴行动计划》，其中有这么一段话："到2000年，全国基本普及九年义务教育，基本扫除青壮年文盲，大力推进素质教育"，"实施跨世纪园丁工程，大力提高教师队伍素质"。我自然想到了这支庞大的辛勤耕耘在普及九年制义务教育第一线的代课教师队伍，他们不畏艰苦，安贫乐道，是可敬可赞的共和国的园丁。我能做到的只是向他们拜个年，问一声好，祝他们成为公办教师的美好愿望能早日实现。同时，我也要呼吁一声：实施"跨世纪园丁工程"，千万别忘了这些含辛茹苦的代课教师——"普九"的园丁们。

一九九九年三月八日

文史话“言谈”

弥松颐

这个题目的写来，缘由是一则古籍资料。

明代文学家冯梦龙的讽刺小品文集《古今谭概》，前面有一篇冯的好友梅之熉（音：云）写的小序，其中写道：“然则谈何容易？不有学也，不足谈；不有识也，不能谈；不有胆也，不敢谈；不有牢骚郁积于中而无路发摅（音：舒。出，舒也）也，亦不欲谈。”由此看来，言谈也并非易事，学、识、胆三者俱备，并且还得有情绪感触上的冲动，方能谈得起来。小小言谈，何其难也。所以，连冯梦龙先生也都要说：“吾无学无识，且胆销而志冷矣，世何可深谈！”冯子这里当然是自谦，而我们自己，恐怕连谦也谦不起。

作为一名全国政协文史委委员，如何参政议政？途径多种多样，社会调查、提案议案、讨论发言等等。开会发言，即是为“谈”，当然，不能以“闲谈”视之，而是要有委员意识的、参政议政的态度对待，比之平常的所谓“闲谈”，要高上多多档次。“然则谈何容易”？梅子所说的“学、识、胆、情（或谓‘志’）”四项基本条件，我看还是可以作为我们日积月累追求的目标、达到的境界。

学，即学习、才学、知识面，或者说是我们从调查研究中学习了解到的情况，有了一定的基础，才可以配谈，即梅子所说的“足”谈；识，即看法、认识水平，有了一定的思想认识，或者说，把握了一定的政策水平，才能谈得出来，即“能”谈；胆，谓魄力和勇气，有为国为民、担当己任、勇于献身的精神，即“敢”谈；三者具备，还得有情绪感触、激情冲动（但不是“牢骚”），即“欲”谈。四项条件备足，方可开谈，方可听谈，方有实效。

学、识、胆、情四项条件，是一层一层，递进的关系。空有学、识，而无胆、情，比如碰到一位城府极深、口不臧否、事不关己高高挂起、空享委员荣誉而无丝毫责任之心的主儿，虽开会而坐，却也形如泥塑木雕，你能和他谈些什么？又能听他谈出些什么？所以，至情至性，肝胆相照，与共荣辱，极为重要。

又比如，眼前倒有一位率真至性的人儿，极为积极热情，然则无识无见，腹内空空，人云亦云，甚至人云亦云都云不好，虽然激情满怀，但参政议政始终找不到点子上，白白浪费有限的光阴。眼下，不用说小组会上的发言，就是正式场合上的报告、讲话，空洞无物无味者，亦所闻所见多矣，真令观者听者齿冷。

学、识、胆、情四项条件，又是一个统一的整体，起码的要求。这里，并非指言谈的内容，要求有多么高深，多么完备，匡时济世，兼容天下（我想，我们也没那么大的本事）。但是，从一己出发，谈一个点，谈一个面，不求大益，却有小补，唯愿足矣。

最后，不避“老王卖瓜”之嫌，结合我自己的言谈行为，说两个例子。去年年初，北京市政协九届一次会议上，我在报到时，随即交上了一份“紧急提案”，即保护南新仓明代古建筑的提案。回过头来看，依梅子的四项要求，即是“学、识、胆、情”的结合。这份提案的写成，首先有我一个学习、认识的过程。北京市政协文史委员会窦坤同志帮助我查找资料，考查历史，老文史委员、首都博物馆原馆长赵其昌老先生讲解南新仓的古今现状，有了学、识上的积累，再加上我对首都文物的酷爱、文保工作的热情，眼瞧着平安大街改建工程中，南新仓危在旦夕，我焦急万分。为了抢救这目前在北京已并不多见的明代建筑（更何况南新仓内的木架结构，还是八百年前的元代旧物！）我着急地写下了这份时不我待的提案。最后，在市、区各级领导及平安大街改建指挥部的关心和支持下，明代古建南新仓，终于保护下来。这份提案在九届二次会议上，被评为“优秀提案”，受到褒奖。

又如一件上届政协的提案，关于北京各立交桥桥名牌的改换案。大家可能还记得，前几年立交桥桥名牌，都是由著名书法家所写，白匾黑字，行草隶，甚是好看。但是作为城市街道标志，首当以让人能识别为第一要义。凤舞龙飞，繁体简体并书，作为国际化的大城市，中国的首都，给人以一种“不稳定”的感觉。为此，我提出了规范化书写桥名牌，用标准简体字，下加汉语拼音的提案。这，不能不说与我所见所学的编辑职业有关，也仍然是基于对人民首都的关心与热爱。这份提案，在“世妇会”前夕，终于得以落实。也被市政协评为“优秀提案”，受到表彰。

拉拉杂杂写了这么些，原因都是从一则小序上说起。议论终归议论，往往落到自己头上，却也似“口是心非”。

一九九九年三月十二日

今日莫高窟

——敦煌见闻录

李希凡

敦煌莫高窟，这是享誉国内外，几乎与长城、西安兵马俑齐名的“胜地”。但长久以来，我却没有把握住去“朝胜”的机缘。六十年代初，我还在人民日报工作，出差新疆，曾计划归途中绕道去敦煌，不料时运不济，遇到黄土高原大雨塌方，公路不通，只得悻悻然返京。此后，“文革”开始，随后又调离人民日报，更少出差西北的机会。没想到三十七年未得实现的愿望，却因“中华艺术通史”课题的需要而得以了却。

去年深秋九月，我们一行五人，从北京出发，头一天得到的信息——飞机可直达敦煌，就给我们一个惊喜。戈壁荒滩，百里无人烟，这本是我六十年代沿途亲眼所见，更何况鸣沙山的轰鸣，月牙泉的奇妙，又都是这“沙洲”（敦煌古称沙洲）特有的景观。即使在八十年代末，我还听说过作家冯牧在去敦煌公路上的遇险，曾几何时，现在已是“天堑变通途”了！

是的，就是在机场去莫高窟的短短路途上，也还是大漠戈壁，绝少绿色。不管当代的诗人和敦煌学者怎样歌赞这片“绿洲”，这颗丝绸之路上的明珠，南枕祁连雪岭，千百年来滔滔党河如何滋润了这盛产西瓜、甜瓜、葡萄、杏子的“花果之乡”，有过怎样的历史辉煌，但这块有“瓜洲”美称的土地，毕竟也名“沙洲”。在这广漠的戈壁滩上，它已太久太久地被掩没在“大海涛声”般雷鸣的鸣沙山下，哪怕是斯坦因（英籍匈牙利人）们洗劫了莫高窟而自鸣得意时，这“失落了的文明”的宝窟，也因国人正处于帝国主义列强的掠夺分割之中，无力顾及它，哪怕是在一代学术大师陈寅恪悲痛地呼喊出“敦煌者，吾国学术之伤心史也”，并提出确立敦煌学科的倡议时，虽然吸引了一批学者，特别是名画家，如关山月、吴作人、董希文以至张大千等，在四十年代，曾跋山涉水，到敦煌来考察遗书，勘查洞窟，临摹壁画，使这荒漠中的艺术宝库，终于有了现代国人的生气。但是，当时的中国统治者搞卖国、打内战是内行，哪里有心顾及中国的历史文化？所以，当被誉为“敦煌守护神”的常书鸿先生，不顾一切地到这里来“接替”张大千，还争得了一个敦煌研究所的成立，招来了一批年轻的学者（现任敦煌研究院名誉院长段文杰先生即其中之一），但都仍然屡受打击，累经磨难，同敦煌一样有着一段“撼人肺腑的伤心史”……直到中华人民共和国成立以后，敦煌虽已为国内外的学人所知，但这里的客观条件，却一时还难得改善，荒漠凄凄，道路崎岖，当然也阻碍着更多的人来这儿“朝胜”！

一切不能不归功于这二十年的生活巨变，现在不断被风化的莫高窟顶已有现代化手段的胶固，而且窟前不只有了一座设备先进的展厅，有了古典的民族建筑形式的敦煌研究院，还有了一个宽大的停车场，一组服务网点的建筑物，包括一个设备齐全的饭店式的招待所、一座餐厅、一个储蓄所，自然，这组建筑占据面积最多的是那些古玩店或仿古制品的摊位，真是琳琅满目，应有尽有。更可欣喜的是，这琳琅满目之中，色彩最为丰富的是书籍，有精美画册，有研究专著，有通俗读物，它们不再是我一九八八年在德国海德堡美术研究所所见，多数是日本人的著述或编印，一小部分则来自台湾，我国大陆敦煌学研究却无一本，现在这里摆着的则多为“敦煌人”或国内敦煌学者的近著，甚至冯骥才的《人类的敦煌》的电视系列片尚在拍摄之中，而文学本却已以精美的装帧面世。我虽不大熟悉博大精深的“敦煌学”现在较之过去有了怎样的规模和深度，但是，“敦煌学”确系中国人在创立，经过几代“敦煌人”以及全国敦煌学者的努力，敦煌学已拓展到几十个领域，都有了不少专著出版。国家设置的敦煌研究院，也有了自己的专业刊物：《敦煌研究》《中国石窟·敦煌莫高窟》。茹苦含辛扎根于敦煌的老一代学者，有的已长眠于鸣沙山下，有的已退休颐养天年，可他们并没有离开莫高窟，不只他们的名字时常出现在报刊和会议上，就是莫高窟里也时有他们还在临摹的身影。孤寂的“守护神”时代一去不复返了，“敦煌”正在广交“朋友”，“敦煌”作为东方文化的杰出代表，已为世界所确认，它的知音遍天下。我想，陈寅恪先生六十七年前，为陈垣、俞泽箴的《敦煌劫余录》作序时，对确立敦煌学的我国学者的热烈期待——“对内不负历劫仅存之国宝，对外襄进世界学术之将来”，总是有以告慰的吧！

九月，是莫高窟的黄金季节，尽管窟前沙杨已开始枯黄落叶，在萧瑟秋风中，伫立窟前，还是能看到，从早晨到中午，在并不平坦的戈壁公路上奔驰着大大小小的客车，从敦煌城内，从敦煌机场，或从更远的地方驶向莫高窟。有的来自遥远的国度，有的来自绿色满眼的江南水乡，他们成群结伴，不远千里万里，满怀向往之情地来到这“一年一次风，年头到年终”的荒漠沙丘之地，一睹这举世无双的艺术宝库的历史风采，我们听到的是充满赞叹之声！但他们所见，恐怕还不及这现存石窟（四九二窟）的十分之一吧！因为我们停留一周，每天两次进窟，近九个小时，也不过草草看了九十二个窟。何况，就敦煌范围来说，还有西千佛窟、安西榆林窟、安西东千佛窟、肃北五庙窟等，就更非一日游所能穷尽的了。

古郡敦煌，确曾是丝绸之路上的一颗明珠，又是广漠戈壁荒滩上的一块小绿洲。人们可以想见，在那只有骆驼作交通工具的年代，从不同的国度，负重载长途跋涉的商旅，穿过荒无人烟的沙漠、戈壁，经受着沙暴与干渴的侵袭和折磨，来到这里，或在当地交易，或更深入中原，用带来的“奇珍”“异宝”“名马”以及各种“胡夷”特产，以换取和购买美丽闪光的丝绸，这边陲小城便成了他们理想的集散地！人们只能想象古敦煌那时商贸交易的繁荣和热闹，可今天距离莫高窟只有二十公里的敦煌市，虽然市中心屹立着一座大理石雕的美丽的反弹琵琶的舞蹈塑像，作为古城的市徽，但环绕这中心的，却已满布着高楼耸立的现代化的宾馆、商场和文物商店，处处显示着它们都是倚莫高窟而存在的——这已是一座现代化的旅游城市。

在一周后我们告别莫高窟时，敦煌机场的候机室里依然熙熙攘攘地拥挤着空中来客，这不免引起我的遐想，这里的确叫过沙洲或瓜洲，但它永存的称号，却是汉武帝时的敦煌郡置，不知当时是哪位高明人士，在这戈壁荒滩上预见了它日后的辉煌，永远的敦煌！

一九九九年三月二十二日

散文应有独立的旗帜

李文珊

尧山壁成名较早，中学时代开始发表作品，大学毕业申请到基层后诗歌佳作连篇，剧本曾受到周总理好评，成为六十年代青年作家深入生活的典型，二十岁便当上省文联专业作家。正当他顺利发展大踏步前进时，“文化大革命”突如其来，被当作“修正主义苗子”批判，一下子打蔫儿了十年。

拨乱反正后，由于工作的需要，山壁被安排做文学组织工作，主持河北省作协工作，一干就是十五年。革命烈士遗孤，苦孩子出身，生就一副实干作风和牺牲精神。在全国较早办起了作家班、文学院、作家企业家联谊会，全心全意为作家服务，帮助一百多名作家解决了学历问题，给一百多名作家出了书，给一百多名作家写了评论，河北省一百多个县在他脚下没有空白。新时期以来河北文学冲出“洼地”，有了一支可观的队伍，直到“三驾马车”出现，是在他的任上，应当说，他是付出了心血汗水的。

山壁很早就有了专业作家的头衔，但写作时间比业余还业余。因为待人诚恳，平易近人，繁忙工作，接待作者，越是诲人不倦越是门庭若市。为了取得发言权关照各类作者，剩下不多的时间还要做各种题材创作尝试。幸好天赋不错，在诗歌、散文、剧本、文学评论等方面创作都达到相当高度。

因为我喜欢散文，所以特别看重山壁的散文创作。他已经出版了《母亲的河》《山水风流》《漫游美利坚》等六本散文传记，《灵魂采光》是他的散文精选本。给人印象最深的是他的写亲情友情的抒情散文，《母亲的河》《理发的悲喜剧》分别选入高中和中专语文课本，成为陶冶一代青年的范文精品。山壁落生十四天父亲牺牲，襁褓里历尽艰辛，灾荒里母子相依为命，平生积累了刻骨铭心的母子情。这些和着血泪的灵魂的倾诉，不仅使人感动而且让人深思：血缘是如何变成责任，母爱是如何化为力量的。还有一些写亲友师长的，如对舅舅、叔叔、田间、梁斌、郭小川等的怀人之作，着重表现人物的性格、命运和心灵历程，字里行间充满对人生和社会的思考，洋溢着一个穷苦出身的知识分子的忧患意识。

山壁擅长游记山间。面对前人笔下的名山大川，不少人因为行走劳碌乘缆车，“眼前有景道不得”，而他凭借吃苦和用心，总能另辟蹊径，有新的发现。比如在花径谈白居易的诗与仕，在醉石解陶渊明的醉与醒，风雨三叠泉悟到游记的写法，确乎有独到之处。对于鲜为人知的风土人情，他往往以探险家的精神、画家的精细，让它们跃然纸上，活灵活现。在他笔下，黄龙的水色，胡杨林的风姿，贺坪峡的山势，惟妙惟肖，出神入化，给人如临其境般赏心悦目。山壁的游记也追求文化意蕴，但是他不屑于广征博引，堆资料，掉书袋，给一般史地常识披一件华丽外衣，而是给山水人物以文化概括，挖掘起文化心理内涵，用现代意识去观察思辨，弘扬民族文化精神，所以能够删繁就简，出落精粹美文。

我欣赏山壁的域外游记，一是写得快，出去一次就有二三十篇甚至一本传记问世；二是写得好，没有走马观花、敷衍应景之作。每一次远游都是一次灵魂的放飞，翱翔于陌生的土地，领悟异国风光。他不带框框，平常心态，客观标准，对科罗拉多大峡谷、尼亚加拉大瀑布、俄罗斯文学、法兰西艺术、西方的文明与进步，倾注了满腔热情；对拉斯维加斯赌城、哥伦比亚的贩毒、拉丁美洲的暴力、美国的种族歧视、韩国的军事政变和腐败、西方的傲慢与偏见，给予了尖锐的批评。所到之处，随时随地进行着文化比较，找出我们的落后之处及与世界文明的差距，衡量我们的优长，增强民族自尊心。

纵观山壁的散文，画意中有诗情，记实中有浪漫，朴素中有零星，散漫中有境界，这一切显然与他诗人的修养有关。诗与散文是姐妹艺术，在意象的捕捉与构思、主观精神的投入等方面有许多相同相通之处。但是山壁很早就提出“散文应该有独立的旗帜”，是吸收而非被侵入，他是这么说的，也是这么做的，大家可以在阅读中品味。

一九九九年四月二十七日

生　存

韩美林

四十多年前偶游前门，曾见到一个商店橱窗里摆放着一只大高脚玻璃酒杯，里面盛着一只转不过身来几乎与酒杯大小的大金鱼，它在那一点儿可怜的水里张着大嘴艰难地呼吸着，我至今不忘。

不管他们这样摆放是为了卖金鱼或是卖杯子或是好玩，一切都不重要，我想到的是“生存”二字。

由此我又想起了一连串的生存……

一九四八年九月济南刚刚解放，淮海战役还没有开始，那时打仗拉炮弹用的还是骡马大车。一天，我走在四里山下，听到一声巨响，看热闹的人流把我裹挟到事故现场，一个驾车的骡子两条后腿全被炸掉，它不会叫，只是瞪着两只露白的大眼，哀哀地看着人群，那赶车的老头儿早已炸没了。他们也算来到这世上一场。

我家大街南口一个卖洋糖的，一个拉黄包车的，一个站不起来要饭的残废，几年如一日地在一起。他们身后是一个卖杂货和一个卖羊肉包子的，那散发的荷叶包子味我虽然都记得，但我永远不忘的是有一天那个满头毛毡带草的残废人就死在原地，旁边还放着要来的几个小钱，无人来收尸。

六七岁时去院前街经过泺源宾馆，那里是日本宪兵队。小小年纪的我不知什么是日本宪兵，但每次经过都能听到里面狼狗声、训练口令声……我不能忘记的是那里面传来的抗日志士受酷刑的惨叫声，我虽然是小孩，这凄厉的一声声一世也忘不掉！

我看到如花似玉的新娘，她爸爸妈妈亲自从农村送来济南，嫁给邻居一个剃头的，没到半年一身性病要了这个姑娘的命。这个缺德丈夫叫小德。

一九五三年去青岛的路上认识一个坐在对过儿的姑娘，都是小孩子，所以也是小孩交情。她漂亮、开朗、大气，在济南上中学。一九五八年我回家乡，没想到她成了名角。六十年代初，听说她已去劳改、是坏分子，这三级跳的一生活得多窝囊。

我经常两手把眼一捂，感叹这人生在世。后来也联想到马生在世、牛生在世、鸟生在世……怎么都活得那么艰难？甚至坏人也活得很艰难，我看到小偷被人抓到挨揍的时候，我也看到坏人作恶被枪毙的时候，他们那种生存方式换来一生的胆战心惊，甚至小命一条。二十来岁就回到阴曹地府，这也算是来到这世上吗？

为了生存，人们不管什么条件，什么工作都有干的，当官的、听差的、卖咸鸭蛋的、贩卖妇女的、开车的、撑船的、当尼姑的、捉黄鼠狼子的。大千世界无所不有，你听说过有卖空气、卖眼睛、出租哭笑和死尸的吗？人间都有，三百六十行算小儿科，三万六千行也不能算多。

仅仅这要饭的，现在与从前不一样了。现在不是趴在地上的，就是小孩抱人大腿不让走的，花样不多。以前什么方式的都有，吃丐、艺丐、残丐、义丐、怪丐、童丐、女丐、隐丐、仙丐、孝丐、哑丐、刑丐、贼丐、药丐……无奇不有。他们用各种方式生存下来。

人来到这世上总要活下去，你没听说过为了生存男扮女装六十多年吧？那冒牌富翁，冒牌总统，冒牌儿子、孙子、滴答孙的都有。人要没有脸皮，只为了钱当孙子还不容易吗，比卖眼睛的强多了，叫爷爷比挖一只眼好受，至少不疼。江湖骗子、政治骗子、爱情骗子……有这些人存在，写小说的人也不累。

人比其他动物强，在于人有脑子，所以生存方式花样就多了。

其他动物只是上帝给了多少用多少，应变能力与人一比只能“兄弟本领有限了”。我难受的是再狡猾的狐狸能狡猾过猎人吗？

世界上还有几种动物没受人的侵害？咱们吓唬孩子时老是把老虎和狼搬出来，其不知虎崽、狼崽从虎妈妈、狼妈妈那里听到的可是“人来了”！

在非洲有个民族娶个媳妇必须得杀死一只狮子，这狮子能不灭绝吗？所以幼狮一生下来不到三个月就得学会狩猎和警戒。小小的牛羚生下来十分钟就站起来走路了，第二天就跟着妈妈时速五十多公里的逃命。

为了生存，小海龟一生下来就往海里跑，小小年纪要游上五千海里才到达它们生存的南美洲。我们人呢？一个十五岁的人也还是个孩子，十五岁能跑五十多公里吗？十五岁能不断地游五千海里吗？我们刚刚生下的婴儿能在十分钟站起来又走又跑吗？

世界很奇怪，我们人类生活比其他动物强，为什么？因为人类有个脑子。也正是这个脑子，人类为自己创造的生活条件，又使人类的生存能力逐渐退化而不及其他动物，这相辅相成的道理，在人类文明史上早已证实。将来人类文明有可能被文明所毁掉，这表现在替代人类劳动的高科技，以及能源无休止的开发、大气污染、环境破坏、植被减少、水土流失、人口膨胀、教育失衡等等。

为了生存，北极有人、喜马拉雅山有人、没有水的大沙漠也有人。为了生存条件更好一些，姑娘嫁人都是风一阵雨一阵。以前不讲了，嫁土匪、嫁汉奸，连嫁死人的都有，现在来看，“文革”时期嫁军代表的有之，军代表一复员不愿跟着去农村，离婚带孩子凑合着在娘家被指头指脸地过着比童养媳还不如的生活。后来知识分子吃香了，嫁知识分子的成了时髦。这婚姻条件一直变幻无穷，婚姻局势像买股票一样今天升了明天降了。嫁外国人、嫁港台人、嫁大款，嫁着嫁着又不嫁了，“人不能吊在一棵树上”，她们“要活过程不活目的”

了。今朝有酒今朝醉，能玩儿几个算几个。趁着青春不利用，不让人当傻子吗？结果中的洋的、黑的白的，你看这一生她玩儿得多过瘾。有钱花有衣穿、小别墅红宝马，当个二奶奶又有什么不可以呢？老伴一走姑奶奶有钱再养个小白脸儿。这一生，瞧！不是挺来劲儿吗！

其实，就连这一行也分天上地下。有的山区没水、没土，实在活不下去的姑娘们，为了吃上小米，有的就嫁到有小米的地方。为了生存，那淘金的死在窖里；掏煤的砸死在废矿里；艺术家一口血吐在舞台上；驯虎女郎落到虎口里；探险队员掉进万丈冰雪里……人们为了生存和长命百岁，绕着圈拐着弯的吃这补那。愚昧的中医处方里开了犀牛开熊胆，配了虎骨配鹿鞭，我们美称的“食文化”，其不知给这个民族抹了多少黑。那猴脑、豹肉、穿山甲、蓝绿孔雀、小灵猫……不足而已的各种珍稀动物、珍稀植物就这样落在人们那张馋嘴里。

我到过一个穷县，招待我们那顿饭里有金雕、山瑞、猫头鹰、山龟、野兔、珍珠鸡，那个热气蒸腾的锅里的一只大秃鹫的脑袋翻来覆去地滚动着……我太太抓着我的手不放，怕我把桌子掀掉。扭头出来，我站在那座借贷款修的土“罗浮宫”的院子里，上来个第一把手问我吃得怎么样，我恶眼恶鼻子冲他大骂一句，愤然而去。

我们必须明白一个道理，不管人生在世还是牛生在世，只给这个世上添乱的话，不如死去。假若他们用自己的一生，不管是劳动还是有益于这个世界，哪怕一声美鸣，也给这世界添了彩，这也没有白活一世。人有头脑又怎么样呢？拿猎枪？撬门锁？掏人腰包？更甚的是发动战争、制造污染、杀人灭口！

生存是什么？就是继续让自己活得不容易！不管那死去的还是未来的……

一九九九年九月二日

“庖丁解牛”及其他

王为政

我所读的书，也包括孩子的课本。开始是出于辅导孩子做作业的必要，后来则成了我的一种学习途径，因为随着孩子的长大，所学的内容逐渐加深，要说“辅导”，我是越来越不敢当了。

近日翻阅高中语文教材第四册（人民教育出版社出版，一九九五年六月第二版，一九九九年第三次印刷），最后一个单元的基础知识讲的是“文言文的翻译”，其中“衡量译文好坏的标准”一节写道：“严复以‘信、达、雅’作为衡量翻译外文的标准，我们不妨借用一下。‘信’，就是要求译文准确地表达原文的意思，不歪曲、不遗漏，也不随意增减意思，也就是不‘走样’。‘达’，就是要求译文明白通顺，符合现代汉语的表述习惯，没有语病。‘雅’，就是进而要求译文用词比较考究，文笔优美。就中学生说，后一点是较高的要求。但前两点是应该做到的，否则不能说是好译文。”

对此，我没有异议，并且对编写者把“信、达、雅”的概念引进高中语文教材表示赞赏。教材随后举某学生所译《庖丁解牛》为例：“一个厨师给文惠君杀牛”，并评论道：“‘一个厨师丁’不符合现代汉语的习惯，可改译为‘一个叫丁的厨师’。”

读到这里，不禁愕然。我虽浅薄，但庄子的《庖丁解牛》还是读过的，记得幼时也曾列入我们的语文教材，自那时起，便被长辈和老师告知，这里的“庖”字可解作厨房或厨业，“丁”字指从事某种专门职业的人，两个字连起来，“庖丁”意为“以厨为业者”，用今天的话说，就是“炊事员”或“厨师”。我也曾查过多种辞书，对“庖丁”一词的解释也都是“厨师”或“厨工”，怎么现在成了“一个叫丁的厨师”呢？诚然，我们在古籍中也可以找到人名前冠以职业的先例，如“优孟”“优旃”“师旷”“师勖”等等，但“庖丁”显然不属于此类，否则，又怎么解释像“家丁”“庄丁”“园丁”这样的词组？难道这些不同职业的人一律取了“丁”这个相同的名字吗？

我问孩子：“你们老师是这样教的吗？”他答：“老师说，书上写的不对。”这又让我吃惊。要知道，这不是普通的书，而是根据原国家教委制订的教学大纲编写并由权威专业人士审定的教材，通用于全国的高中语文教学，一字一句都牵动着千千万万的学生，设若在高考中恰恰有一道翻译《庖丁解牛》的考题，那么学生该听教师的还是听教材的？标准答案是什么？如果教师的说法正确，教材则不应误人子弟而必须做出修改；如果教材没有错，将“庖丁”解为“一个叫丁的厨师”确系有关专家、学者新的研究成果并且得到国家语言文字工作委员会和教育部门的肯定，那么也应该在教材中予以说明，以免教师仍然沿用旧说而贻误学生。

学生课本中引起我的疑问的当然不止此一处。比如，高中语文教材第一册所编选的《师说》，其中“从而师之”一句，教材上译为“拜他为师”，便窃以为不妥。两者虽然意思极为接近，但词语组合的方式却是不同的，“师”在这里不是名词“老师”之“师”，而是动词“师法”之“师”，“从而师之”直译就是“跟随并且学习他”，如果译成“拜他为师”，译文中的“拜”字、“为”字都找不到着落，而原文中的“师”字词性被改变，“从而”两字也丢掉了。当然，若采取不甚严格的意译方式，“拜他为师”或“以他为师”更为顺口，也更符合现代汉语的习惯，但为了让学生透彻地理解和掌握文言文的规律，还是应该先“掰开揉碎”地直译过来，再进行变通方式的意译。

四年前，我曾在政协八届三次会议期间以提案的方式建议当时的国家教委采取措施提高中小学语文教材的编写质量，并举例指出某些用字的不规范，如："橘""桔"两字在教材中并存，学生必须按课文中的用法写作"桔子""橘黄色"，其实按照现行规范，作为水果名称的"桔子"之"桔"已属错字，应为"橘"，"橘黄色"则是像橘子那样的颜色，二者是一回事儿，不可一分为二。课文《小桔灯》应为《小橘灯》，而"桔"字只能用于"桔梗"（一种植物，可入药）一词，其音、义均与"橘"不同；鲁迅先生在《从百草园到三味书屋》中，将"臃肿"写作"拥肿"，该篇课文的注解"也作臃肿"是不合适的，虽然在鲁迅生活的时代"臃肿"可以写作"拥肿"，但在今天就不合规范了，不应该给学生造成两者可以并存的误解；再如教材中所收建国前的文章，由于当时还没有"的""地""得"之分而全部用"的"，至今港、台地区的出版物仍然如此，内地的某些作家也受此影响，在写作中将该用"地""得"之处也都写成"的"，但是，正规教材却不应默许此种与国家语委的规定相抵触的不规范现象，凡课文中"的""地""得"不分都应该作必要的注解。一九九五年五月，国家教委对此项提案做出肯定性的答复，表示：《小桔灯》的"桔"是误；《从百草园到三味书屋》中"拥肿"一词的注解"也作臃肿"应改为"今作臃肿"；建国前的文章"的""地""得"不分，今已不足为训，也将在教材中做一个总的说明。事情已经过去了四年，后来重印的教材改了没有，我就不得而知了。

原国家教委的那封回函我至今还保留着，对其中所说"教委除了继续依靠中小学审定委员会的审定、审查委员会对教材进行更严格的审查、把关外，还将帮助督促各教材编写单位提高水平，编好教材"的积极态度深表赞同。韩愈曰："师者，所以传道、受（授）

业、解惑也。”教材是无声之“师”，是教学之本，对于加强学生的素质教育，培养青少年正确地运用祖国语言文字，继承和发扬中华文化，其重要性自不待言。因此我期望，不仅教育部门，全社会都应该关心这件事。

一九九九年九月六日

爱是圆的

陈祖芬

爱是圆的。真正的爱情没有起点也没有终点。

爱是瞬间的永恒。

恨，其实不是爱的对立物，而是爱的延续。

爱是人生辛劳的果实，慵懒的人终生难得品尝。

爱一个人不是因为他的优点或缺点，而是因为他的特点。

爱是一种创造——重新发现对象和重新发现自己。这里不是简单的一加一等于二，而是乘法。当他或她唤醒了她或他身上的全部童真、激情、创造力的时候，也就创造了一个爱的世界。

爱情，虽然不能说付出多少一定能得到多少，但是，不准备付出肯定是得不到的。可能得到丈夫，可能得到妻子，可能得到钱和权，但是得不到爱情。

与其责怪对方不爱自己，不如问问自己是不是真爱对方——不惜牺牲自己地爱对方，不惜代价地爱对方。

是的，爱情是——代价。一种历经大痛苦然后得到或得不到幸福的——代价。

爱情也不是光靠付出代价就能得来的。着意追求爱情，爱情或许离你越远。真正的爱情往往是不期而遇——发生了还以为没有发生，来临了，自己还未意识到。爱情是个体无意识。从这个意义上讲，对爱情的舆论超前不无道理。

爱情是最不受约束的一种力量。

爱情是一种不能用公式去分析、不能用逻辑去推理、甚至也不能用道理去解释的不可理喻的情感。

爱情，只有在不附上任何条件的时候，只有当你甘愿为心爱的人奉献一切而不求获取的时候，才是幸福的、充实的。当此之时，即使贫寒的陋室也会变成瑰丽的宫殿。

吵架也是一种宣泄和沟通。可是当一对夫妻连吵架的热情也没有了，他们的婚姻必已濒临死亡。

有些家庭，女性的自卑和自尊常常不自觉地在转换。明知事业上不如男的，所以在家政上就要大权独揽，呼风唤雨，乃至要管住男人，唯她是从。中国封建观念的影响不断，对权力的追逐不断，波及家庭。家庭独裁型的女性日复一日诱发的是——奴性。

互相没有了感情，也就不必再耗时耗力纠缠是谁弃谁。谁都应该弃谁。不弃，是自欺欺人。不愿被弃，是何等地不自尊。

常有人对他说，离婚的事，实在怪不得你。或许这也是一种民俗的理解方式——怪你，或不怪你怪他（她）。

呵，妈妈，妈妈！一般来说，妈妈都是无私地去爱孩子的，而孩子只有在离开妈妈以后，甚至在失去妈妈以后，才能明白妈妈为自己奉献了那么多，才会后悔自己为妈妈做得那么少！但是，等到明白过来的时候，已经来不及了……

真诚的爱具有伟大的力量，它能给人以高尚的慰藉、道德的力量，使无知的心灵苏醒，使贫瘠的思想充实。

爱，需要艺术；爱，更需要才能。

二〇〇〇年一月三日

长白三月

王子修

我画的长白山大部分都以“长白三月”命题，因为我所见到的长白山就是长白山的三月。

去考察长白山是我一生的向往。还是在青年时期，由于工作的需要，我可以说画遍了祖国的名山大川。但是作为画家，后来我越发感觉到，素质，特别是文学素质，是非常重要的。所以我现在谈画必谈文学。我谈文学并不像有的人谈唐宋元明清，哪个时代出了哪些名人，有哪些名篇，或者说顺口背上几句，而是真正地被那些名篇所融。古人诗中有画，画中有诗。面对自然，为景所动，有感而发，所写出的东西是情动的产物，读之能使读者心入其境、心有所悟。中国的唐诗、宋词、元曲是这样，外国的歌德、拜伦、雪莱、海涅、普希金的作品也是这样。有文学素养的画家，无形中将感情融入画中，现代美术理论所说的绘画语言即是如此。许许多多的画家到了一定程度，为什么上不去，难以升华，皆因只追求画法的变异、方式的区别，而无文学作根基，这肯定是难以成就的。

返回来再说长白山，长白山在我的心目中是难以用文字去形容的。它是那样的浩瀚、雄伟、博大、恢宏、幽远，更主要的是神秘。画家无论表现哪一部分景色，不应该只是所见，更主要的是景外，让观者想到画外的世界，想到的是它难以想象的神秘。真正的长白山更是如此，任何一位画家都无法表达完美长白山的气势和神韵。九十年代以后，我便有一个想法，我已画遍祖国的名山大川，倘若能到长白山和西双版纳写生一次，这一生足矣。

一九九八年《人民政协报》发表了我的一幅画和介聂先生为我写的文章，我接到了来自桦甸的邀请。也就在早春三月，我踏上北行的列车，桦甸的朋友，把我送到长白山。车入林区使我激动不已，路边秀美的白桦树，那端庄、高耸的美人松，那幽深莫测的原始森林。狍子跳上马路，悠然漫步，松鼠在路边树上跳跃，当看到我们的汽车便钻进了神秘的原始森林。落叶松拥挤的原始森林。据说走进二十米后一旦迷失方向，就可能失去返回的希望，路边就能见到有些树木倒在长满苔藓的河沟里，据说是不允许动的，让它们自生自灭，为了保持原始生态。路向远处延伸，车在留有残雪的山路上行进。一天的时间中可以清楚地看到，长白山的树种分布基本上是白桦、落叶松和高山岳桦。高山岳桦可能是桦树的一种，由于在高寒地区生长，没能长大，便显老态龙钟，但是它是长白山高寒地带唯一能够适应环境的树种。岳桦应该是长白山的代表，它那不屈不挠、顽强同大自然抗争的精神，使我不能不想到，当年的抗联，想到为民族自强不息献身的杨靖宇将军。岳桦的树皮是白色的，斑驳的脱皮挂在树干上，像似在被寒风抽打，那韵味，是画家最爱表现的。我画的“长白三月”，也就是长白瀑布附近。长白瀑布下面是万丈深渊，周围也许是高寒所至，也许是火山岩或火山灰的原因，寸草不生，往下唯一的树种也就是以上所说的岳桦林了。时至三月，在东北，已经是春和景明，万物复苏，但瀑布下面仍有没人深厚的积雪层，似这积雪层不是到处都有。画长白山单凭想象是不行的，照搬亦不行，必须不失真实地巧安排，我的《长白三月》，虽自觉还欠力度，但对于长白山，我自认为不失真实之感。

我画长白，最爱表现的是长白山区的白桦树，它确实是树中的美人。西画表现长白的居多，摄影作品中就更多了。之所以人们那么钟情于白桦树，恐怕就是它太美了，脱尽树叶后的白桦林，在各种树木的陪衬下，更显出它的妩媚之态，白得那么耀眼，那么迷人。五六年前，当我决心研究冰雪画的时候，白桦树便是我主要想表现的题材。我画白桦，或者说我表现树木废弃了人们常用的双勾外线。这些作品在中国美术馆展出时，人们像着迷一样看重我画的树，我真有受宠若惊之感。人们看重的是我用西画的手法表现它们。我主要是强调树干本身肌理即皴纹的实际，来研究表现它的方法，为了表现我从来赞成不择手段，所以我赞成刘国松，更赞成于志学。以前我写的文章中，就讲到这个问题，于志学在中国画的历史上是千古奇人，他比历史上任何一位中国画家都更具创造性，不管你能否接受、或者理解与否，喜欢与不喜欢等，都抹不掉这个事实。我是中庸派，我的水平和素质只局限在传统基础上的创新上，我画的白桦树、浮雪，在国画上体现了我个人的创造，因为别人从没这么表现过。我采取我的办法表现或代替我所废弃的那条线，我是从实际观察中得来的。我认为我成功了，人们可以从矾水的印痕和淡浓色彩或墨彩的衬托中感觉到浮雪的厚度轻盈、质感和光感。无论是表现阳光下、月光下浮雪的存在，我个人认为只有在真实的基础上，方能追求到那种梦幻般的意境。这是让人感受的。艺术作品特别是描写自然的作品必须追求诗味，让人们走进你所描绘的境界里，从近到远，从画里到画外，特别是冰雪山水画中，远处的、黑重的笔墨，应该更让人体味，它所代表的应该是消失在视野之外的树木远山，或者其他任何物体，伴着整个画面，它必须让人向往、思索，黑即玄、玄即神秘，让人们从那几多黑色的变化中，感到或追寻其作品的深沉、神秘、幽远。让人们从画中去体味，去遐思，从中感受到诗的境界。画家便是所描绘的境界对于看画者的向导，把人们的感觉思绪引得越远、越神秘，你的作品便越成功。

以前，我觉得能去一次长白山即满意了。现在看来我错了，长白山的三月，也只是它的三月，即这三月也只是映入我眼帘中的此时此刻，三月的长白已是无限神秘了，那么六月的长白山、八月的长白山、十月的长白山、大雪纷飞的长白山、春花初绽的长白山，那将是多么美丽。那是艺术家的天堂，我向往长白山。

二〇〇〇年一月十七日

百年文化的“表情”

梁晓声

千年之交，回眸凝睇，看中国百余年文化云涌星驰，时有新思想的闪电，撕裂旧意识的阴霾；亦有文人之呐喊，儒士之捐躯；有诗作檄文；有歌成战鼓；有鲁迅勇猛所掷的投枪；有闻一多喋血点燃的《红烛》；有《新青年》上下求索强国之道；有“新文化运动”势不两立的摧枯拉朽……

俱往矣！

历史的尘埃落定，前人的身影已远，在时代递进的折皱里，百余年文化积淀下了怎样的质量？又向我们呈现着怎样的“表情”？

弱国文化的“表情”，怎能不是愁郁的？怎能不是悲怆的？怎能不是凄楚的？

弱国文人的文化姿态，怎能不迷惘？怎能不《彷徨》？怎能不以其卓越的清醒，而求难得之“糊涂”？怎能不以习惯了的温声细语，而拼作斗士般的力厉长啸？

当忧国之心屡遭挫创，当同类的头被砍太多，文人的遁隐，也就是自然而然的了。

倘我们的目光透过百年，向历史的更深远处回望过去，那么遁隐的选择，几乎也是中国古代文人的“时尚”了。

那么我们就不能不谈《聊斋志异》了。蒲松龄作古已近三百年；《聊斋志异》成书三百余年。所以要越过百年先论此书，实在因为它是我最喜欢的文言名著之一。也因近百年中国文化的扉页上，分明染着蒲松龄那个朝代的种种混杂气息。

蒲公笔下的花精狐魅、鬼女仙姬，几乎皆我少年时梦中所恋。

《聊斋志异》是出世的。

蒲松龄的出世是由于文人对自己身处当世的嫌恶，他对当世的嫌恶又由于他仕途的失意。倘他仕途顺遂，富贵命达，我们今人也许——就无《聊斋》可读了。

《聊斋》又是入世的，而且入得很深。

蒲松龄背对他所嫌恶的当世，用四百九十余篇小说，为自己营造了一个较适合他那一类文人之心灵得以归宿的“拟幻现世”。美而善的妖女们所爱者，几乎无一不是他那一类文人。自从他开始写《聊斋》，他几乎一生浸在他的精怪故事里，几乎一生都在与他笔下那些美而善的妖女眷爱着。

但毕竟的，他背后便是他们嫌恶的当世，所以那当世的污浊，漫过他的肩头，淹向着他的写案——故《聊斋》中除了那些男人们梦魂牵绕的花精狐魅，还有《促织》《梦狼》《席方平》中的当世丑类。

《聊斋》乃中国古代文化“表情”中亦冷亦温的“表情”。他以冷漠对待他所处的当世，他将温爱给予他笔下那些花精狐魅……

《水浒》乃中国百年文化前页中最为激烈的“表情”。由于它的激烈，自然被朝廷所不容，列为禁书。它虽产生于元末明初，所写虽是宋代的反民英雄，但其影响似乎在清末更大，预示着“山雨欲来风满楼”……

而《红楼梦》，撇开缠绵悱恻的爱情故事的主线，读后确给人一种盛极至衰的挽亡感。

此外，还有《儒林外史》《官场现形记》《二十年目睹之怪现状》《老残游记》《孽海花》——构成着百年文化前页的谴责“表情”。

《金瓶梅》是中国百年文化前页中最难一言评定的一种“表情”。

如果说它毕竟还有着反映当世现实的重要意义，那么其后所产生的无计其数的所谓的“艳情小说”，散布于百年文化的前页中，给人，具体说给我一种文化在沦落中麻木媚笑的“表情”印象……

百年文化扉页的“表情”是极其严肃的。

那是一个中国近代史上出政治思想家的历史时期。在这扉页上最后一个伟大的名字是孙中山。这个名字虽然写在那扉页的最后一行，但比之前列的那些政治思想家们都值得纪念。因为他不仅思想，而且实践，而且几乎成功。

于是中国百年文化之“表情”，其后不但保持着严肃，并在相当一个时期内是凝重的。

于是才会有“五四”、才会有“新文化运动”。

“新文化运动”是中国百年文化“表情”中相当激动相当振奋相当自信的一种“表情”。

鲁迅的作家“表情”在那一种文化“表情”中是个性最为突出的。《狂人日记》振聋发聩；《彷徨》的精神苦闷跃然纸上；《阿Q正传》和《坟》，乃是长啸般的《呐喊》之后，冷眼所见的深刻……

“白话文”的主张，当然该算是“新文化运动”中的一个事件。倘我生逢那一时代，我也会为“白话文”推波助澜的。但我不太会是特别激烈的一分子，因为我也那么地欣赏文言文的魅力。

“国防文学”和“大众文学”之争论，无疑是近代文学史上没有结论的话题。倘我生逢斯年，定大迷惘，不知该支持鲁迅，还是该追随“四条汉子”。

这大约是近代文学史上最没什么必要也没什么实际意义的争论吧？

“内耗”每每也发生在优秀的知识分子们之间。

但是于革命的文学、救国的文学、大众的文学而外，竟也确乎另有一批作家，孜孜于另一种文学，对大文化进行着另一种软性的影响——比如林语堂（他是我近年来开始喜欢的）、徐志摩、周作人、张爱玲……

他们的文学，仿佛中国现代文学“表情”中最超然的一种“表情”。

甚至，还可以算上朱自清。

从前我这一代人，具体说我，每以困惑不解的眼光看他们的文学。怎么在国家遭到那种地步的情况之下还会有心情写他们那一种闲情逸致的文学？

现在我终于有些明白——文学和文化，乃是有它们自己的“性情”的，当然也就会有它们自己自然而然的“表情”流露。表面看起来，作家和文化人，似乎是文学和文化的“主人”，或曰“上帝”。其实，规律的真相也许恰恰相反。也许——作家们和文化人们，只不过是文学和文化的“打工仔”。只不过有的是“临时工”，有的是“合同工”，有的是“终生聘用”者。文学和文化的“天性”中，原有愉悦人心、仅供赏析消遣的一面，而且，是特别“本色”的一面。倘有一方平安，文学和文化的“天性”便在那里施展。

这么一想，也就不难理解林语堂在他们处的那个时代与鲁迅相反的超然了；也就不会非得将徐志摩清脆流利的诗与柔石《为奴隶的母亲》对立起来看而对徐氏不屑了；也就不必非在朱自清和闻一多之间确定哪一个更有资格入史了。当然，闻一多和他的《红烛》更令我感动，更令我肃然。

历史消弭着时代烟霭，剩下的仅是能够剩下的小说、诗、散文、随笔——都将聚拢在文学和文化的总“表情”中……

繁荣在延安的文学和文化，是中国自有史以来，气息最特别的文学和文化，也是百年文化“表情”中最纯真烂漫的“表情”——因为它当时和一个最新最新的大理想连在一起。它的天真烂漫是百年内前所未有的。说它天真，是由于它目的单一；说它烂漫，是由于它充满乐观……

建国前十七年的文学和文化“表情”是“好孩子”式的。偶有“调皮相”，但一遭眼色，顿时中规中矩。

“文革”中的文学和文化“表情”是面具式的，是百年文化中最做作最无真诚可言的最讨厌的一种“表情”。

“新时期文学”的“表情”是格外深沉的。那是一种真深沉。它在深沉中思考国家，还没开始自觉地思考关于自己的种种问题……

八十年代后期的文学和文化“表情”是躁动的，因为中国处在躁动的阶段……

九十年代前五年的文化“表情”是“问题少年”式的。它的“表情”意味着——“你”有千条妙计，“我”有一定之规……

九十年代后五年的文化“表情”是一种“自我放纵”乐在其中的“表情”。“问题少年”已成独立性很强的“青年”。它不再信崇什么。它越来越不甘再被拘束。它渴望在“自我放纵”中走自己的路。这一种“自我放纵”有急功近利的“表情”特点，也每有激头掰脸的“表情”特点。还似乎越来越玩世不恭……

据我想来，在以后的三五年中，中国当代文学和文化，将会在“自我放纵”的过程中渐渐“性情”稳定。归根结底，当代人不愿长期地接受喧嚣浮躁的文学和文化局面。

归根结底，文学和文化的主流品质，要由一定数量一定质量的创作来默默支撑，而非靠一阵阵的热闹及其他……

情形好比是这样的——百年文化如一支巨大的“礼花”，它由于受潮气所侵而不能至空一喷，射出满天灿烂，花团似锦；但其断断续续喷出的光彩，毕竟辉辉烁烁照亮过历史，炫耀过我们今人的眼目。而我们今人是这“礼花”的最后的“内容”……

我们的努力喷射恰处人类的千年之交。

当文学和文化已经接近着自由的境况，相对自由了的文学和文化还会奉献什么？又该是怎样的一种“表情”？什么是我们自己该对自己要求的质量？

新千年中的新百年，正期待着回答……

二〇〇〇年一月二十日

龙年赞善

刘心武

骏良老友来访，说是给我带来一件礼物，且不展示，让我猜是何物。我笑猜道，是跟龙有关的吧？前些时候，闹腾迎接千禧年，骏良跟我说，他可没有基督教文化的那个情怀，不认为时间是从一个起点，直线驶往某个“末日”的，他意识里，还是咱们中国文化的老传统，以干支纪年，六十年一轮回，时间似乎是个大圆圈儿，这不马上又到庚辰年了吗？而且，他更讲究属相，若问人年龄，从不问是公元哪一年出生的，只问属什么的。他的儿媳妇去年春天怀的孕，儿子儿媳妇本想在二〇〇〇年元旦时候让孩子剖腹出世，以凑“千禧儿”的热闹，他坚决反对，后来儿媳妇过了预产期，医生说怕是要过春节时候才分娩了，他竟非常高兴，说是那就属龙了，是个难得的好属相！所以，我想他送我的春礼，肯定跟龙有关系。

他亮出了那礼物，令我惊喜莫名！原来，是一盘 VCD，什么内容的 VCD？难得难得，是程派名剧《锁麟囊》！开头我还不信，因为我知道上个世纪五十年代初，要给程砚秋先生拍舞台记录电影，本是要拍这个最具代表性的剧目的，后来有人说这出戏的剧情有“鼓吹阶级调和论”之嫌，就拍了一出《荒山泪》。从那以后直到现在，似乎也没有为任何一位程派演员拍过这出戏。我把骏良赠我的盘放出来细看，啊！原来在一九八二年，有过一次难得的程派名角大荟萃，由程砚秋的几位大弟子赵荣琛、吴吟秋、李世济、李蔷华、新砚秋在不同场次分别扮演主人公薛湘灵，那次有关机构将实况用摄像机录了下来，现在的VCD即用那资料翻录而成。

我是一个“程迷”，《锁麟囊》更是百看不厌，这回龙年春节，真是添了眼福了！虽然那VCD由录像带翻制，图像不甚理想，但几位名伶的表演十分精彩，放映时幽咽婉转的程腔绕梁不止，入耳真有麻姑搔背之快！

《锁麟囊》的剧情十分有趣：娇生惯养的富家女薛湘灵出嫁时遭逢大雨，到春秋亭避雨时，另一乘破旧花轿也躲了进去，轿中贫女赵守贞哭泣不止，薛湘灵遂将自己随身带的一个装满金银珠宝的锁麟囊慨然相赠；没想到世事沧桑，人生多变，一场大水，使薛湘灵婆家、娘家全都家破人散，她流落到异乡，为糊口只好去当看孩子的保姆；谁知那正是当年因她救济才得致富的赵氏所嫁之家，一场误会解除后，是个大团圆的结局。这出戏里没什么反面人物，有几个抹白鼻梁的小丑，也无非是有些个势利眼罢了，如在薛湘灵出聘时雷雨忽至，就偏解释说，她是“龙女一转”，因此那雷雨也是一种瑞相。

《锁麟囊》这样的戏曲是我们传统文化中的精品。我实在看不出它有什么“鼓吹阶级调和”的意图。那个囊本是薛湘灵母亲陪送给她以求神灵保佑她早生“麒麟儿”的，她却在遇到贫困者时“以有余献不足”，并且不让丫头说出自己姓名，丝毫不期盼回报，这种善良的情怀在中外古今无论哪个时空里，都应被肯定被赞颂。

又是龙年，又欣赏到了《锁麟囊》，又一次感受到了善良之美。戏里的“势利眼”把薛湘灵说成“龙女一转”固然牵强附会，但即使是在今天，我们社会里“先富起来的”的一群，是不是也该学一学薛女士那种怜贫济困的善良心怀，多下一些解饥渴、脱危难的“及时雨”呢？

二〇〇〇年二月十七日

曹雪芹人性的壮丽

管　桦

《红楼梦》同唐诗宋词一样，代表着我们中华民族文化的精华，有不可抗拒的魅力。它对振兴中国的人文精神，提高国民的人文素质，有重要贡献。

《易经》里有一句话："观乎人文以化成天下。"就是说通过观察人文的状态，用人文的精神对民族的精神进行一种教化，这是非常重要的，民族精神是在民族的文化里。不仅中国重视这个问题，世界上很多国家也都如此。在英国面临殖民体系危机和宗教信仰危机时，当时英国有一句格言："宁可失去印度，也不能失去莎士比亚。"第二次世界大战中，罗斯福总统在大学讲演时谈道："要把民族经过血与火考验的人文精神，传给下一代人。"他指出："这是涉及一个民族生命的延续问题。"

人文建设实际上也是一种立国之本，一个民族要自立于世界民族之林，就要把自己民族最精彩的，代表着智慧、情操、美德高峰的东西贡献给世界，并教化自己的人民。《红楼梦》蕴藏着我们民族的精神文化，概括起来说，即是人性的美。

我非常同意毛志成教授对《红楼梦》要深读、精读的主张，抛弃那些"大观园的原型在长白山，雍正皇帝是曹雪芹毒死的"等等不着边际的"研究"。多年来红学家们对《红楼梦》作者的来龙去脉，对《红楼梦》作品的分析、探讨、研究，已有了巨大成果。他们的辛勤劳动，使我们敬佩。

但是，我们还要看到，已经有多少读者在曹雪芹思想面前默默地走过，连头也不回。因此，他的那些思想的成果，还没有产生我们希望的作用。当然，也有其客观原因。这就是《红楼梦》多少闲文为雾中草原、鲜花隐没，而正文又是无限烟波、横云断岭。虽然全书越将真事隐去，越觉得云烟渺茫之中有无限丘壑，可是除了像周汝昌教授等少数红学家，已经从渺茫云烟中透视出那些鬼斧神工的丘壑，而读者大多是只看见大观园里人们的欢笑、作诗、飨宴、饮啜、爱情，一部有趣的生动的言情小说而已。那么，我们在红学家们研究的基础上，深入揭示出书中某一重要问题，对读者是有益的。

《红楼梦》貌似爱情悲剧，实为社会悲剧，尤为重要者，当时社会惨烈黑暗的背景下，曹雪芹先进的充满光明的伟大思想。一九一九年问世的《古小说评林》说："红楼梦以较盲左述郑对许叔之言，及吕相论秦之书，无其深曲，以较腐史报任安书，及李陵答苏武书，无其痛快也！"民国二年，陈蜕的《列石头记于子部说》开端云："《石头记》一书虽为小说，然其涵义乃具有大政治家、大哲学家、大理想家之学说，而合于大同之旨，谓为'东方民约论'，犹未知卢梭能无愧色否也！"说贾宝玉可以为共合国大总统，把《红楼梦》划归"子部"。子部者即思想家之著作。陈蜕指的"共合国大总统"是孙中山。即以世界大同、仁爱、博爱为宗旨，以民族、民权、民生为纲领的伟大民主主义者。当代红学家周汝昌教授给贾宝玉下的"考语"是八个字："先人后己，有人无己。"又说："曹雪芹的重人爱人、为人、唯人的思想之灵光智焰，至今还照耀人间。"曹雪芹所向往的情，是最博大最崇高的情。他幻想人与人的高层次关系，人与人应该是互助的、友爱的，充满一个"情"字的。他自己身体力行地做到了。在《红楼梦》里，贾宝玉清楚无误地告诉我们：对外在的迷信权势的怀疑与否定，才有内在的人性的觉醒和尊严，于是我们说：道德就是人类的尊严，而人性即是对人类生存生活权利的全部承认。

人类中一部分最优秀的分子，他们经历了人生最强烈的冲撞、痛苦、欢乐、灾难而总结出对人性最透彻的认识。曹雪芹就是这样的人类中最优秀的分子。他是以有着悠久的光辉灿烂的中华文化武装起来的先进英雄人物，以其具有民族特色的人文精神、价值观念、语言体系和丰满优美的风俗民俗哺育成长出来的先进文学及先进思想的先驱者。至今，在文学作品里，对人性的认识，本身具有人性之美者，还没有哪个作家、哪部作品超过《红楼梦》。贾宝玉所表现出来的人性之美，完全是他灵魂的自然流露，与别人对他所创造的社会价值的承认无关，与别人和社会对他的看法没有任何联系。这种人性的美，完全属于他自己。这给了他极大的满足。贾宝玉认为若是把追求他人对自己的爱、他人对自己的承认、社会对自己的承认，放在人生的首位，他以为是奴隶的感觉的欲望。贾宝玉又有着阮籍嵇康的风骨，他那样蔑视可以使人进入仕途的四书五经，他不肯受世俗标准的牢笼蒙蔽。敢于率性任情，讲他真正的想法，做他想要做的事，说他心里的语言。

曹雪芹见到世上的一切诱惑同时悲哀地看见他幻想过的那些神圣的东西，被那以众多苦难当作自己享乐的人世中最普遍的巨大的罪恶所毁灭。他从痛苦中分娩出的思想，慈母般地给他以它所拥有的一切，他的血泪、心灵、火焰、快乐、激情、痛苦、良心、幸运和不幸，生命对于曹雪芹意味着将他的全部连同遇到的一切，都不断地化为光明和烈火，啊，人性的壮丽！

曹雪芹的文化思想，是否接受了儒家“兼善天下”的观念，希望“济苍生”“安黎民”，又接受了庄子遗世独立追求绝对自由的人生态度？“不爱其驱”“羞伐其德”等思想的影响？曹雪芹有庄子自我的飘逸和屈原瑰丽中之悲愤，但他没有屈原那种孤芳自赏、唯我高洁的自我意识。贾宝玉称自己“浊物”。我们说《红楼梦》是无韵的《离骚》，是指的此书乃是“愤”书。他孤独地站立着、刚直、雄健而又英勇地对封建腐朽的时代，顽强地对抗，远远地超过了屈原。

《红楼梦》一书中带政治性的大事，已被高鹗删掉。《红楼梦》非穷愁失意之作，亦非慢世之笔。曹雪芹不但把艺术作为反抗工具，作为受难的见证人，同时还借来表现他的忍耐和天性般的温柔。他自己得不到他所需要的抚慰，却永远地在抚慰别人。可幸的是，他在现实生活中得不到幸福，他能在精神上创造出来。他神奇地创造、征服不断的苦难，以永远乐观的精神，应付残酷的现实，呼唤人类应有的人性。

曹雪芹敏锐的感觉，被生命光辉照亮的眼睛、勇气、意志，勇往直前地向腐朽的，因丧失人性而散发着恶臭气味的皇帝、王孙、公侯以及形形色色的阴谋家、市侩、淫棍，愤怒地呐喊着。但这一切赤裸裸的现实，都在他笔下的浩渺烟波之中，唯一没有隐去，也不想隐去的，是他对人性的赞颂。

我们听听贾母同王夫人的谈话："从未见过这样的孩子（指宝玉），别的淘气都是应该，只是他这种和丫头们好，便叫人难懂，我为此也耽心。每每的冷眼查看他，只和丫头们顽闹，必是人小心大，知道男女的事了，所以爱亲近他们。及至细细查试，竟不是为此，岂不奇怪。想必是个丫头错投了胎不成……"

曹雪芹看见了包含着一切性质的女性有着难以形容的完善、聪明和美丽。在这些少女们身上，他看见了宇宙的丰盈，天地凝结成的灵气，他对那些被侮辱与被损害的女性人材，知其形，知其性，知其情而寄以深切的爱。以极其仁爱博大崇高的感情，向世界悲哭天下女性的不幸，并不只是赋咏的那篇伟丽而沉痛的《葬花词》，祭晴雯祭金钏等许多震撼心灵的赋咏。他写香菱的天真可爱，竟使脂砚斋不尽悲哭。曹雪芹的人性之美贯穿全部《红楼梦》。我称曹雪芹为末世英雄，他同时愤怒地呐喊着："纵生于薄祚寒门，宁为奇优、名娼，也断不能为走卒健仆，甘遭庸人驱制、驾驶。"他与黑暗势力决裂对抗是多么坚决勇猛。他的人性是多么悲壮。"曹雪芹所推重倾慕的，不是那种大贤大德‘蔡女班姑’等高级女流，而是那种社会里被贬为‘贱籍’的而且‘名节有污’的那些玷污家门、贻讯世道的不足齿之‘下贱妇女’”（周汝昌语）。正是因为如此，曹雪芹才更加热爱她们，不让她们腐朽，并给她们满满地装上灵魂。

在那粗野的情欲、狂暴无知的人群以及愤恨和贪婪的时代，以残忍乖僻的恶行对待女性的人们，曹雪芹愤怒之极，他让甄宝玉大声疾呼：“这女儿两个字，极尊贵极清净的，比那阿弥陀佛，元始天尊的这两个宝号，还更尊荣无对的呢。你们这浊口臭舌，万不可唐突了这两个字要紧。但凡要说时，必须先用清水香茶漱了口才可。设若失错，便要凿牙穿腮。”曹雪芹以闺阁少女少妇抒发自己胸中块垒，他呐喊：她们并不是天生的贱人、弱女，甚至男人的玩物。相反，她们本是头等人材，即英雄人物，而她们遭到的不是展用施为尽其才美，却是屈抑陷害，落得家破人亡，无立足境，遭到令人悲愤难平的命运的捉弄。于是我说：《红楼梦》乃向世界呼唤人性的呐喊。

当现在社会上泛滥着一种文学，把情欲的鼓舞拿来作为基本的推动力，把情欲的亢奋拿来作为目标，而把妇女作为女奴一般，玩弄于股掌之上，有如狼群撕扯羔羊的时候，我们便愈加感到曹雪芹人性之美的伟大。报纸仁者著文，抨击现代文坛七毒中之一毒就是指一些作家不深入生活，道听途说投庸俗者之所好，大写三四十年代妓女生活，或者大户人家的姨太太少奶奶等大量低级下流的东西而无任何时代和历史的寓意，不惜糟践女性来突出感官刺激，很大一部分仍是围绕着“性”做文章，在所谓“性结构”的世俗圈子里打转。在《红楼梦》里，曹雪芹从人们的欢笑、跳舞、飨宴、饮啜，从衣服和装饰里面，从洗洁了的修整了的面容里，看出一种暗藏的贪污腐化和道德败坏的贵族阶级人性的丧失，看到了各种猥琐人物的一切怯懦、渺小的诡计和蜘蛛似的残忍。

除了贾宝玉，谁理解那些少女们的忧愁和快乐呢？除了贾宝玉，谁是她们的诗人呢？《红楼梦》里那些欢笑，含着多么悲凉的调子啊！

文学艺术是作家艺术家灵魂的呐喊，从生活和大自然深谷发出的回声。曹雪芹的人性之美，借用杜甫赞颂李白的诗句：笔落惊风雨，诗成泣鬼神。曹雪芹想象中的中国儿女，个个硕大、雄强、慷慨、俊秀、娇美、热情。他的胸怀，有如纵横交错滚滚奔流的江河里反映出天空的遥远的蔚蓝和五彩缤纷的朝霞。但我们看不见那滚滚波涛，却看见那水鸟白色羽毛似的船帆，在水面上辉耀着。

《红楼梦》微言大义，以表其孤愤离情。脂砚斋对“祭芙蓉女儿之前”的评语：“女儿称妙。盖思普天下之称，断不能有如此二字之清洁者，亦是宝玉之真心。”曹雪芹悲哭的并不只是晴雯，而是天下所有被侮辱与被损害的女儿们。在《红楼梦》里，作者几乎是无处不在地大笔重彩地写王熙凤。他认为王熙凤虽有缺点，但她仍然不愧为女中豪杰，脂粉英雄。为秦氏之丧，铺陈得那么宏大、壮丽，却只写凤姐一人，贾珍向王夫人求凤姐帮忙料理秦氏丧事时，王夫人忙道：“他一个小孩子家，何曾经过这些事。”（脂砚斋批语：三字愈令人可爱可怜。）贾珍说：“从小儿大妹妹顽笑着就有杀伐决断……”接着曹雪芹让我们看凤姐来至三间一所抱厦内坐了，因想头一件是人口混杂，遗失东西；第二件无专执，临期推诿；第三件需用过费、滥支冒领；第四件任无大小苦乐不均；第五件家人豪纵，有脸者不服黔束，无脸者不能上进。此五件实是宁国府风俗。但是“荣宁二府每天的大事小事，千头万绪，凤姐日夜不暇，筹划得十分整肃”，“凤姐举止舒徐，言语慷慨珍贵宽大”。曹雪芹在且听下回分解一句话里，说了最重要的思想：“金紫万千谁治国，裙钗一二可齐家！”

曹雪芹还向我们描述了探春李纨等三个少女少妇治理大观园的创举，也向我们介绍明代恒王宠姬美女林四娘，被呼为“姽婳将军”的巾帼英雄事绩。贾宝玉的姽婳将军咏赞诗中有“纷纷将士只保身，青州眼见皆灰尘，不期忠义明闺阁，愤起恒王得意人……何事文武立朝纲，不及闺中林四娘……”流贼抢掠，恒王领兵出战被杀，青州文武百官有献地之举。林四娘得闻凶报，遂集众女将连夜出城杀贼，斩戮了几员首贼，后林四娘和众女兵全部殉国。这林四娘的一片忠义之志，后来报至中都，自天子以及百官无不惊骇。

曹雪芹不只是要给人类的生存一种解释和意义，他还给人类，尤其是那些被侮辱与被损害的众多女性以生存的勇气，并对那丧失人性的社会黑暗势力以控诉和痛击。他派出尤三姐出战那残酷绝顶罪恶滔天的社会。那个社会迫使一个纯洁美丽的少女失贞，又反过来迫使她因失贞之过而为人不齿。曹雪芹悲愤之极。在周汝昌教授的《红楼梦真故事》一文里，说不久前他的南开中学的老同窗黄裳见过红楼梦秘本的掌故，其中一段文字引来如下：“光绪十几年间先君掌易州棠荫书院，有来水县白麻村张君送过一部《红楼梦》。其收场便是贾宝玉与史湘云成为夫妇，但都讨了饭。此书后来被人拿去已六十年矣。始终未再找到。”可见曹雪芹是完成了全部《红楼梦》的，后四十回被高鹗偷梁换柱。这也充分说明，那个黑暗的社会是多么害怕曹雪芹的光明思想。鲁迅先生对后四十回伪续应“扫荡烟尘”斥为“反本”。封建社会为了掩盖他们扼杀人性的残酷恶行，而有高鹗的伪续。我这篇短文对曹雪芹的人性之美，也只是九牛一毛而已。追求人性美的，必然是悲剧，追求人性的曹雪芹必然是悲剧。红楼梦是悲剧的。人类历史的前进是需要扼杀人性的，因而人类的历史，就是人性扼杀和人性解放的历史。《红楼梦》以强烈的不可抵抗的吸力，吸引着读者，但是那些贵族老爷们的荣华富贵、那些少女们的欢笑与悲愁，一切都消失了，而不朽的是作者人性的壮丽。

对人生意义的苦苦追求，文学并不是归宿，而只是这颗心灵探索和漂流的永无休止的过程本身。

二〇〇〇年三月二日

我的老师，张秋海教授

赵士英

刚刚入睡，我被突如其来的强光刺醒，同时身体被抛在空中，同室的张钧大哥边喊“地震”，边和我不约而同地钻到房间里唯一的一个小长条桌下，头紧顶着头，双臂撑地，身佝偻着，像两只鸵鸟把头深深扎在沙漠里。此刻不再上下颠了，而是像开拉抽屉一样拉个不停。张钧大哥是北大地球物理系的资深教授，我问他会震塌吗，他说不会。此刻我脑子里第一个映出的是妻子和两个女儿的身影……心又想，为纪念我情同父子的恩师张秋海先生，葬身台湾是命运的安排，我无悔，值得！只可惜留下了再没有机会寻我多年流落在台湾的生母的遗憾。

电停了，水停了，电话不通了，吃的没有了——一切像死一样的凝固，可余震没完没了。

天刚亮，地还震着，我们赶到几百米处的台湾美术馆。因为按原计划，今天上午是张秋海先生作品捐赠展示暨新闻发布和学术论文研讨会。

位于台中市的台湾美术馆被震得一塌糊涂。地下室典藏库的藏品部分倒在地上，大厅的天花板被震得七零八落，一片狼藉。此次活动的彩色大海报在震碎的玻璃窗上还粘连着一角斜挂在那里轻轻地飘动着，那海报上印的一幅大大的张先生一九三〇年在日本描绘的夫人画像，好像默默且无奈地望着我们……

我心如刀绞：这是张先生生前留下的唯一一幅夫人的画像，张先生的大部分作品在日本地震火灾和战乱中被毁，仅剩下的几幅作品一九八四年我们几个学生做主捐赠给了中国美术馆。张先生的三个孩子谁都没有一幅父亲的作品，这唯一的一幅父亲给母亲的画像，其珍贵可想而知。母亲去世前和子女商量，你父亲一九三八年来到北平直至去世，整整五十个年头，没有机会再回到生他养他的故乡台湾看看，他活着的时候，时常一个人独自喝闷酒，边喝边哼着台湾民间小调，满面泪痕，恍惚不语……他乡愁难解啊！我死后，这幅画就送回台湾，代他看看故土看看亲人吧！

张秋海先生是台湾本土美术界的一代元老，一九一七至一九三〇年留学日本学习美术，后在日本娶妻，直至一九三八年携夫人和三个子女一起来到北平。这期间在日本和中国台湾多次参加国际大展，并多次荣获大奖，影响颇大。这次专程从美国、日本、中国大陆赶来的专家学者是为纪念他一百岁诞辰而来，然而，因地震，一夜之间一切化为泡影，怎能不让人失望、伤感？！我作为大陆唯一的一个张先生的学生代表，同时肩负着受吴冠中先生的嘱托（吴冠中先生和张秋海先生曾是三十三年的同事、好友，这次应邀，但因故不能前来）来纪念张先生的重任，就这样化为乌有，心怎能平！

这次纪念活动原定是一九九九年三月，后改为六月，最后定在九月，天下事就这样不遂人愿！回想起这次办理赴台的艰难，比办十次出国的手续还复杂，这人为阻拦是台湾当局所设，大陆的态度一贯是十分明确的，只要台湾当局承认台湾属于中国，什么条件都可以谈，如果海峡两岸早日实现“三通”了，何至于有今天？！

大地还在不停地颤抖，当我们匆匆搭上由香港飞回北京的飞机时，心情依然沉重。我们往返一万多公里，也为了鉴定一下台方请留学西班牙的专家修复过的张老作品是否符合原作精神，因为张秋海先生在日本留学的导师是在法国研究印象派的日本代表人物——色彩大师藤岛武二。从张先生未经修复的原作照片来看，脸部色彩冷暖处理明确而精微，不是修复后的偏棕色的古典主义风格。这一点一到台湾我就向典藏组的负责人薛燕玲小姐提出疑问。因为没有见到原画，只是看到印刷画片效果，这疑惑一直使我不安。

我热切地急盼着台湾的早日回归，以便能再次实现去台湾宣读纪念张秋海先生论文的梦想，能一睹我日思夜想而放心不下的张老在台湾的遗作。同时，也让我有机会去台湾去寻找五岁时离我和胞妹而去的生母。母亲是一九一九年生人，属羊的，不管她是否还活在世上。

画室里，十几支铅笔同时在纸上发出同一个声音，长短不一却急缓有致地交响着。

这是乙班同学们正在上素描课，画希腊朱里的石膏头像。画室一角，一个魁梧的身影落坐在画架前，只见那只大手，握着 2B 铅笔，正在为一个女同学的作业调整着画上头部和脖子转折的关系。他脸庞白皙，眉清目秀，和蔼可亲，集中的视线不停地在石膏像和学生的作业来回打转。一边修改一边简洁地讲解，强调要抓住极其微妙的动态和整体关系。只见他手下的笔是那样肯定、准确、有力。嘴角还随着一笔笔的“狠劲”在有节奏地扯动，这是张教授作画时的习惯动作，或许是他专门学过金工、木工，拉锯、推刨、使锤、弄锉所形成的一种下意识、不自觉的动作。每当他嘴角扯动时下去的那一笔肯定是最最有力而最最准确的！

他教素描，不强调学生追求物象的表面光影效果，而是要你用线去认识研究、分析对象的结构，而体积感、空间感是更好的理解，表现结构则属于第二位的辅助手段。

他常说：你们要想在艺术上有所成就，就必须真心实意、永不变心地去爱维纳斯，否则她会吃醋的。

一天课后，他在画板上画了两个图，左边画的是在地平线上长出一棵高高的大树，右边画的是一座高山，在山顶长了一棵矮矮的小树。他问我们哪棵树高，同学们一时摸不着头脑。张先生笑着说，一个班假如就像一个高山，班里有一个同学稍稍拔尖就能带领全班往上追赶。假如一个班整体水平都平平，只有一个拔尖的，孤立看他好像很高，但实际上海拔高度也高不过那高山上的矮树。经张先生这一解，全班同学恍然大悟。虽说我们都是大学生了，可张先生浅显而生动的比喻却牢牢地扎在同学们的心里，从此同学之间少了嫉妒、少了保守，多了相互指点、相互带动和鼓励。不长时间，全班同学的绘画水平都有了明显的提高。

盯着老师修改作业的动人形象，我偷偷地打开速写夹画了下来。临近的几个同学也都凑近来看。这时张先生转身过来，接过我手中的铅笔在画像的右下角签下“秋海”两个有力的大字，当着全班同学表扬说：很传神，连我作画时歪嘴的特征都让他抓到了。

时光荏苒，转眼四十五年过去了。从画上还隐约能辨认得出那是一九五六年五月十日。

这幅速写像我一直珍藏着，因为这是恩师留给我唯一的最最宝贵的鼓励和纪念！

二〇〇一年九月二十一日

碰头食

刘心武

那是去年秋天的一个下午，植被丰茂的温榆河边，我坐在马扎上画水彩写生，老杜走来走去地采集植物叶片，而汪哥儿则坐在他那辆本田雅阁里，把四扇车门全打开，仰着身子，双手枕在脑后，享受穿过车体的“过堂风”。

我们三个是偶然相识于温榆河畔的。我在离河不远的村子里辟了一间书房，写作之余爱到河边画风景；老杜离休不久，他们干休所就坐落在河东天竺镇，他喜欢采集植物花叶制作标本；汪哥儿别人都管他叫汪总，在河畔高档别墅区里有栋欧陆风情的小楼，有时开车路过温榆河就离开公路把车滑到河畔草丛中，他说是“透气补氧”，我却从他那眯眼凝思的神态，判断他多半还是在盘算生意经，因为问起来他比我和老杜小两轮还多，所以我们只叫他汪哥儿，他每回都拉长声音应承，很受听的样子。

我们又遇到一起，热络地互致问候后，便各司己事。忽听“咩咩”之声，一群绵羊约有三四十只，跟随一位羊倌移动了过来。羊倌是个四十多岁的汉子，我们都跟他打招呼，他也就站住跟我们拉家常。我、老杜、汪哥儿互相虽说也曾在问答间有些个自我介绍，究竟都留有相当余地，但那羊倌听了几句淡问，在我们并不曾寻根究底的情况下，却把他家乃至他们村的种种情况自动透明。原来放养这样一群羊，一年下来的收入约一万二千元。他说羊爱吃碰头食，所以必须每天轰出圈放养。同样的植物，你去割来放进圈里喂它们，它们不爱吃，必得它们自己边走边觅食，才又香又欢。当然，入冬后，留下的种羊只能圈养，喂储存的饲料，那风险就特别大，甭说染了病，就是厌食，胃口不香，不愿交配，也够人烦的。

羊群欢快地寻觅着香甜的“碰头食”，渐渐远去，羊倌也就跟我们道别，随着去了。夕阳裹到身上，暖酥酥的，我画好了画，老杜夹妥了标本，汪哥儿下车看画和标本，仨人闲聊起来，都发表了一番从“碰头食”引出的感慨。

我说作家写作，最好也还是从“碰头食”里获取营养。阿根廷有个著名作家叫博尔赫斯，长期在图书馆里工作，博览群书，浮想联翩，他的小说灵感差不多全来自于“圈食”，虽然奇诡精致，究竟缺乏时代脉搏生活气息，好多年里好多人都说他该得诺贝尔文学奖，但直到前几年他溘然仙逝，仍与该奖无缘。倒是像君特·格拉斯那样的爱吃“碰头食”即乐于追踪现实发展轨迹、撷取鲜活素材的作家，虽争议很大，倒能“蟾宫折桂”。当然奖项也并非评判作家成就高低的圭臬，从读者角度衡量，白菜萝卜各有所爱，我自己所钟爱的文学创作，还主要是吃“碰头食”那种路数的产物。

老杜却说，哎呀快别提“碰头食”，在位的时候，整天吃“碰头食”，这顿是宴请别人，那顿是别人宴请，该到哪儿吃饭，全听秘书提醒，就是“工作餐”，往往也得司机接送、秘书引进才知道订在了什么地方，一年到头难得在家里吃顿“圈食”。直到离休以后，这才知道“圈食”比任何生猛海鲜、法式大餐都更可口，那因为连连吃“碰头食”而形成的滚圆“将军肚”，现在凭借“圈食”加步行采集植物标本，才算平复到可以拍侧面照的形态。

汪哥儿听完我们的话呵呵笑，说二位老伯你们怕都猜不出我的心思。他说对他来说，把握事业的关键是既要有充足的“圈食”，更要善于吃“碰头食”。搞经济，无“圈”就成了“皮包公司”，无“圈粮”就只能是整天想着“空手套白狼”，不仅难获成功，还容易酿成大祸。但是光知道“守圈”，只靠“圈粮”那是吃不成“壮汉”的，必须还要善于吃“碰头食”，就是绝不能错过机遇，一定要带露折花，常保鲜活。他说经济活动都带有一定的投机性，吃“碰头食”是一种投机行为不假，但投机要以“游戏规则”厘定的范围为度，羊是天然知道什么能吃什么有毒绝不能沾，搞经济的人吃“碰头食”可没那个“本能”，所以，要在实践中磨炼，在岁月中成熟……一顿话，把我和老杜听呆了。

那天晚上，我在书房灯下检视自己的水彩写生，画面上有在柳林下蒿草中觅食的羊群，我忍不住在画角题上了“碰头食”三个字。

二〇〇二年一月二十一日

花开依旧忆江南

格　非

洪皓，字光弼，番易（今江西省鄱阳县）人。他是南宋时期的一位大臣，为人耿直，富于胆识。

然而，当时的南宋王朝十分懦弱无能。建炎元年（一一二七年），宋高宗逃往扬州。金人随即以大军分路追击。抗金名将宗泽率部抵抗，准备起兵渡河，收复失地；并上疏高宗，请迁都回开封，以安定民心，振奋士气。但宋高宗赵构一味妥协投降，致使金兵再度南侵。公元一一二九年二月，金兵直逼扬州。赵构仓皇逃往杭州，并派洪皓以礼部尚书的名义出使金国，请求金主罢兵。

洪皓对朝廷的妥协投降政策十分不满，他到了金国之后，不愿卑躬屈膝，常常据理力争。金主见他气宇轩昂，才华出众，就想收降他。他却豪迈地说："我生为大宋人，死为大宋鬼，何必多言！"金人见软的不行，就以死相威逼。洪皓仰天长笑，毫无惧色。金人便问他，死到临头，为何还笑。他正气凛然地答道："我们中国有句古话，叫作'民不畏死，奈何以死惧之'！死，有何可怕呢？民无不死，司马迁说过，死有重于泰山、轻于鸿毛之别。我为国为民，即使被你们杀了，也是死得其所，重于泰山矣！这样的死，流芳百世，为何不笑？！"说完，他又对金人破口大骂。金人无奈，就把他放逐到冷山。

开始的时候，金人把他和羊群关在一起。久而久之，牧羊人见他刚正不阿，忠心报国，誓死不屈，十分钦佩，便处处暗中保护他。

一天，他见雪中寒梅怒放，心想，这梅花在冰中育蕾，于雪里开花，这种不畏寒威、独步早春的精神，显示了它刚强的意志和崇高的品格，实在值得人们效法。由此，他又联想到宋朝帝都杭州，此时又该是一番怎样的景色呢？他浮想联翩，便作了一首词，词云：

去年湖上雪欺梅，片云开，月飞来，雪月光中无处认楼台。今岁梅开依旧雪，在如月，对花笑，还有谁？

一枝两枝三四蕊，想西湖，今帝里，彩笺烂绮，孤山外目断云飞，坐久花寒，香露湿人衣。谁作叫云横短玉？三弄彻，对东风和泪吹。

洪皓一直被金人放逐冷山达十五年之久。十五年中，他时时怀念故土和百姓。绍兴十二年（一一四二年）七月，他终于回到了临安。按说他出使金邦，坚毅不屈，于国有功，应该加官受赏，但因为他与当朝奸相秦桧不和，反而被出知饶州。后来又降为通判，改濠州团练副使，安置英州。不久，他就死去了。一代忠臣，却落得这样的结局，真是令人愤慨。

二〇〇二年二月十二日

暗香疏影话姜夔

张　锲

近些年来，在海内外的学术界和我的家乡安徽合肥，悄悄兴起了一股姜夔热。其热度有增无减，研究日益深入，逐渐引起广泛的注意。

姜夔，字尧章，因喜爱浙江吴兴“白石洞天”的胜景，自号“白石道人”。他是我国文学史上一位重要的作家，其成就是多方面的。他精音律、工书法、善鉴赏，诗词和文章俱佳，尤以词为当世及后世所推崇，是公认的南宋时期的格律派词宗，在词史上影响深远，其诗词集版本之多和后人学他的人数之众，都是词人中少有的。但他却一生不得志，屡次应试均落第而归，始终未能踏入仕途。为了维持生计，只得流寓四方，以依人和卖文鬻字为生，足迹遍及江西、湖北、湖南、浙江、安徽。他在安徽合肥时，结识了一位弹琵琶的及另一位弹筝的两姐妹，并和那位弹琵琶的女郎产生了终生不渝的情愫。在他现存的八十多首词中，据考证有二十五首都是写给或是因思念那位琵琶女而写的，占其全部词作的将近三分之一，可见其情愫之深、思念之切。因此，他虽然是江西鄱阳人，却把曾在合肥住过的赤阑桥畔当作自己的又一个家。他的交游广阔，和当时的名人杨万里、范成大、陆游、辛弃疾、朱熹等都有交往。但他却并非钻营趋势之徒，尽管生活拮据，却一直保持着一个布衣文人淡泊自处的襟抱。有人要为他捐官并以田产相赠，都被他婉言谢绝了。晚年老死西湖，仍然一贫如洗，连他的安葬费用都是朋友们资助的。

对于这样一位领一代风骚的诗词大家，同时还是卓有建树的大音乐家、大书法家、鉴赏家，我和其他一些同时代的朋友一样，曾经在不同程度上走入过误区，片面地完全不顾历史条件地对姜夔其人其作品提出种种苛求。认为他在宋王朝被迫南迁，国家和人民饱受战乱之苦的时候，没有写出像陆游、辛弃疾、岳飞等人那样充溢着爱国情怀、脍炙人口的名篇，其思想性不强，教育意义不大，从而也就一味对其作品贬抑排斥，连一些公认的艺术精湛的作品，也不屑一顾。这种思想，当然是受到那时一些“左”的文艺思潮的影响，但也和自己的无知以及没有认真阅读过姜夔的作品有关。

一九九一年秋冬之间，我受中国作家协会和中华文学基金会的委托，到美国去为中国人民的老朋友海伦·F·斯诺颁发“理解与友谊国际文学奖”，顺道去拜访了在纽约州立大学工作的作家於梨华夫妇。纽约州立大学东方系的几位教授设宴接待了我们。这几位教授都是造诣颇深的汉学家，虽然都是美国人，华语却说得比我们还流利地道。当问及他们正在做什么学术研究时，其中有人立即说到南宋时期的姜夔和范成大，对他们尊崇备至。我因为所知甚少，不禁有些张口结舌，茫茫然不知如何应对，受到很大的震动。由美归来后，连忙找来姜夔的作品和有关的研究资料进行补课。虽然读得仍不仔细，总算有了个一知半解。这时才感觉到自己对姜夔的认识实在过于肤浅、偏激，不仅违背了艺术规律，也和当时的历史现实相去甚远。

姜夔生于宋高宗绍兴二十五年（一一五五年），卒于宋宁宗嘉定十四年（一二二一年），享年六十七岁。他生下的那一年，正是秦桧死去的那一年。上距靖康之乱三十年左右，距岳飞含冤而死十年左右。其间经过几十年的兵连祸结，直到南宋王朝迁都杭州后，和战之争一直是个焦点。先是北方的金主完颜亮举国南侵，兵败身死；然后又是南宋的主战派将领张浚率师北伐，也以失败告终。事实说明，那时的南北两方都没有力量吞并对方，所以才会有一一六四年的隆兴和议。这时的姜夔只有九岁。他的创作高峰期主要都在隆兴和议之后和一二〇六年的开禧北伐之前。在这段时间内，南北对峙的局面已渐趋稳定，南方和北方的经济都有所发展，文学也有一定的繁荣，和战之争也不再有过去那么激烈。直到姜夔去世后十三年的一二三四年蒙古灭金，一二七九年元灭南宋，我国的南方足有一百一十多年相对稳定的和平年代。对于这一段历史，史学家们可以有各种不同的评价，但在深入探讨姜夔的诗词创作时，无论如何也不能忽视这些社会背景。

许多作家都已经指出：文学艺术有多种功能，有教育的功能、认识的功能、审美的功能，还有娱乐的功能等等。唯其如此，才会出现百花盛开的繁荣局面。我国古典文学的遗产，是一个丰富的、博大精深的宝库。唐诗、宋词、元曲、明清小说里的名家名篇，数不胜数，它们都是我国人民直至全人类的精神财富。宋词里有豪放派、婉约派、格律派之分，姚黄魏紫，各有所长，后学者应该不持偏见，兼收并蓄，采纳百家之长，才能真正把这份财富继承下来，并发扬光大。新中国成立以来，我们在如何继承文学遗产方面所产生的历史教训，又岂止是对姜夔一人？！中山大学对古典文学和姜夔深有研究的学者王季思教授，在他已经是九十高龄的一九九二年，还写了篇评析姜夔的《暗香》《疏影》两首词的长文，坦诚地检讨了他于五十年代在北京大学编写中国文学史时，受到“左”的思潮影响，抬高豪放派，贬低婉约派，对姜夔做了些不公正、不实事求是的评论。他为此常感到歉疚，希望为姜夔平反昭雪。王季思先生的精神是令人感动的。他到耄耋之年还和剧作家工冠亚同志合写了五集关于姜夔的电视剧。很可惜，他们的电视剧由于多种原因，直到王季思先生逝去，也没能和观众见面。

对于姜夔在词的艺术以及其他一些方面的杰出成就，前人已经有相当多的论述。普遍认为：他在柳永、周邦彦的婉约妙曼和苏东坡、辛弃疾的刚健雄奇之间，开创了一种新的风格，走出了一条新的路子，使宋词的晚期展示出新的姿采。他的作品，讲求艺术性和音乐性，意境悠远深邃，辞句雅正工丽，结构完整严谨，音律和谐精密，有词中之圣的美称。他也并非没有写过一些关怀国事、感怀时局的佳作，例如他在青年时期写的《扬州慢》，其中有句云："过春风十里，尽荠麦青青。自胡马窥江去后，废池乔木，犹厌言兵。渐黄昏，清角吹寒，都在空城。"写金人南侵后给扬州这座名城所造成的破坏，融情于景，情景交汇，今后人在千百年后读之，仍为之唏嘘不已。还有他在一二〇五年所写的步辛弃疾北固楼词原韵的《永遇乐》，其中有句云："楼外冥冥，江皋隐隐，认得征西路。中原生聚，神京耆老，南望长淮金鼓。问当年，依依种柳，至今在否？"写中原人民经过多年生聚，盼望进军北伐收复失地的金鼓声，其情其景，也应算是姜夔词中的豪情健笔。

比较起来，姜夔咏物抒怀以及写人生况味、旅途情思，尤其是男女爱情的作品，则占据着他的全部作品中更加重要的位置。被认为是他的代表作《暗香》和《疏影》两首词，借梅花托意，慨叹自己的身世飘零之恨和伤离念远之情，词论者中有人甚至称其是"寄意题外，包蕴无穷""前无古人，后无来者"的千古绝唱。他和合肥琵琶女的那段爱情，缱绻情深，感人肺腑，其情感之真挚持久，所写诗词之优美缠绵，都堪称是我国古代文人爱情史的一段难得的佳话。许多著名诗人都写过一些爱情诗的名篇，把姜夔所写的有关琵琶女的诗词和那些名人的名篇相比，其数量之多、品位之高、用情之专、流传之广，都是很少有人可以与其匹敌的。

姜夔是一位多才多艺的大师，他对我国古代文化艺术的重要贡献，还表现在音乐、书法以及鉴赏等许多方面。他在音乐方面，有自成一家的理论，曾先后向朝廷上书《大乐议》《琴瑟考古图》以及《圣宋铙歌鼓吹曲》，评述古今乐制、乐曲、乐器之得失，指出当时音乐中的一些不合理、不和谐的现象，提出了诸如确立音高的统一度量等建议。他还自度新腔、改造旧谱，并为自己所写的十七首词注明工尺旁谱，至今仍留存在他的词集《白石道人歌曲》中，成为我国音乐史上的瑰宝——唯一的南宋时期的词和乐谱的合集。

他在书法方面，也有很高的成就，其所著的《续书谱》和《绛帖平》以及他保留下来的墨迹《跋王羲之兰亭》《跋王献之保母志》等，历来为我国书法界和书法爱好者所看重。他的书法著作倡言书法美感基于人的品格修养与创作时的客观条件，把“人品高、师法古”作为追求书法神韵气格的首要条件。他反对唐人的千篇一律与刻意求工，力求灵活变化、自然洒脱。这些得自他的书法实践经验的甘苦之谈，对于今天的我们，依然很有学习和借鉴意义。他一生好学好客，史书上说他“家无立锥，而一饭未尝无食客。图史翰墨之藏，汗牛充栋”。

他在金石方面也很有研究，曾著有《集古印谱》二卷。由于年代久远，资料散失，他是如何在家无立锥的情况下，成为一个精于鉴赏的收藏家的？其中必定有很多珍闻逸事，现在都难以查证了。

在姜夔的作品中，有不少都是和合肥这座古城联系在一起的，其中提到合肥、淮南等处的文字比比皆是。合肥是南宋时期的边城，南北战争的前沿阵地，姜夔在合肥居留的时期，南北对峙的局面虽然已经形成，战争留下的伤痛却仍然随处可见。他就是在那样的历史背景下邂逅那位弹琵琶的女郎的，那场爱情的悲剧结局也和战争有关。姜夔通过个人的遭际，真实细致地再现了那个时期合肥地区的风物人情，使人们如历其境，如闻其声。作为一个曾经在合肥生活和工作过的安徽人，我对于他所写的《淡黄柳》和《凄凉犯》两首词及其小引，都分外欣赏，并且深有所感。《淡黄柳》的全词云：“空城晓角，吹入垂杨陌。马上单衣寒恻恻。看尽鹅黄嫩绿，都是江南旧相识。正岑寂，明朝又寒食。强携酒，小桥宅，怕梨花落尽成秋色。燕燕飞来，问春何在，唯有池塘自碧。”《凄凉犯》的上阕云：“绿杨巷陌秋风起，边城一片离索。马嘶渐远，人归甚处，戍楼吹角。情怀正恶，更衰草寒烟淡薄。似当时，将军部曲，迤逦度沙漠。”这两首词都写了合肥的柳色，一是春柳，一是秋柳，却都一样凄凉，一样依依可怜，一样牵动了旅居外地的人们的乡情。《淡黄柳》的小引里还提到他曾“客居合肥南城赤阑桥之西”，那时的赤阑桥应该是在解放后的合肥桐城路黄梅剧团住处附近。最近听说，由于多方面的努力，合肥市人民政府已将横跨城南银河公园的一座大桥正式命名为赤阑桥。市园林局还打算在赤阑桥畔建立“白石知音”人文景点。经历了那么多历史沧桑，赤阑桥又恢复了旧时的名称，一生浪迹天涯的词人姜夔，又和他生前始终眷恋不舍的合肥建立了亲密的联系，实在堪称是当今的盛世盛举。

改革开放以来，许多地方意识到文化名人对提高本地区知名度的重要意义，已经做了不少有益的开拓。《姜夔与合肥》的编辑出版，是合肥地区一些老同志多年辛勤劳动的结晶。他们汇集了来自各个方面的有识之士，其中也包括我在少年时代的几位朋友，华东大学皖北分校校友会的一些离退休同志。他们本可以安享晚年，却长期不计名利、不避艰苦，默默无闻地劳作着，四处奔走宣传鼓吹着，终于集腋成裘，完成了这部近四十万言的皇皇大著。他们的顽强执着、认真细致和无私奉献的精神，使我十分感佩，把我也从被动的、不太自觉的状态中逐渐带动了起来。这部集子虽然收集的大都是姜夔与合肥的文章和资料，但姜夔又何止属于合肥一市一地，他属于全中国，属于全人类。编辑诸公曾向我说，他们只是希望用自己的引玉之砖，来激起重重波浪，引起安徽各界以及全国各地关心这一问题的专家学者的注意，使关于姜夔的研究更向前推进一步。

令大家感到高兴的是：对姜夔的研究，已经受到安徽及合肥有关领导的热情关注。《姜夔与合肥》的编辑出版就是在省市宣传文化部门的支持下进行的，合肥市的有关领导也对一些政协委员提出的“把姜夔接回合肥”的建议做了研究安排。在今年的全国人大和全国政协的会议上，我还曾就姜夔的研究和这部文集的出版，向中共安徽省委副书记、省政协主席方兆祥同志做了汇报，得到他的充分肯定。安徽的各项工作现在都有了很大发展，在思想文化领域里也做了许多正本清源的工作，比如为多年来备受冷落的中共创始人之一、“五四运动”的文化旗手陈独秀修了墓，为建国以来长期受到不公正对待的张恨水建立了纪念馆。这些举措都受到文化艺术界的普遍赞扬。如今，又对和安徽合肥有着深厚情谊、同样较长时间不被看重的姜夔厚爱有加。所有这些都只有在今天这样和平安定、欣欣向荣的社会环境下才能出现的。

姜夔生于乱世，死于乱世，却在逝去八百多年之后，欣逢中华民族的又一太平盛世，如果他泉下有知，亦当笑慰九泉了！

二〇〇二年五月二十日

真情：艺术的灵魂

武季梅

非常感谢中国文联、云南省人民政府、中国舞协、云南省委宣传部、云南省文联、云南省文化厅等单位在组织首届中国舞蹈节（二〇〇二年四月二十八日至五月十八日）期间，组织“专家采风团”于四月三十日至五月六日到大理、丽江、中甸（香格里拉）等地进行为期一周的采风学习活动，并由云南省文联刘鸿渝副主席全程陪同。该团是以中国舞协主席白淑湘为团长的一行十一人。我有幸作为其中一名成员得到了这样一次难得的学习机会，感到格外珍贵。虽然时间很短，但却受益颇深。

《送别歌》

我们从海拔近五千米高的玉龙雪山下来之后，下午赴黄山乡民俗村进行纳西族民间歌舞采风活动。当我们进入一家宽敞的农家大宅院时，受到了主人热情款待。为我们表演的是由这一大家族成员组成的业余纳西族民间歌舞表演队，其中女性为多数。他们大多年龄为三四十岁，有的已经五十多岁了。从他们表演的一个个纯朴的节目中，使我感到他们心中的热情、友爱、善良和对本民族文化的虔诚。由于他们定期组织民间歌舞队的练习与表演活动，致使这个大家族成员之间相处得非常和睦。

当他们表演了几个节目之后，便邀请我们从宽大走廊的“观众席”下到四合院的表演场地，与他们一起围成圆圈手拉手地学跳纳西族民间舞蹈。虽然动作并不复杂，但我从中感到了一种内含的情感、韵味和分量。这，不只是简单而粗略地模仿动作表象就能得到的。我努力去感受，去体味，去领悟……

到了该说“再见”的时候了，十几位身着纳西民族服装的妇女为我们唱《送别歌》，边唱边送我们直至大路口。领唱的女主人一直拉着我的双手边唱边走……我费了很大力气还是不能抑制自己的眼泪。当我们分手之后我不敢回头，却又不由自主地回头看去，她们还在远处边唱边向我们依依不舍地挥手……这时，我忍不住号啕大哭起来，并捂着脸感到很难为情……我加快脚步追赶我们的“队伍”，发现就在我的斜前方李承淑也在流泪不止，现在有伴了，我俩手拉手边哭边往前赶路……

过后我在思索，为什么《送别歌》如此动人心弦？除了曲调很感人之外，我想更重要的是演唱者发自内心的深情在起着无穷魅力之作用。如果在学唱这首歌时，只外在地模仿曲调和唱词，不动真情，其效果想必绝非如此。

一位学者气质的主持人

《纳西古乐》晚会在丽江东巴宫出演，主持人是位身着中式长袍、花白头发、具有学者气质的先生。他的语言发自内心，并颇具诗意，讲述的内容充满知识；他以对纳西族文化历史的尊重、热爱之真情，为整个晚会营造了文化意境，致使作为一名观众的我，被该晚会所深深吸引。

晚会由器乐、声乐、舞蹈、歌舞节目组成，被主持者介绍相关的纳西族历史、文化知识融会贯通。表演者们个个以真情投入，好似身临其境。器乐节目的领衔者是位东巴老者，一身威严气质，不但被全台表演者由衷崇敬，就连台下观众也为之肃然起敬。

给我留下深刻印象的节目之一，是胜仗之后祭奠敌对方亡魂的舞蹈。按常规，打胜仗之后一定是欢呼、庆祝，但，该节目展示的情景却是在反常规。主持人介绍：“纳西族是热爱和平的民族，他们一贯与邻国友好相处。自古以来，在打败侵略者之后，都将对方阵亡的尸体运回他们的国度，并以本国阵亡将士同样的仪式祭奠他们的亡魂。因为，在纳西族人民的眼中，不管哪一方战士阵亡都是人类的不幸。”这，使我从中感受到了纳西民族精神的境界高度。主持人还介绍：“纳西古国很小，纳西文化所以能完整地保留至今，主要原因除去纳西族非常尊重自己的文化外，还非常尊重其他民族的文化，特别是努力学习、吸收汉文化以发展自己的文化。这个民族很豁达，他们欢迎其他任何民族到这里定居，并与其和睦相处，允许任何宗教信仰共存。纳西族原本无姓，只有名。明朝皇帝朱元璋为其头领（土司）赐姓为‘木’，是将‘朱’字去掉一撇一横而来的。此后，纳西上层家族均姓‘木’。该土司又为黎民百姓赐姓为‘和’，是将自己的姓‘木’字上面加上一撇，以示百姓劳作时戴草帽；右边加上一个‘口’字，是因妇女劳作时背篓。从此，纳西人只有两种姓：‘木’与‘和’。”

此时，我联想到当日下午参观“丽江木府”时所得到的纳西族有关的知识，该晚会以艺术形象方式更加深了我的感受和印象。“丽江木府”好似小故宫，很有气势，但木土司与夫人的卧室却很小并简朴。讲解员介绍：“当时将大殿建造得像北京故宫一样的气势，土司说是为了扬国威，这是大事；而卧室的简朴是因为这是为起居，是小事，不必浪费。木土司信仰道教，而他却允许其夫人继续信佛教。说明，当时他的思想就非常豁达。”

《纳西古乐》晚会在一个不大的、观众席全是旧式木椅的旧戏院演出，却一连数十日每晚两场，场场爆满，甚至还需在通道上布满加座。为何他们如此得到观众的青睐？而此时此地在新建的大剧场，宽敞的软椅座席，现代化灯光、布景、转台和庞大的专业阵容、豪华的服饰，演出的也是民族歌舞节目，可对于广大观众却未具吸引力。看来，原因可能是我们的编导、演员在创作节目和表演时，失掉或忽略了“艺术的灵魂”。

二〇〇二年九月十七日

漫说张子房

霍　达

司马迁作《史记·留侯世家》之时，鉴于汉高祖刘邦早已说过“运筹策帷帐之中，决胜于千里之外，吾不如子房”这样的评语，太史公便先入为主，猜测张良一定是“魁梧奇伟”的英雄状，乃至在采访中见到了张良的画像，却发现此人“状貌如妇人好女”，好自诧异了一番，并如实记载在他的大作之中，留下了颇堪玩味的一笔。

张良的“妇人好女”相貌，我辈已不复得见。但司马迁生活的年代距汉初不远，所见张良画像应当是可信的。虽然太史公也承认“以貌取人，失之子羽”，但他还是有些迷信，在《史记》中对历史人物的相貌多有记述，如秦始皇“蜂准，鸷鸟膺，豺声”，汉高祖“隆准而龙颜，美须髯，左股有七十二黑子”，等等，都在描写中不知不觉地掺进了感情色彩，给读者留下了“以貌取人”的暗示。那么，叱咤风云的英雄张子房，竟然生得一副女人模样，这可怎么说呢？

张良，字子房，其先韩人也，姓姬氏。其祖父姬开地，相韩昭侯、宣惠王、襄哀王；其父姬平，相釐王、悼惠王。这是一个五朝元老的贵族家庭。悼惠王二十三年，姬平去世；又二十年后，秦灭韩。当时子房还很年轻，没有来得及做韩国的官，但国破家亡却让他尝到了切肤之痛，于是不惜倾家荡产而谋求刺客，以灭暴秦，报家国之仇。后来，他终于访得一位力士，认为可堪重托，便铸铁为椎，重一百二十斤，趁始皇东巡之际，让那位力士潜伏道旁，待始皇车队驶过，力士借风沙作掩护，奋力抛出铁椎，却误中了副车，没有成功。秦始皇帝狡猾得很，他乘坐的那辆金根车，有八十一辆副车作掩护，使刺客难以辨明目标，力士手中的铁椎虽然厉害，竟未伤始皇一根毫毛，有惊无险。始皇下令全国搜捕了十天，却也没有抓到力士和子房。子房逃亡隐匿于下邳（今江苏邳州市），更名改姓，大约从那时才姓起“张”来。

这是历史有载的张良第一个惊天动地的行动，可与荆轲刺秦相伯仲。但张良不像荆轲那样被他人雇作杀手，而是怀着家国之恨向始皇复仇，可谓事出有因，正如那句名言：世上决没有无缘无故的恨。如果把张良的故事编成影视剧，应该比荆轲刺秦更合乎情理，也更好看。当然，张良毕竟是个文人，没有足够的武力和膂力。要不了一百二十斤的大铁椎，所以才假手于那个没有留下姓名的力士。由此，似也可以印证他“妇人好女”的相貌。

此番刺秦未果，张良闲游于下邳沂水桥头，遇见了他后来终生不忘的恩师黄石公。老人故意把鞋子扔在桥下，谓张良：“孺子，下取履！”张良竟然忍受了这种倚老卖老的傲慢，下桥为老人取了鞋子，且为老人“长跪履之”。经过几番考验，老人赐张良《太公兵法》，使之成大器。苏轼《留侯论》曰：“古之所谓豪杰之士者，必有过人之节。人情有所不能忍者，匹夫见辱，拔剑而起，挺身而斗，此不足为勇也。天下有大勇者，卒（猝）然临之而不惊，无故加之而不怒，此其所挟者甚大，而其志甚远也。”极赞张良之勇。苏轼认为黄石公并非鬼神，而是秦末“隐君子”，“以为子房才有余，而忧其度量之不足，故深折其少年刚锐之气，使之忍小忿而就大谋”。此说极有见地。苏轼并且极而言之，认为楚汉相争，刘胜而项败，关键在于“能忍与不能忍之间”，而刘邦的“忍”，则得之于张良的指导。

在刘邦漫长的政治、军事生涯中，张良确是一位卓越的参谋，多次在关键时刻出了关键的主意。刘邦攻下咸阳之后，入秦宫，“宫室帷帐狗马重宝妇女以千数，意欲留居之”。樊哙谏之，不听，而张良以民谚“良药苦口利于病，忠言逆耳利于行”导之，使刘邦还军霸上。鸿门宴前夕，张良以公关手段联络了项伯作内应，又在宴会紧迫之际代献白璧玉斗，掩护刘邦脱逃。项羽围荥阳，刘邦听信郦食其之计，“复立六国后世，……楚必敛衽而朝”。张良八数其弊，及时阻止，不然将坏了大事。凡此种种，皆非大智大勇者不可为，假设没有张良，刘邦也许早就全军覆没了。

如果说，张良早年博浪刺秦以至后来参加农民起义都是为了报亡国之仇，那么在秦亡之后，这个仇已经报了，他却仍然不肯罢休，继续辅佐刘邦与项羽对垒，“为韩报仇”的原始动机就难以说得通了。尤其在劝阻刘邦立六国之后时，张良竟然说：“今复六国，立韩、魏、赵、齐、楚之后，天下游士各归其主，从其亲戚，反（返）其故旧坟墓，陛下与谁取天下乎？”他所反对者，其故国韩首当其冲，这说明张良的思想早已突破“复仇”的局限，而以统一天下为己任了。

刘邦灭楚，大业成就，张良功高盖世，但他却从未为刘邦领兵打仗，“常为策划臣，时时随汉王”。据说是因为“张良多病”。刘邦对他是极其器重的。汉六年正月，本欲封张良为齐侯，食邑三万户，而张良固辞：“臣愿封留足矣，不当三万户。”于是为留侯。刘邦左右大臣皆山东人，主张都雒阳，只有张良支持刘敬之说，极言关中之利，力主都关中。随刘邦入关之后，天下大定，张良便称病杜门不出，学导引辟谷之法，练起气功来了。晚年更“愿弃人间事，欲从赤松子游耳”。他的这些行为，都是常人所不可思议的。张良“状貌如妇人好女”，体格当然不似樊哙、周勃那样强健，因此在战争年代不可能扮演冲锋陷阵的角色，这很容易理解。但功成名就之后主动称病退居二线，恐怕就不只是出于健康原因了，“飞鸟尽，良弓藏；狡兔死，走狗烹”才是他真实思想的表露。一个极富进取精神的战略家，晚年却唯恐功高震主，变得消极谨慎，虽然避免了个人的悲剧，却本身就是历史的悲剧。

张良的一生，可谓大起大落、大开大阖，先是知难而上，奋发进取，将自己的潜能发挥到极致，最大限度地体现人生价值；而后知其不可为而不为，急流勇退，最大限度地保护自己，都是非凡智慧的表现。他没有君临天下的野心，所以才有进退自如的明智。他早已参透了功名利禄，却又不肯清静无为地虚度此生，着着实实轰轰烈烈地大干了一番事业，这只能解释为历史的责任感、使命感使然。时代造就了张子房，在秦末汉初风起云涌的天空，他像一颗流星，发射出耀眼的光芒，然后自己燃烧了自己，在灿烂河汉中消失了。

张子房，一位“状貌如妇人好女”的奇男子，一位兼具阳刚阴柔之美的伟丈夫。

二〇〇三年三月一日

又回“老家”

叶文玲

刚在一篇小文中道过“羊年吉祥”，吉祥之年开初果传吉音——我又回“老家”了。

这个“吉音”就是有着全国政协大红印章的邀请函：经九届全国政协常委会通过，我为十届全国政协委员。

又见到了这页“抬头”熟悉的公文信笺，又见到了这枚熟悉亲切的政协会徽!

我将当政协委员说成“回老家”也许不甚恰当，但比喻心情，却是非常贴切的。

记得二十年前（一九八三年）在河南，一个大雪丰沛的时日，忽然得到通知：我被举荐为第六届全国政协委员。与此同时，我的兄长叶鹏，也光荣当选为六届全国人大代表。

真不知道怎样形容彼时的欢愉，两会召开前夕，《光明日报》记者一篇《党的阳光照耀知识分子的心》的整版文章，真切地描述了与我们兄妹同命运又共享春回大地之悦的中国知识分子的心境。

此后，我在政协这个陌生又亲切、新奇而熟悉的“家”，开始了全新的“参政议政”的政治活动。一九八六年，我调回浙江，承蒙故乡父老的厚爱，第七届、第八届，我依然被推举为全国政协文艺界委员。十五年的全国政协会议，结识了许多师友，留下了无数难忘的记忆，那一次次的会议，动人盛事不胜数，一年一度的相聚，包括委员中许许多多的趣闻逸事，都成了最值得回味的缅怀。

这十五年，我也无例外地列席了所在地——浙江省政协的全会和常委会，亲见委员们履行参政议政的职责，建言献策，多次参加各种形式的视察活动，了解并反映社情民意，竭尽自己的绵薄之力。这十五年，我与全国以及省内外的许多政协委员都成了莫逆之交。我深感政协确实是人才库，和政协委员中那些德艺双馨的人在一起，真正是仁者如师、智者胜友、获益匪浅。因此，无论是全国政协所在地，还是近在咫尺的省政协大院，都成了我最感亲切的所在，每次走近它或走进去，总不由地涌上一种“回家”的感觉。

八届全国政协的最后一年，我以长文《素心长似香山雪》，尽情抒写了我的感受，十五年在历史长河中只是短暂一瞬，但在政协这个大家庭度过的时光，却如镌如刻，成了折叠在我脑海里永不风化的书页。

故而，当第九届我“转”而成为全国人大代表时，虽然是参政身份的转换，但我却像乍别相聚多年的家庭和亲人，刹那间，有点儿不是滋味，怅怅依恋的心情，好一阵没有平复。

所以在人大会议期间，但凡可能，我总要去看望政协的老朋友，几位年事已高不再任职的文坛艺坛耆宿，虽然难得碰头，但传递有青鸟，相通凭鸿雁，珍贵的友情至今犹存。

眨眼间又是五年，我没有想到，重当政协委员的吉音，又在早春时刻飞来。

今年杭州的天象很有点儿特别。入冬一直暖和，开年初春倒下了一场雪。北方下雪司空见惯，杭州见雪就稀奇了，怪不得雪花飘下的那天晚上和次日清早，西湖边人头攒动，热如春潮。我明白：人家要争抢的，不单单是“断桥残雪”的好镜头，而是与吉祥的羊年一起来临的这份好景致和好心情。正是好景致引发“回老家”的感觉，马上就跃入心田。

也正是好心情驱使，我想起晚清史学家、文学家龚自珍的药石之语：“多识前言蓄其德，莫抛心力贸才名。”

旨哉斯言！在政协这个大家庭，当以前贤的训诫为规箴，继续努力学习，再尽委员的职责。

“回家”的感觉真好！

二〇〇三年三月一日

西拉沐伦河漂流

张抗抗

西拉沐伦河来自兴安岭南端的湟源河谷，为商代先民的摇篮。据说湟源的沙丘若垄似链，形成盆地，泉水自谷底沼泽中涌出，万泉竞喷，汇成水泊。上游石壁对峙，悬崖叠起，水流湍急，轰若雷鸣，有小三峡之称。契丹辽太宗耶律德光及乾隆皇帝，曾寻访西拉沐伦河源头并题诗称颂。几百年过去了，西拉沐伦依然奔流不倦、生生不息。

我见到的西拉沐伦，已是中下游地段。水势略减，趋于平缓，灰黄的河水，坦然自若地穿过两岸苍郁的灌木。河道时宽时窄时隐时现，在岸边的高地远望，像一条林中秘道。

我独自一人浮在水面，悠悠然顺河而下。

前后左右都是水，急促而安稳地流淌。触手可及筏子外沿冰凉的河水，倾耳是流水汩汩的哗响；我闻到了河面上飘来弥漫着青草和湿土的甘甜气息，清洁着我的呼吸；隔着充满弹性的橡皮筏子底部，能感觉到水在暗处使劲。整条河像是一个巨大的漩涡，无休止地旋转着，就连天空也已消失在水里……

西拉沐伦，你从哪里来，带我去哪里？

没有帆，也没有罗盘，我是一座移动的孤岛，或是一块南极崩裂的浮冰，在水上漫步。

那一天下午，阳光早早隐没，从草原上吹来的风已有凉意；河面上没有闪烁的光斑，水是朴素平淡的本色，甚至显得有些冷漠。

橡皮筏子下水的那一刻，只觉得身上的热气忽地被河水吸走了大半；波浪起伏，筏子颠簸起来，身子晃了晃，人就晕了，睁眼闭眼都是流淌的水。阴郁的河面，如同一条狭长的陷阱，会把人吸进去。心倏然抽紧，生出几分恐惧。

先后下水的同伴，筏子都已迅速四散，各自荡漾开去，橙红色的救生衣犹如曲水流觞的酒杯，不由自主地朝下游行走。我无法驾驭自己的筏子向任何人靠拢。水下像是有一只看不见的手，控制并离间所有的漂流筏，使得它们彼此之间无从相濡以沫。

四周空无一人，孤独感渐渐袭来，在水面上形影相吊。

那是一个宽阔的河湾，弯曲的河道延伸至此，水中凸起一滩金色的沙洲，像是一个问号下面被放大了的点儿。筏子一往无前，撞向沙滩的边缘，悄然搁浅，无人能来搭救。用木桨撑住河底，胡乱地用力，听见橡皮搓擦着沙滩的声音，像是要揩去水中的痕迹。反复挣扎全然徒劳，筏子像一块磁铁被牢牢吸在河床上。忽而，却又轻轻一颤，猛地弹了出去，迅即将沙洲甩在了后头。却不是桨的力量，而是水流突然改变方向，将我重新送入河道的主流。

水流逐渐加快，如轻舟过峡，一泻数里。眼见河面朝着前方倾斜下去，形成水的梯级坡度。水势忽猛，溅起团团浪花，水下似乎布满阴谋诡计，埋伏着无数道沟壑岔口，路径纠结，像是隐形的魔爪，拽着筏子一会儿往左、一会儿往右，全然没有方向可言。人在水上，对于水下却一无所知，那水看似温情脉脉，转瞬就凶相毕露。束手无策地看着自己的筏子往岸边直冲过去，一头插入密集的柳茆丛，让粗韧的柳条一根根从头顶掠过，任其拍击鞭打，却无从躲避，动弹不得。几回心惊胆战，自以为山穷水尽，流水无情，只能任其戏弄摆布了。绝望之中，水下的魔怪突然大动恻隐之心，那筏子似有神助，只一个华丽转身，自行掉头突出重围，卷入另一股劲流，如同冰上速滑，瞬息间蹿出老远。等到回过神来，人已在河的中央——天高水阔，水平如镜，筏子稳稳地朝着下游航行，一时畅通无阻……如此三番四复，每一次都在险情绝境中侥幸脱逃。再一次误入歧途时，只需坦然用手轻轻撩开树枝，等着撞击河岸那一瞬的力量，将其顶开——旋转——踮脚——凌空——落地时，已在新的起点上。那一套连贯的动作，完成得如此圆熟爽利，像配合默契的双人华尔兹舞步，在河面上一圈一圈地纵情奔放。圆舞曲的乐声从空中传来，微风、鸟鸣、流水声声……

漂流着，无拘无束。若是遇到浪花翻滚的激流险滩，爽性松开水中的木桨，身子一动不动，任随筏子从容漂去——它一个顺势鱼跃，从水瀑上灵巧翻过，稳稳落在水梯的下一层平缓处，衣衫上竟连水花儿都不溅一朵……

目光疑惑地透入水下，似乎隐隐看见了有关命运的昭示，或是另一种解读。

很多时候，人生，生活，就像漂流本身——当水流具有足够的运力时，顺其自然是最好的选择。水下（或是命运）潜藏着我们无法透视的规律，要说随波逐流，其实也就是循着波浪和水流的动向，借力前行而已。

在西拉沐伦的夕阳下，我手里的木桨已不知去向。很多年来，我曾一次次梦见自己用脚尖在水面上行走，就像大海中那条渴望成为人的鱼。

那是一段平缓的河道，几乎感觉不到水的流动。我独自一人悠荡在河上，把身子放平，躺下来，头发几乎垂在水面。雾气洇湿了我的眼睛，水声充盈着我的耳廓，水滴从我的脸颊上滚落：枕河——那一刻我的脑中跳出这两个字。我就这样枕着西拉沐伦河，摇曳、晃动、眩晕……我的身体蜷缩起来，躲藏在一个透明的水箱里，像是回到了母亲的子宫，羊水丰盈而温暖。于是，半个世纪前，曾经在母腹里的种种感受，都被一一记起并重新经历。那时初有人形，在黑暗中分分秒秒地膨胀，寻找生命的出口。就像在河心漂流，只等着那股暖流把你送去人世间……

潺潺水声对我耳语：漂流是流，漂泊是泊；不是漂泊，而是漂流……

我抬起头，头发在滴水，不知是雨是泪。青青的河岸上，有一匹剽悍的白马在低头饮水，忽而扬起脖颈，嘶声辽远；岸边的灌木丛，苍老的根部一大半浸在水里，依然牢牢地抓着河岸的泥土；一大丛紫色的雏菊开得明艳，细小的种子落在水里，也将会去漂流。远处的山峰逶迤，山顶上悬着一团浓云，莲花般地展开几片花瓣，山尖上一棵枝叶清晰的小树，深色的树影恰好镶嵌在云朵里，似莲花的花蕊，吉祥而超脱……

我藏匿于水中，融化在西拉沐伦河的怀里。

真想这样无休无止、无忧无虑、无牵无挂地漂流下去，直到天荒地老。在漂流的途中，每一滴水都是起点；在漂流的路上，每一寸堤岸都可到达终点。

就这样顺流而下，不问去路，不问归途。孤独、宁静。没有同伴——漂流者，彼此已相忘于江湖。

二〇〇七年三月十日

听吴小如先生为美国学员讲戏曲

王小宁

三月二十八日，吴小如先生应邀为在北京学习考察的美国新墨西哥州大学的师生介绍中国戏曲史。当天下午，年届八十五岁但精神依然矍铄的吴先生在学生的陪同下来到课堂，和来自大洋彼岸的这些中国文化的爱好者们进行了两个小时的学术交流。

不同意把京剧译成“Beijing Opera”

吴小如先生一开篇讲，自己退休多年，已经很久不上讲台，今天能有这样一个机会和青年朋友交流自己的看法非常高兴，他希望把个人的观点介绍给大家，这些观点有些可能是被学术界不接受的。

吴先生不同意翻译界或一些西方学者把中国的京剧翻译成“Beijing Opera”。他说，中国的戏曲不是歌剧，中国的戏曲不仅仅是歌剧，京剧是一个更加综合性的艺术。在中国有很多不同的剧种都是以歌唱为主的，京剧也是以歌唱为主，但京剧除了歌唱以外，还有舞蹈、武打、念白、滑稽表演……与歌剧和任何一个西方剧种如芭蕾、话剧都不同。西方的剧种没有京剧这样丰富地包藏着众多的表演要素，从某种程度上说，京剧和西方戏剧不是一个类型。

吴先生认为，西方戏剧起源于古希腊，固然比中国戏剧起源要早，但因此说中国戏剧比较落后是不对的。戏曲的价值取决于其独有的特点和价值，而不是其他。中国舞台上表演的戏，其价值主要是“看”，坐在剧场里“看”，而不是去读它的剧本乃至做历史的溯源。作为中国戏曲的爱好者和研究者，“看”是非常重要的一个环节，如果不多听多看，就不会领悟中国戏的精华。

吴小如先生认为，弘扬戏曲文化要把真正的精华体现出来，偏重于武打和杂技表演的节目不能展现京剧的精华。他以美国学员刚刚看过的《古城会》中一幕为例，指出演员的表演不仅是要让人看翻跟头等表演技巧，主要是让人看其表演所体现出的人物的身份、地位。比如《古城会》中，关羽是旧时中国人的心中的一个神，而给关羽拉马的马童则身份地位完全不同。那么在表演上，拉马的马童可以翻很多跟头，用杂技的方式体现身份，但关羽就不能允许在台上翻跟头。今天有的剧团、演员以为观众喜欢看“翻跟头”等技巧性的表演，于是在戏中加入很多动作，这实际上就把中国京剧传统中表演的程式弄乱了。

孙悟空应该更像人还是更像猴子？

有关孙悟空的戏是招待外宾比较热门的品种，吴小如先生特别提到京剧表演中“孙悟空”的形象。在中国传统的舞台上，孙悟空是什么形象呢？他说，众所周知孙悟空不是一只普通的猴子，他有特定的身份和地位——一只成了仙的猴子、超人。所以，一个扮演孙悟空的好的演员，他应该明白这样一个道理：要尽量改变孙悟空这个形象中动物的特点，使之成为人的特点，表演出一个靠近人类的“猴子”，更多地体现孙悟空身上的“人性”。

吴先生认为在中国京剧的历史上，一九三八年即已去世的杨小楼在表演孙悟空的形象上是一个经典。杨小楼的孙悟空出场的时候，让观众感到这是一个仙、一个超人，是一个具有无法能及的聪明和具有特异功能的“人”。他批评我们现在的年轻的“孙悟空”，常常让人感到他们的表演是在模仿动物园的猴子，甚至是在模仿作为动物的猴子的缺点。比如，模仿动物园里的猴子挠痒痒的动作等。这就错误地理解了中国戏曲的要求和追求，乃至错误地理解了中华戏曲文化的精华和精神风貌。

好演员和好观众

吴小如先生把京剧的表演要素分为三部分：音乐歌舞、武打杂技和幽默讽刺成分。他把戏剧的起源追溯到公元前一千年左右，把戏剧的产生和完善同中国历史上的宝卷和民间讲唱艺术联系起来。他指出，说戏剧的形成同讲唱有关，还有一个例证：中国戏曲形成的同时，中国的长篇白话小说也形成了。传统京戏，很多戏的名字的最后一个字是“图”，如《庆阳图》《忠烈图》《八义图》，特别是有的戏，如《赵氏孤儿》（原名《八义图》）、《断臂说书》等，在剧中即出现以图说事的情节，这些都是早期讲唱文学的痕迹。

吴小如先生还向研究中国文化和中国戏曲的美国客人谈到“什么是好的演员”和“什么是好的观众”的问题。他说，以自己的观点，好的演员善于运用技巧但不会让观众认为他是在卖弄技巧。以梅兰芳和程砚秋用“水袖”为例，两位京剧表演大师在舞台上用“水袖”的技术都极其自然，不会让观众有这是在刻意表演的错觉。《武家坡》中的王宝钏住在寒窑里，戏中有王宝钏进窑洞的动作。程砚秋先生的表演是蹲下，转个圈儿，进洞，水袖自然带过来。而有的演员在演到这里的时候用了夸张的水袖的动作，似乎在提醒观众：“我要进窑洞了！”前后两种表演的对比就说明什么是好的演员，什么是不大好的演员。梅兰芳先生在抗战以后的表演，从一出场，即进入角色，直到演出结束，不给观众任何暗示，从开始到最后都是一个水平和状态的表演。直到演出结束，观众才从角色和剧情中醒悟过来，从而爆发出热烈的掌声。

什么是好的演员？什么是好的观众？在舞台上表演忘记了他是

在演戏的演员是好演员，被舞台的表演吸引得忘记了他是观众的观众是好观众！

黄老师的感动

课程的最后部分是吴小如先生和美国新墨西哥州大学师生的互动交流。在同学们提问之后，负责为吴先生做翻译的、此次来华学术活动的领队、新墨西哥州大学华裔教师、文质彬彬的黄温良老师突然微笑地对着大家说：

“你们如果提不出别的问题，我倒有一个问题请教吴先生——我曾经看过一次梅兰芳先生的演出。

“我是一九四五年看的梅先生的演出，在上海。那时我只有几岁。

“记得那一次人山人海，我的父母带了我去看戏。因为我没有座位，所以就一直站在父母座位中间看。那一天看戏从头到尾我一动不动，大家都很奇怪：这个小姑娘，这么安静，一点儿也不哭闹。

“可因为年龄太小、时间太久了，我一直不知道那次我看的是什么戏，这个戏到底演的是什么。长大后我问过父母和好多人，他们也都不记得了。所以，这成了我一生的一个疑问。

“这出戏我只记得一个片段。就是一个‘公主’——或者很高级的妇女，她和她的父亲失散了。有一个老犯人，对她下跪，她的袖子往后一扬就晕倒了，我当时明白他实际上就是她的父亲。”

讲到这里，吴小如先生打断她的话说：“你不用往下讲了，我知道了。你看的那出戏叫《奇双会》，又叫《贩马记》。那个女人不是公主，是一个夫人。你讲的这个场景是父女二人受尽磨难意外重逢的一场戏，叫《哭监》。”

黄温良老师是新墨西哥州大学的教师，同时也是该校国际文化交流项目的负责人，她一九四九年随父母离开大陆到台湾，然后赴美国读书，长期在美国生活，近年因为工作的关系有机会回到大陆。吴小如先生话音刚落，她就非常激动地快速地用汉语和英语交替说道："今天真是太激动了，吴先生回答了我心中一辈子的疑问。一九四五年，父母领我去看这出戏，戏里父女相逢的场面直到现在就像在我的眼前一样，那时我还是个小孩子，站在父母的膝前，现在我已经白发苍苍，父母早就离我而去。我的父母不在了，我也老了，但今天我竟然知道了这出戏的名字叫《奇双会》……"说着说着哽咽了，教室里响起掌声。

吴小如先生大致向学员们叙述了京剧《奇双会》的内容。他说，梅兰芳先生在抗战期间拒绝演出，抗战胜利后粉墨登台，一时轰动上海，《奇双会》正是当时演出的剧目之一。黄温良老师还关心一九四五年那场戏中扮演父亲一角的演员的名字，吴小如先生说，我没有看那场演出，但以梅先生的班子，应该是王少亭。

最后在这场意外而来的感动中，吴小如先生结合《奇双会》批判了"中国没有悲剧"的学术观点。他说，不能说因为中国戏很多都是大团圆结局，就说中国没有悲剧。中国的悲剧是蕴藏在喜剧中的悲剧，是深藏在背后的悲剧。中国戏不希望观众带着不愉快的、伤心的情感离开剧场，但它会让你在以后慢慢品味剧情的时候，领会出里面蕴藏的不幸因素。这是中国戏剧文化的一个特点。

二〇〇七年三月二十八日

依约是湘灵

周汝昌

凤凰山下雨初晴，水风清，晚霞明。一朵芙蕖，开过尚盈盈。何处飞来双白鹭？如有意，慕娉婷。

忽闻江上弄哀筝，苦含情，遣谁听？烟敛云收，依约是湘灵。欲待曲终寻问取，人不见，数峰青。

——苏轼《江城子·湖上与张先同赋》

山以凤凰名者，不一其地。且道东坡此词，开拍即说凤凰山者，是哪里的风物？答曰：杭州西湖的凤凰山是也。何以知之？不见东坡自言“湖上”乎？湖者，西湖也。若还不信时，请看他同调之词，有一首起头也说“玉人家住凤凰山”，而词题中叙明：“陈直方妾嵇，钱塘人也。”大约可以互证无疑。

此山也，伫秀于湖上江边，水云之境，所以坡云：“玉人家住凤凰山，水云间，掩门关……”此山此水，已大是令人神往心依，而此时何时？偏偏又值“人间重晚晴”之千金时刻。时雨乍晴，微风徐至，何等境界？须看他只用得一个“清”字。雨霁天澄，余霞散绮，又是何等境界？须看他只用一个“明”字。风得水而愈清，霞当晚而方明：一片空灵婉丽，令人读来，不禁心旷神怡，身魂超爽。然而若以为词人之意只在秇山范水，恰便是错了赏析的路头。且看当此之际，坡老又何所属意？难道就在这水秀山明之间，风清霞爽之下，便乐而不知其所之不成？

非也。坡老之心，在一朵芙蕖上，往来掂掇不已。

有人说，这东坡忒煞眼窄心小。谁个不知那湖上荷花之盛？所谓“接天莲叶无穷碧”，那荷花何止千朵万朵。如何不赏那万千，只见此一朵？答曰：词人不是统计师，何心于“全面”？千朵万朵之中，恰恰与此一朵相逢，方觉相逢不易。佛家谓之“有缘”是也。缘即是情。连释迦也怕桑下三宿。故坡老舍彼千朵万朵不著一语，而独对此朵细细端详。

当时他不看则已，一看时，方叹此花红处，已见离披。坡老当然不是杜牧之，然而于此也终究不免惘然。花乎人乎，各有其年华之盛时、容光之极致，盛时一过，容光减矣，岂不令人怅然而有所思乎？

然而，坡老固是另有他自己的一番意思在。在他看来，如此好花，虽已开过，风韵未消，入目萦心，犹领略其盈盈之致。

才说盈盈，戛然便止。下面忽接一双白鹭飞来。此又何也？有人说是篇法至此，笔已当转。我说：非也。白鹭仍是接承，并非转换。只须看他紧跟“如有意，慕娉婷”两句，知他神识不远于花，便十分晓然了。

令人惊讶者，此一双白鹭，也不去赏那千朵万朵，也只来到花之旁，徘徊瞻顾——岂不是留意于花之盈盈不俗者，又何所为也？

有人说，此是东坡借他白鹭，加一倍写花之娉婷可念也。我说：极是，极是，可惜未尽其情。须看他白鹭何以定要是“双”，再重读词题，方解得词人意度。

过片忽然现出“忽闻”一句。一个“忽”字，立时将那山那水也，风也霞也，花也鹭也，一股脑儿推向一旁，隐向背后去了。不免令千古天下读词的人怪杀闷杀，说：东坡大师也，何以于词家章法不知讲求？上片只说花，下片只说筝：好个两截的文章。我说：哪里，哪里？且须细心体会，莫轻下雌黄的好。

江上，如同湖上、海上、水上。上者何处？似分明，实不分明。弄，注家必曰“动词，弹奏也”。自然这不算错。然而坡词何以不说“奏哀筝”，也要细心体会。弄者，绝不同于一个死动词、宽泛语，不是毫无神情意味之可言的“字义”，而是一个活脱的“动作”和它的“效果”的传达表述。如不了然时，可以“参考”黄莺弄语、梅花三弄这些“弄”字的用法，然后大约不致再满足于一个“演奏”了。

哀筝者何？是筝音悲感启人哀思了？似亦不难理解。然而这样解词，总归似是而非，教人错会。不见古人所云“哀思豪竹”，又道是“叩之声如哀玉”乎？夫琼玉之声，清彻而悠扬，甚为悦耳怡神，何以为“哀”？弦索之曲万千，又何尝都是“悲音”？由此可知，哀之与豪，原是说明吾华丝竹两大乐器分类所具有的鲜明的音质音色之特征异致：其一则婉转而幽深，其一则豪放而嘹亮；婉转而幽则启人之思怀，畅放而亮则舒人之意气。筝之为器，繁弦促节，吟柔抑咽，宛若莺簧。故坡老着一“弄”字，又着一“哀”字，非深于乐理者不能道。若一味向“悲哀”“伤痛”上去理会，纵非南辕北辙，也是毫厘千里了也。

然后，只须看他“苦含情，遣谁听”两个小小叠音排韵句，要识破坡老的精彩处，此等方是紧要笔。

“苦”者又何也？莫非又是“悲苦”之意？那是加一倍地非也。我意不知文言白话里何字何词能与这个“苦”相似相当？其意若曰：它是那等极度地执着地……如何如何。词人在此说的就是：这所闻的筝音弦语，竟是那样地充满了深深的感情，动人心绪。但是，更要紧一句，却在下面接上一个“遣谁听”。至此，坡老之感触这才和盘托出，说向吾辈千载之下肯读坡词之人。

遣者何？约略有似今日之所谓“叫”“让”“给”也。筝音自好，却为谁弹？千古词心，在此一笔。念此筝人，不向那闹市广庭中去弹与众耳群座，何耶？独来江上，如浔阳夜月船上琵琶，岂尔心中意中另有其知音耶？或者无所见有知音而欲一求能赏者耶？抑或有意弹与吾辈之在此恰恰能闻者耶？嗟嗟，此所以词人为之往复寻求而不能已于怀，而又只以“遣谁听”三字尽之，三字而无异于百端交集也矣！

全篇临末，点出湘灵——须知这只是揣测之词，比拟之意：“曲终人不见，江上数峰青。”此人而能言之。于是笺家又有评论说道：试看东坡运古，何等大方，何等贴切……云云。余曰：倘如此赏析坡词，坡于何在？不如径去赏钱诗。盖坡老此际，全不是为了“用古”，只是为了“欲待问取”而不可得之惆怅耳。适于此时，哀筝送响，含情有意，如为余弹——谁耶谁耶？人乎仙乎？盖坡老以为求赏与能赏，艺家之大事，平生之所愿，皆在于斯。千载一逢，而不得执手相问，一道苦辛，岂非人间之至憾，而生灵之大痛哉？识得此意，则其能知坡老是用钱诗与彼全未能知者，诚非第一等要义矣。

至此，再说上下片“两截”的疑问。一朵芙蕖，已然开过，不胜其美人迟暮之感矣。而两白鹭，何其非“双”不可？岂非偶与苏子张公之同来巧合乎？而此两人闻筝，又岂非与两鹭慕花，有同等之感慨乎？何其相似乃尔！

当年杜陵叟，大笔如椽，不甚着意于写佳人，而出语曰：“天寒翠袖薄，日暮倚修竹。”要识得此是何等胸怀意度，何等情操精神！诗人下笔，所怀万千，而神情意态，感触襟期，于十字两句尽之。坡老此处是一阕小曲，风格又自不同，然而两两比而观，吾阅大诗人大词人之诗心词笔，岂不正是春花秋月，各极其致哉？

二〇〇八年一月十四日

五星红旗永远飘扬

叶渭渠

最近，我写一篇怀念恩师季羡林先生的文章，谈及一九四六年季先生留德十年后，回国途经越南南方西贡市，来到我所在华人城堤岸就读的中学做讲演，表达了他回到满目疮痍的祖国参加建设事业的意愿，充满爱国的激情，不由激起了我们海外游子的爱国情怀。

写这一段文字的时候，我的脑海里浮现出一幕幕几十年前的往事：其时国民党实行一党专制，祖国并没有在战后的废墟上振兴，中共举起反对当局专制独裁、反对贪污腐败、争民主自由的旗帜，团结广大工农和知识分子进行了不懈的斗争，也影响着我们这些海外学子。当时许多人参加了地下党领导的外围组织，我也参加了地下学联，组织读书会学习《新民主主义论》，编辑和油印地下《学生报》，游行示威，散发反对内战，反对其时国民党当局专制独裁、贪污腐败的传单。终于，传来了祖国全国解放，将于一九四九年十月一日宣布中华人民共和国成立的消息。当地地下组织计划“十一”当天在我们所在区的国民党当局驻海外一机构的建筑物上，插上五星红旗，组织群众在这机构前的广场集合，共庆新中国的成立。上线分头通知我们这些彼此不认识的年轻人，三三两两，东一群西一簇地在广场周围作散步状，我和月梅就假装情侣在“拍拖”，等待五星红旗插上屋顶之时，大家迅速集合在广场上，高唱《义勇军进行曲》，普天同庆。可是，预定的插旗时间过去一个多小时，仍未见五星红旗飘扬在屋顶上。分散在周围大街小巷的人陆续散去，庆祝会以失败而告终。后来我听说，计划在另一个区也准备以同样的方式在一家电影院建筑物顶上插上五星红旗，然后聚集群众以庆祝新中国的诞生。当一位小青年攀登上电影院建筑物顶上插旗的时候，可能紧张，没有插稳，当他捡起五星红旗再插的时候，被当地的公安便衣（当地称暗探）逮捕，并过堂拷问，在使黑钱保释出了拘留所后就回国了。这个青年“文革”中受到了审查，后移居香港，现在斯人已去。前几天他的遗孀从香港来访，还谈起这件往事，原来他比我还小好几岁呢。当时只是个初中生。我现在想象当他手执五星红旗的时候，他是多么祈盼祖国从此走向民主自由、繁荣富强啊！

一九五二年，在祖国的号召下，我们投入祖国的怀抱。当从香港跨过罗湖桥，远远地，我们就看到在国境界线上我方一侧上空高高地悬挂着鲜艳的五星红旗，同时广播喇叭里传来“五星红旗迎风飘扬”的《歌唱祖国》的歌声。踏上祖国土地的第一步，我们满腔的热血在沸腾——那是五十七年前的往事，如今那面圣洁的五星红旗在我心中仍是那样鲜艳地飘扬着，那纯真的歌唱祖国的歌声仍在我的耳畔回荡着。我们在广州停留数日，回老家东莞省亲后，就直奔北京，在归侨招待所放下行李，立即到了天安门，向飘扬在天安门城楼上、广场上的五星红旗致敬。这面红旗是多么圣洁、多么鲜艳！

上世纪五十年代，新中国成立不久，人们的革命精神犹在，革命热情犹在。无论在北京大学的四年学习生活，还是毕业后在国家机关从政生活当初，同学之间团结互助，同事之间上下级的平等、团结、清廉、亲和共事，充满了新社会的蒸蒸日上的气象。但曾几何时，优秀的传统文化遭到了破坏，幸好“文革”结束，中国共产党及时拨乱反正，实行了改革开放政策，让祖国这艘插着五星红旗的不沉大船重新航行在正常的航道上，祖国的建设进入了新时期。我们将看到新中国六十华诞在天安门广场升起的五星红旗，会像五十七年前我回国时，在罗湖桥所看到的五星红旗一样的圣洁、一样的鲜艳。我深信，我们十三亿国人将继续高举这面永不褪色的五星红旗，用双脚脚踏实地走在祖国的大地上。

祖国万岁！

二○○九年十月一日

是谁创造了奇迹?

王安忆

许多年前的一个上午，我在同学家玩。她家住沿街房子的二楼，从窗户望出去，可看见对面的人行道。这时，她正向我讲述昨晚的一个梦。梦境很清晰，也是这样，我坐在她家，从窗口看见母亲从对面走过。其时，母亲在郊区五七干校劳动，每月回家一次。并不是休假的日子里，母亲突然回家，令我喜出望外，立刻起身下楼追上去。这话说过不久，千真万确，我母亲在对面人行道上出现，匆匆往回家的方向走去，我跳起来就跑了下去。

我有一对墨绿色的发卡，王小鹰说：我挺喜欢你的发卡，那一对紫色的我也喜欢。和这一对绿发卡同样，那一对紫发卡是母亲有一次访问挪威一并带回给我的。可是，令人困惑的是，那一对紫发卡我还没有拆封使用。问小鹰她怎么知道的，她也十分困惑，千真万确，她就知道还有一对紫色的。

二〇〇七年春天，在美国哈佛大学，有一晚聚会之后，一个开车的朋友说她可以顺路捎我到我住的小旅馆，那种“床和早餐”的家庭旅馆。到地方后她放我下来，再继续她的车程。天下着雨，路灯蒙蒙，我顺着街走了几十米，却并没有走到我的旅馆。又走了一段，还是没到。再走，就到了另一端的街口，路牌上分明是一个陌生的街名，不由暗叫一声“糟糕”！街上没有一个人，据说，九时过后会有打劫的出街，倘要遭遇一个，倒可问个路，而此时又还不到九时。一个人茫然地在雨中走，走过几个路口，前边隐隐绰绰过来一个人影，欣喜地奔过去问，那人则躲闪着，或者以为我是打劫的了。紧追不舍，到底问上了话，却回答不知道。继续茫然地走，终于有一对女学生迎面过来。她们告诉我，我住的那条街和这条街是并行的，朋友将我错放了整整一个路口。回到那条街，已走过一千多个号码，返回的路上，又遇见两次路人，每次都问一遍，以确定无错。哈佛所在地方叫作“剑桥”，我住的那条街名就叫“剑桥”，于是，那晚上是一路“剑桥”“剑桥”地问过去。三个月后，应英国文化委员会邀请，我真的去到了剑桥。

时间推回去几年，二〇〇二年春夏之交，应该是阴历的七月初七，因为加藤周一先生家的茶点是“七夕糕”，还有硕大的山形县樱桃，所以，还是樱桃成熟的季节。先生身为日本著名作家、艺术评论家、文学史家、却专为我这个晚辈开班授学，谈论艺术。每谈到一个时期或者一个作者，加藤夫人便去楼上书房取出这一时期和作者的图册。那天，先生多是举绘画作例子，进行佐证。之后，一直将先生的话与人学舌，主要有两点，一是关于个人性。先生的意思是，在十三世纪以前，艺术的创造者并不具有自觉的个人意识，他们只是诚实地劳动：架梁造屋，装潢，镂刻，塑像，在穹顶描画故事，但是，就在他们创造着客观事物的时候，不期然地，处处体现出他们的风格；而到了现代，艺术者都有着强烈的个人意识，自觉地表现自我，结果适得其反，风格泯灭了。这是一；二是创造他者。还是回到十三世纪，那时候，艺术是为神创造，今天则是为自己，创造活动中不再有他者，其实是艺术的末路。先生还很有趣地说，本来，人们还有一个机会获得“他者”，那就是社会主义文学，无产阶级的理想是艺术的“他者”，可惜错过了。归结起来，总是主体和客体的关系。人走出蒙昧，终于意识到了“我”是谁，却并没有给艺术带来福音，似乎，越是知道“我”，艺术中越丧失“我”……然后就到了二〇〇八年，读到一本书，英国十九世纪初作家和艺术理论家约翰·罗斯金的《艺术十讲》，读到了加藤先生的思想。心想，加藤周一先生读过这本书吧？就在这奇异的邂逅不久，传来先生逝世的消息。

…………

读保罗·奥斯特的《红色笔记本》，过往岁月中的故事便涌现眼前，这些巧合是不是一种暗示，所有貌似无关的事物其实都由潜在的秩序相联系，这偶然的几处显现不过是冰山一角；或者，就是如织网的蜘蛛，将游丝投向空中，茫茫等待到达那一端，相应的事物还在酝酿之中。而《红色笔记本》中的那一则，就是题为“为什么写作”那一辑中的第五则，关于请棒球明星威利·梅斯签名的故事，“我”八岁时极其幸运地遇见威利·梅斯，而且正当他的好心情，愿意签下大名，可是，“我”没有带笔，错失良机，从此，“我”无论走到哪里都带着一支笔。当然，同样的事情并没有发生，然而这只是无数准备中的一次没有用上的准备，谁知道呢？更多的时候，是我们不自觉的准备却实现了目的。这样说来，许多幸运的巧合其实都是有所准备的，如同作者在这一则让人沮丧的故事中最后说的：“如果你的口袋里有支笔，总有一天你会想要去用它的。”

然后，他还说：“我就是这样成为一名作家的。”作家显然是有特权的人，可以制造虚拟的巧合，这是在模仿大自然。而自然的手笔是无限的巨大和神奇，当世界上已经壅塞着那么多虚拟的巧合之后，它依然能够源源不断地创造着始料未及。

二〇一〇年一月十一日

我与名人零距离

陈　醉

“名人的苦恼”不只在室内，室外也一样。

一次在外地参观，与陈铎委员走一起，路上常有人望着我们，甚至指指点点，很感得意。还有大胆的少男少女走过来要与陈铎委员合影——啊，原来他们是看陈铎，不是看陈醉！我“妒火中烧”，决定向他使坏，别让他那么得意。终于过来两位胆小的悄悄地问我：“他好像陈铎，是真的吗？”我故意大声说：“哎，陈醉，他说你像陈铎呢！”两位美女扭头就跑，我也享受到了报复名人的得意——这大概应算“负距离”了吧？不过，话又说回来，妒忌归妒忌，我与陈铎委员还是好朋友。那年我的个人画展开幕式，还是专门请他主持呢，脸上顿觉光彩备增。甚至，有机会还想利用零距离挤进名人行列。一次，一位企业界委员要我帮他找几位文艺界名人委员到他的公司聚聚，纯粹参观，喝喝茶，聊聊天，并保证不拍照，不以此做广告。我说不做广告就好办，于是我在自认为达到“零距离”的名人中搜索。第一个就是陈铎，电视主持人，国人最悦目的名人。第二个是陈钢，作曲家，天下最悦耳的名人。承蒙抬举，他的《梁祝》总谱套谱及一套丛书出版，都是请我题写书名。还有一位叫陈醉，从事裸体艺术研究与创作的人，凡人最多联想的未名人。我还发挥了一通，说是“三陈雅叙”，有声有色，悦目、悦耳、赏心，是审美的最高境界。主人很满意，我们也很愉快。当然，从中得益的还是我，因为不知不觉中，在“排名”上我又与名人“零距离”了。

与名人交往的确时有受益，能启发智慧，甚至还能将自身潜在的价值对象化。会议是紧张、严肃的，尤其一连十天，容易疲劳。吃饭时间是活泼的，是个舒缓、释放的机会。“餐桌论坛”上，讲讲故事，说说笑话，是很好的休息方式。张贤亮委员也是一位大名人，那么多小说、电影作品，还经营了一个影视拍摄基地。我曾经去宁夏参观过他的基地，的确很粗犷，很蛮荒，就连那用旧马车轮和门板做成的长椅，也很有韵味。报上说他“出卖荒凉”，也说我“贩卖妇女”——当然是指画的，比起他买卖的大手笔，我只是小商小贩了。我很佩服他的聪明和羡慕他的成就，但万万没想到，他在我身上也发现了值得他羡慕的地方。张委员讲述，一次他去同仁医院检查眼睛，医生说他瞳孔里的晶体有毛病，得更换。院方提出几种材料让他挑选，有国产的，因为他是名人，还有供高级人物用的进口的，但他都看不上。医生很纳闷，问他究竟还想换什么样的，他说：“我要陈醉那种，看谁都是没穿衣服的……”其实我这点“晶体”也是训练出来的，我得经常画速写，研究古人、洋人的经典，所以还得经常求人。我一直想看看我们故宫收藏的这类作品，当时也是委员的刘忠德部长还专门为我批了一个报告，但由于封存、搬迁仓库等种种原因，几任部长更迭，至今还未如愿。后来有幸与晓光委员同组，他是组长，又是我们的副部长，在这里能零距离地接受双重领导，真是难得。晓光委员平易近人，有时也会参加我们的“餐桌论坛”。一次我向他诉苦，说您的“田野上”早就有“希望”了，可我查阅古画的请求至今还未见希望。他思索良久，最后很严肃地批复：“我看这样吧，查阅的事再等等，为了不影响你的研究，我是否先批给你两张洗澡堂的票，你先去体验生活……”我感恩之情油然而生，两张澡票，物轻情重，毕竟是领导关怀、名人提携啊，我仿佛看到了自己事业成就的晓光！

我还曾与陈建功、张抗抗委员同组，二〇〇六年我把《裸体艺术论》手稿捐赠给中国现代文学馆的时候，作为中国作协副主席、馆长的陈建功和作协主席团委员的张抗抗都出席了捐赠仪式，令我深感荣耀。尤其抗抗委员那段深情的发言，一直都给我鞭策和鼓舞。其中谈到，当年他们老三届刚回城，脑子是空空的，对知识如饥似渴，遇到这本观点全新的著作，如获至宝。“《裸体艺术论》给年轻人的创作打开了许多扇门，告诉一直封闭在那种状态下的年轻人对生命、情欲和爱的启蒙知识。我当时就是受了它的启迪，汲取了它的营养，一九九七年创作出了《情爱画廊》……”她手里拿着一本《裸体艺术论》，说是二十年前购买的第一个版本，话锋一转：“我多年仰慕的名人就在眼前，今天这么有意义的日子，我还能错过吗？所以我一定要请陈醉老师为我的珍藏版本题个词。”我受宠若惊，只有名人给追星族签名，今天竟演起“星追”来了。我连忙说：“不，不，你才是大明星呢！谢谢你今天能拨冗出席，给了我近距离追星的机会。”然后提笔写下“二十年后遇知音”几个字。建功馆长不失时机地问，是否把这本书也捐赠给文学馆，抗抗笑着说，“再等二十年吧！”第二天，很多媒体都报道了这个消息，不过令我深有感触的是，《信报》竟然用了一个大黑体字的通栏标题：“张抗抗痴迷《裸体艺术论》。”明明是陈醉捐赠却不提，而是大书张抗抗痴迷，媒体人聪明啊，这叫“明星效应”！感谢抗抗委员，又为我做了一次广告。

二〇一〇年一月二十五日

六一儿童节的感想

肖复兴

六一儿童节又到了。看到现在孩子玩的把戏越来越多，小到电动玩具，大到迪斯尼游乐场，电脑游戏算在这两头之间，琳琅满目，玩不胜玩。想到我的童年，那时候许多老北京的孩子之玩，已经被无情地抛弃，想想虽然是时代发展之必然，却多少也是遗憾。好玩的玩意儿，和好吃的东西一样，应该不受时间的局限。

我一直以为孩子的玩和环境关系密切，老北京孩子之玩，是和老北京人居住的胡同、四合院相关联的。那样一种邻里密切的环境，孩子的玩一定是群体性的，只要在窗户跟前招呼一声，其他孩子便跑出来和你玩在一起了，不会如今天居住在单元楼房里的孩子，一个人昏天黑地和电脑游戏玩一天。居住的形态决定着大人的心态，也影响着孩子玩的样式。

因此，在老北京，不管穷人富人的孩子，玩的花样会有不尽相同的许多种，但许多玩是与大的节气联系一起的，而不像现在只是和高科技相连。其中正月里养小金鱼和十月里玩蝈蝈蛐蛐这样两种，是绝对少不了的，而且是最有讲究的。当然，大人也玩这两样儿，讲究的名堂多。《帝京景物略》中说，光蛐蛐的颜色之分就颇为讲究："以青为上，黄次之，赤次之，黑又次之，白为下。"至于养蛐蛐的罐、斗蛐蛐的法子和场面，更是讲究层层递进，繁文缛节，最后"铁甲将军战玉霜"，决斗出冠军，大概是当时的"超女比赛"吧。至于金鱼，金受申老先生在文章中说，光龙金鱼就举出有红龙、蓝龙、墨龙、紫龙、望天、翻鳃、鸭蛋等多种，养的方法也是有鱼虫、晒水、换水多样，光是鱼虫就有苍虫、青虫、米虫之分，什么时候喂什么虫，是不能乱套的。所以，旧时谈起四合院里，有“天棚鱼缸石榴树”一说，可以想象，那时候养金鱼是四合院构成的软件之一。

对于孩子而言，没有大人那样多的讲究，正月里养金鱼，图的是“吉庆有余（鱼）”的意思，那时节，满胡同里都会有挑着担子卖与吆喝：“大小金鱼的买——”再穷的人家，图个吉利，也会给孩子买条小金鱼的，老舍先生写的话剧《龙须沟》里那个小妞子为了一条小金鱼而丧了命，可见养金鱼对于老北京的孩子是多么不可或缺，是那时孩子们玩的重要游戏之一。至于玩蛐蛐，老北京的孩子看重的是蛐蛐的勇武争斗之气。如果养金鱼大多是女孩子的玩意儿，那么斗蛐蛐则是属于男孩子的游戏。男孩子即使买不起也逮不着如《都门纪略》中说的那种“以铜渣和松香味膏，点镜上，振翅即带铜音”的上等蛐蛐，就是弄只等而下之的“油葫芦”，也得玩玩啊，那时候再笨的孩子，在四合院的老墙根儿那里也能够逮着一两只油葫芦的。

我小时候，家住在前门外一个叫作粤东会馆的大院里，那是一个三进三出的大院，在迎面影壁后面，有一个挺豁亮的空场，一左一右种有两株丁香树，每年春天烂烂漫漫开得都让我们孩子特别地兴奋，那劲头儿一直能够蔓延到暑假，丁香树枝叶葱茏，洒下一地的绿荫。那时候，我们全院孩子玩的兴奋点，不在金鱼，也不在蛐蛐，都集中在了这里。趁着大人上班不在家，我常常从家里偷出被单、床单，跑到空场上，把床单或被单挂在两株丁香树之间。这就是我第一次登台演出的幕布。似乎只有有了幕布，才像模像样真的是那么一回事似的，有了真正当演员正式演出的感觉。幕布，对于我最初对话剧的认识，就那么重要，有那么大的神秘感。我想以后我考上了中央戏剧学院，最初的启蒙就在这里吧？

我和几个半大小子、丫头躲在幕布后面，几个上中学的大姐姐为我们化妆。那时化妆不过是把指甲草揉碎了，挤出一手红红的汁，就往脸上抹，然后划着火柴烧着一段吹灭了，用那火柴头上的炭灰把眉毛涂黑。便自以为真像演员那么一回事儿。记得有一次，我们正在幕布后面，大姐姐把指甲草往我们脸上抹的时候，床单大概没系牢，不知怎么忽然掉了下来，后台一览无余，逗得小崩豆儿们捧着肚子乐，算是演出的最高潮。还有一次，我们在台上兴致勃勃正演着，台下一个小崩豆儿憋不住了，掏出小鸡鸡就尿，惹得大家不看我们演节目，光看他尿了。我们想办法叫大家看，怎么喊也不灵，一直到他把尿长长流水般尿完为止，大家的目光才又重新像小鸟一样飞回丁香树的枝头。

也许，一个时代有一个时代孩子玩的游戏，六一节又到了，重新想起往事，只是觉得，很多的儿童游戏，其实是没有进化，只有变化，不以高科技为标准，无所谓优劣。我们应该珍惜过去孩子的游戏，起码让它们和现在的游戏并行不悖，让孩子们有更多的选择，并在这样多样化的选择中认识历史，沟通和他们父母乃至爷爷奶奶之间的情感。

二〇一一年五月三十日

塑老子

吴为山

老子，作为道家思想的创始人和表征者，在中华文化史上是一座恍惚悠然的精神奇峰！

诗有之："高山仰止，景行行止。虽不能至，心向往之。"以雕塑艺术礼老子，通神于其哲思的渊深玄妙与精微博大，是我内心时刻涌动的意念，也是我二十多年来历史文化名人造像课题研究的一个文化维度。

老子的形象何如？史书上记载："体弱而头大，眉宽而耳阔，目如深渊，珠清澈，鼻含双梁中如辙。"《玄妙内篇》里记载，老子一生出来就"生而皓首"。葛洪《抱朴子内篇·杂应篇》描述："老君真形者，思之，姓李名聃，字伯阳，身长九尺，黄色，鸟喙，隆鼻，秀眉长五寸，耳长七寸，额有三理上下彻，足有八卦。"类似这种富有神话般的描述，虽有悖客观物质世界规律，但寄托了人们对圣人的"仙化"。而有案可稽者乃是"孔子问礼于老子"的文献。它通过孔圣人的美辞，刻画出作为精神象征的老子。公元前五百一十八年，孔子适周，请教于时任周之守藏室史的老子。老子新沐披发，与孔子语以深藏若虚、逢时而动的思想观念。"孔子问礼于老子"是我国儒道两家圣哲的晤见，它对我国乃至世界的思想文化都产生了深远的历史影响。

《庄子·田子方》侧面记载了这次会面时孔子对老子的印象："慹然似非人……向者先生形体，掘（倔）若槁木，似遗物离人而立于独也。”慹然，乃是“不动貌”。“掘（倔）若槁木”即形如枯木，无怪乎鲁迅的《故事新编》中就常常提及老子“好像一段呆木头”。而“遗物离人而立于独也”一句，则传神地凸显了老子超然物外的精神世界。

《史记·老子韩非列传》记载，孔子问礼于老子之后，“孔子去，谓弟子曰：‘鸟，吾知其能飞；鱼，吾知其能游；兽，吾知其能走。走者可以为罔，游者可以为纶，飞者可以为矰。至于龙，吾不能知其乘风云而上天。吾今日见老子，其犹龙邪！’”通过孔子之描述，烘云托月，形容老子乃人中之真龙也！

正是这些片段，构成了老子形象的历史印迹！“道之为物，惟恍惟惚。惚兮恍兮，其中有象；恍兮惚兮，其中有物。”（《道德经》第二十一章）他的形象悠远模糊，却时在混沌中透发着光明。他的身影，虚幻缥缈，细微如流光，广阔如宇宙；沉寂如深潭，铿锵如雷电；为老子塑像，唯有思接千载，神与物游，无形无象，有形有象，进入一个大自由的状态，方能有成！

近年来，我先后以《上善若水——老子》《紫气东来——老子出关》《天人合一——老子》为题材创作了老子的形象，分别从其哲思的不同概念名相出发，从内容形式上去经营，塑以载道，以有限之体状、空间追寻先哲老子的思想本怀。

体如流韵水为德

老子是第一个提出了“道”并将之作为哲学的最高范畴的哲学家。“道”字本来是人走的道路，有四通八达的意思。这一意义引申为“方法”“途径”，已初步地具有规律性、普遍性的意思。在老子“道”的世界里，“水”是一个重要的元素。孔子问礼，老子手指浩浩黄河，对孔子说：“汝何不学水之大德欤？”孔丘曰：“水有何德？”老子说：“上善若水，水善利万物而不争。”（《道德经》第八章）最高境界的行为就像水的品性一样，泽被万物而不争名利。“水”能“处众人之所恶，故几于道”。上善若水，与世无争，实则天下无人能与之争，这才是真正的近于道。是故“江海所以能为百谷王者，以其善下之，故能为百谷王”（《道德经》第六十六章），“天下莫柔弱于水，而攻坚强者莫之能胜，以其无以易之”（《道德经》第七十八章），说的都是这一道理。在老子的哲学思想中，道如水，水即道，我们不仅应该认清这如水的道体特性，还应该用水的心态指导我们的行为，调适我们的心态，“居善地，心善渊，与善仁，言善信，正善治，事善能，动善时。夫唯不争，故无尤”。真真是一片氤氲浩渺之境！

我所塑的《上善若水——老子》像正是在表述老子“上善若水”“渊兮似万物之宗”的理念。他寂坐不动，大千入怀，雍容高古，须发垂逸，如悠悠青云，在山之巅。全身的衣纹如依山而下的山泉瀑布，淋漓畅快、浮光跃金，闪烁其间，创作上力求神似，主张妙在似与不似之间，对于老子的内在哲思，不粘不脱、若即若离，既是事物本身，又超越此事物，达到意象的形与神、物与我的合一。

王夫之有言：“五行之体，水为最微，善居道者，为其微，不为其著；处众之后，而常德众之先。”以不争争，以无私私，这就是水的特性。

因此，我塑《上善若水——老子》，其意其境在于：

水韵潺潺，缓流山涧，慧如涌泉，生生不息。

老子之像，恍兮惚兮，物在恍惚中，象在恍惚中。

函关青牛乘紫气

《史记·老子韩非列传》记载，老子“居周久之，见周之衰，乃遂去。至关，关令尹喜曰：‘子将隐矣，强为我著书。’于是老子乃著书上下篇，言道德之意五千余言而去，莫知其所终”。

老子出关，紫气东来！

老子到何处去？莫知所终。只留下了洋洋洒洒、皇皇五千言的《道德经》。

经中有云：“反者道之动。”（《道德经》四十章）“周行而不殆。”（《道德经》二十五章）这些都表明了老子认为道体是恒动的。经中又云“归根曰静”“致虚极守静笃。万物并作，吾以观复。夫物芸芸各复归其根”。

我所塑的《老子出关》着力表现了老子哲思的动静观。

函谷关前，紫气东来，光华东射，仙风道骨的老子骑在青牛上，牛老人老，修行到了犹如枯木的地步，他低着头，长髯垂胸，牛却仰头举目，都没有回望。跟随他的牛亦是得道成仙，皆是物我两忘的状态。塑像中老子遒劲而又舒缓安详不失张力，形象似清风拂眠，雨打芭蕉，又似秋风扫叶，阳炙万物，如老树新芽，枯木逢春。

远观，青牛正摇首扭躯，奋力前行，老子亦衣袂飘飘、奔尘绝逸而去，近看，则青铜铸就，瞬间永恒。“来似雷霆收震怒，罢如江海凝青光”，我曾作诗记曰：

悠悠间／如紫气东来／仙翁飘然／青牛蹄迹／不见踪影／唯恍唯惚兮／塑形以记。

空谷无声接千古

《天人合一——老子》的塑像高十八米，今天安放在我的故乡江苏淮安钵池山。老子一手指天，一手指地，渊兮湛兮，恍兮惚兮，象帝之先；其静穆幽冥之象表征老子多言数穷、不如守中的哲思。

该雕塑整体造型中空，其中我把老子的胸腔设计成一个开放的

“空”字形山洞，表征老子“无名天地之始”“有生于无”的中国哲学道家思想。昭示天地之间，犹如橐龠，虚而不屈，动而愈出，体现中国文化的生生不息之强盛生命力。穿越老子的“空”进入老子雕塑的世界中，同时也进入玄之又玄的“众妙之门”，徜徉悠游，玄览鉴照，领悟中国传统文化和艺术的精魅所在。

“空”是宇宙乾坤之象，是大境界，它吐故纳新，包罗万象。智者得空则思接千古……

老子提出的重要处世原则是“虚怀若谷”。先秦《老子》：“敦兮其若朴，旷兮其若谷。”人要有像山谷一样深广的胸怀和宽容的胸襟，居上谦下。老子说“上德若谷”，意即最高的“德”像山谷那样幽深空阔，谦虚为怀。这种内藏生机、蕴含力量的虚怀，对中华民族美德的形成有着重要影响。

虚怀若谷，要能容。老子说：“知人者智，自知者明，胜人者有力，自胜者强。”只有容纳万物，善于包容，才能至“大”。

虚怀若谷，要能谦。老子说：“我有三宝，持而宝之：一曰慈，二曰俭，三曰不敢为天下先。”老子“道”的发扬，开阔了中华民族宽广的文化襟怀。巨川非一源，容而后大。在此我强调的是我们文化心理构成的基础。任何一个人、一个民族，其文化发散的方向与发散原点的方位有着密切关联。因此，根植于中国人心理深度的处世原则是“包”“容”。我塑老子以虚怀若谷为造型特征，雕塑满刻《道德经》，谓之满腹经纶。这“空谷”接天地正气，幻化自然。

“道生一,一生二,二生三,三生万物。”

“人法地，地法天，天法道，道法自然。”

手随泥的流动而不自觉运行，心则在追寻着“与物推移，人性旷达”。雕塑虽为具象，又有可触、可摸那些物化了的哲学直观。

老子在哲学上最重要的贡献就是“道”这一超越性范畴。这一范畴所具有的内涵是自然无为、自长自动、自己如此。胡适云：“老子的最大功劳，在于超出天地之外，别假设一个‘道’。这个道的性质，是无声、无形；是单独不变的存在，又周行天地万物之中；生于天地万物之先，又却是天地万物的本源。这个道的作用是：大道泛兮，其可左右。万物恃之而生不辞，功成不名有，衣养万物而不为主。道的作用，并不是有意志的作用，只是一个‘自然’。自是自己，然是如此，‘自然’只是自己如此。老子说：道常无为而无不为。道的作用，只是万物自己的作用，故说‘道常无为’。但万物所以能成万物，又只是一个道，故说‘而无不为’。”

陈鼓应云：“老子的哲学思想以道论为核心，其含义涉及万物生成本原、存在本体以及人生价值等层面。”从而构成老子哲学体系的重要范畴如有无、动静、体用都包含道与现象界两个层面。正是从老子的哲学思想中孕育出《上善若水——老子》《紫气东来——老子出关》《天人合一——老子》三尊雕塑作品，借此表征老子哲学的自然、动静、有无等思想观。

道，幽微精妙，难以言语道断；日日求道，踏破铁鞋无着，以艺修道，道在自身，须臾不曾分离……

二〇一一年六月二十七日

谈词说字

王　蒙

早在五十多年前，我在新疆，看到了报纸上刊登的一个戏剧预报，剧名《雄关漫道》，不免一惊。因为都知道毛泽东的《忆秦娥·娄山关》中的名句："雄关漫道真如铁，而今迈步从头越。"这里，雄关是主语，是指雄伟的关隘。"漫道"是谓语，"漫"是莫要或随意，"道"是说道、却道、且道、言道的道。"漫道"就是"不要说"。"真如铁"是补语或宾语，是"道"这一行为的内容、对象。"雄关漫道真如铁"，就是（请你）莫说雄关如铁的意思。把前四个字分离出来是文理不通，是闹了笑话。

"漫道"，其实是一个常见于诗词曲中的词，如"漫道帝城天样远，天易见，见君难"（不要说皇帝的都城与天一样远，天是容易见得着的，见皇上可就难啦），"漫道而今无贺铸，尽肠断，满帘飞絮"（别说现在没有善书性情的词人贺铸了，照样到处是伤心极了的断肠飞絮景象），"漫言不肖皆荣出，造衅开端实在宁"（不要说不肖子孙都是荣国府里出现的，真正留下了麻烦、开启了事端的其实是宁国府），这里的漫，全都是莫、别、否定的含义。

古来的诗文上，漫更常作随意、或有、无心、不固定、无边界讲。如"漫卷诗书喜欲狂"，如漫步、漫画、漫谈等。取出"雄关漫道"四字的朋友，恰恰忽略了"漫"与"漫道"的这些含义，而以为漫是漫长，道是道路了。赵朴初当年写过专文，介绍毛泽东《忆秦娥·娄山关》词的含义，指这里的"漫道"就是"别说"的意思。

就是说诗人的原意是，不要说娄山雄关隘像铁一样艰险强固，如今我们红军迈着大步穿越过去了。

因此，雄关漫道云云是不通的，起这四个字作剧名是没有弄清断句，这就闹了笑话。漫长云云，是比较新的文学用法。“道”在此词里是当说话讲，有道是的“道”讲，绝对不能当道路讲。想当年，新疆文联的主席刘萧芜也叹息良久，说雄关漫道的题名不通。

将“雄关漫道真如铁”解释为雄伟的关隘、漫长的道路、像铁一样难过，此种不通当时已现端倪，否则，赵朴初不会专门写文章做高小学生的语文教师的工作，专门解释“漫道”与“漫”字了。

半个多世纪过去了，如今更麻烦了，汉语的不通与误读已经成为顽疾、雄关漫道已经成为难医的老病灶。不但雄关漫道的剧名堂堂皇皇扬名于世，而且以“漫道”作名称的大公司也出来了。扭转一个字词使用上的不通，难矣哉！

我个人的小说《球星奇遇记》中有一歌词，曰“你且漫舞，我且漫唱”，责任编辑死活要把它们改成“慢歌慢舞”，真是活活地要你的命啊。

我曾经在某个场合提出过“雄关漫道”问题，一位用了此名称的作者说是某大领导已答应题写此剧名（后未题），另一位领导建议作者与王某人沟通一下。呜呼，语法构词等事宁有人际关系、公共关系的活动空间乎？语法构词事宜也要官本位乎？以不妥之文字稿求领导题写，这不是害领导吗？悲哉汉语，不通漫道真如铁，而今我辈从头学！

二〇一一年八月八日

短篇小说的物理

王安忆

好的短篇小说就是精灵，它们极具弹性，就像物理范畴中的软物质。它们的活力并不决定于量的多少，而在于内部的结构。作为叙事艺术，跑不了是要结构一个故事，在短篇小说这样的逼仄空间里，就更是无处可逃避讲故事的职责。倘若是中篇或者长篇，许是有周旋的余地，能够在宽敞的地界内自圆其说，小说不就是自圆其说吗？将一个产生于假想之中的前提繁衍到结局。在这繁衍的过程中，中长篇有时机派生添加新条件，不断补充或者修正途径，也允许稍作旁骛，甚至停留。短篇却不成了，一旦开头就必要规划妥当，不能在途中作无谓的消磨。这并非暗示其中有什么捷径可走、有什么可被省略，倘若如此，必定可减损它的活力，这就背离我们创作的初衷了。所以，并不是简化的方式，而是什么呢？还是借用物理的概念，爱因斯坦一派有一个观点，就是认为理论的最高原则是以“优雅”与否为判别。“优雅”在于理论又如何解释呢？爱因斯坦的意见是：“尽可能地简单，但却不能再行简化。”我以为这解释同样可用于虚构的方式。也因此，好的短篇小说就有了一个定义，就是优雅。

在围着火炉讲故事的时代，我想短篇小说应该是一个晚上讲完，让听故事的人心满意足地回去睡觉。那时候，还没有电力照明，火盆里的烧柴得节省着用，白昼的劳作也让人经不起熬夜，所以那故事不能太过冗长。即便是《天方夜谭》里的谢赫拉查达，为保住性命必须不中断讲述，可实际上，她是深谙如何将一个故事和下一个故事连接起来，每天晚上，她依然是只讲一个故事，也就是一个短篇小说。这么看来，短篇小说对于讲故事是有相当的余裕，完全有机会制造悬念，让人物入套，再解开扣，让套中人物脱身。还可能，或者说必须持有讲述的风趣，否则怎么笼络得住听众？那时代里，创作者和受众的关系简单直接，没有掩体可作迂回。

许多短篇小说来自这个古典的传统，是负责任的讲述者，比如法国莫泊桑，他的著名的《首饰》，将漫长平淡的生活常态中，渺小人物所得出的真谛，浓缩成这么一个有趣的事件，似乎完全是一个不幸的偶然。短篇小说往往是在偶然上做文章，但这偶然却集合着所有必然的理由。理由是充分的，但也不能太过拥簇，那就会显得迟滞笨重，缺乏回味。所以还是要回到偶然性上，必是一个极好的偶然，可舒张自如、游刃有余地容纳必然形成的逻辑。再比如法国都德的《最后一课》，这些短篇多少年来都是做范例的，自有它们的道理。法国被占领，学校取消法语课程之际，一个逃学孩子的一天。倘是要写杂货店老板的这一天，怕就没那么切中要害。法国作家似乎都挺擅长短篇小说，和精致的洛可可风气有关系吗？独具慧眼，从细部观望全局。也是天性所致，生来喜欢微妙的东西，福楼拜的长篇，都是以纤巧的细部镶嵌，天衣无缝，每一局部独立看也自成天地。普鲁斯特《追忆似水年华》，是将一个小世界切割钻石般地切成无数棱面，棱面和棱面折射辉映，最终将光一揽收尽，达到饱和。短篇小说就有些像钻石，切割面越多，收进光越多，一是要看材料的纯度，二是看匠人的手艺如何。

短篇小说也并不全是如此晶莹剔透，还有些是要朴拙许多的，比如契诃夫的短篇。俄国人的气质严肃沉重，胸襟阔大，和这民族的生存环境、地理气候有关，森林、河流、田野、冬季的荒漠和春天的百花盛开，都是大块大块、重量级的。契诃夫的短篇小说即便篇幅极短小，也毫不轻薄，不能以灵巧精致而论，他的《小官吏之死》《变色龙》《套中人》，都是短小精悍之作，但其中却饱含现实人生。是从大千世界中攫取一事一人，出自特别犀利不留情的目光，入木三分，由于聚焦过度，就有些变形，变得荒谬，底下却是更严峻的真实。还有柯罗连科，不像契诃夫写得多而且著名，可却也有一些短篇小说令人难忘，比如《怪女子》，在流放途中，押送兵讲述他的经历——俄罗斯的许多小说是以某人讲故事为结构，古时候讲故事的那盆火一直延续着，延续在屠格涅夫《白净草原》的篝火，普希金的《黑桃皇后》则是客厅里的壁炉，那地方有着著名的白夜，时间便也延长了，就靠讲故事来打发——在《怪女子》，是驿站里的火炉，年轻人讲述他曾经押送过一名女革命党。一个短暂的邂逅，恰适合短篇小说，邂逅里有一种没有实现的可能性，可超出事情本身，不停地伸展外延，直向茫茫天地。还有蒲宁的《轻盈的呼吸》。在俄罗斯小说家，这轻盈又不是那轻盈。一个少女，还未来得及留下连贯的人生，仅是些片鳞断爪，最后随风而去，存入老处女盲目而虔敬的心中，彼此慰藉。一个短篇小说以这样涣散的情节结构起来，是必有潜在的凝聚力。俄国人就是鼎力足，东西小，却压秤，如同陨石一般，速度加重力，直指人心。

要谈短篇小说，是绕不开欧·亨利的，他的故事，都是圆满的，似乎太过圆满，也就是太过负责任，不会让人的期望有落空，满足是满足，终究缺乏回味。这就是美国人、新大陆的移民，根基有些浅，从家乡带了上路的东西里面，就有讲故事这一钵子“老娘土”，轻便灵巧，又可因地制宜。还有些集市上杂耍人的心气儿，要将手艺活练好了，暗藏机巧，不露破绽。好比俗话所说：戏法人人会变，各有变法不同。欧·亨利的戏法是甜美的伤感的变法，例如《麦琪的礼物》，例如《最后的常春藤叶子》，围坐火盆边上的听客都会掉几滴眼泪，发几声叹息，难得有他这颗善心和聪明。多少年过去，到了卡佛，外乡人的村气脱净，已得教化，这短篇小说就要深奥多了，也暧昧多了，有些极简主义，又有些像谜，谜面的条件很有限，就是刁钻的谜语，需要有智慧并且受教育的受众。是供阅读的故事，也是供诠释的故事，是故事的书面化，于是也就更接近"短篇小说"的概念。赛林格的短篇小说也是书面化的，但他似乎比卡佛更负责任一些，这责任在于，即便是如此不可确定的形势，他也努力将讲述进行到底。把理解的困难更多地留给自己，而不是读者。许多难以形容的微妙之处，他总是最大限度传达出来，比如《为埃斯米而作》，那即将上前线的青年与小姑娘的茶聊，倘是在卡佛，或许就留下一个玄机，然后转身而去，赛林格却必是一一道来。说的有些多了，可多说和少说就是不同，微妙的情形从字面底下浮凸出来，这才是真正的微妙。就算是多说，依然是在短篇小说的范围里，再怎么样海聊也只是一次偶尔的茶聊。还是那句话，短篇小说多是写的偶然性，倘是中长篇，偶尔的邂逅就还要发展下去，而短篇小说，邂逅就只是邂逅。困惑在于，这样交臂而过的瞬间里，我们能做什么？赛林格就回答了这问题，只能做有限的事，但这有限的事里却蕴藏了无限的意味。也许是太耗心血了，所以他写得不多，简直不像职业作家，而是个玩票的。而他千真万确就是个职业作家，唯有职业性写作，才可将活计做得如此美妙。

意大利的路伊吉·皮兰德娄，一生则写过二百多个短篇小说。那民族有着大量的童话传说，像卡尔维诺，专门收集整理童话两大册，可以见出童话与他们的亲密关系，也可见出那民族对故事的喜爱，看什么都是故事。好像中国神话中的仙道，点石成金，不论什么，一经传说，就成有头有尾的故事。比如，皮兰德娄的《标本鸟》，说的是遗传病家族中的一位先生，决心与命运抗争，医药、营养、节欲、锻炼，终于活过了生存极限，要照民间传说，就可以放心说出，“从此他过着幸福的生活”，可是在这里事情却还没有完，遗传病的族人再做什么？再也想不到，他还有最后一搏，就是开枪自杀，最后掌握了命运！这就不是童话传说，而是短篇小说。现代知识分子的写作渐渐脱离故事的原始性，开始进入现实生活的严肃性，不再简单地相信奇迹，事情就继续在常态下进行。而于常态，短篇小说并不是最佳选择，卡佛的短篇小说是写常态，可多少晦涩了。卡尔维诺的短篇很像现代寓言，英国弗吉尼亚·伍尔芙的短篇更接近于散文，爱尔兰的詹姆斯·乔依斯的《都柏林人》则是一个例外，他在冗长的日常生活上开一扇小窗，供我们窥视，有些俄国人的气质。依我看，短篇小说还是要仰仗奇情，大约也因为此，如今短篇小说的产出日益减少。

日本的短篇小说在印象里相当平淡，这大约与日本的语言有关，敬语体系充满庄严的仪式感，使得叙述过程曲折漫长。现代主义却给了机缘，许多新生的概念催化着形式，黑井千次先生可算得领潮流之先。曾看过一位新生代日本女作家山田咏美的小说，名叫《YO—YO》，写一对男女相遇，互相买春，头一日她买他，下一日他买她，每一日付账少一张钱，等到最后，一张钱也不剩，买春便告罄结束。还有一位神吉拓郎先生，名叫《鲑鱼》的小说，小说以妻子给闺密写信，因出走的丈夫突然归来停笔，再提笔已是三个月后，“他完全像鲑鱼那样，拼命地溯流而归……”浅田次郎的短篇《铁道员》因由影星高仓健主演而得名，他的短篇小说多是灵异故事，他自述道是“发生在你身上……温柔的奇迹”，这也符合我的观念，短篇小说要有奇情，而“温柔的奇迹”真是一个好说法，将过于夯实的生活启开了缝隙。相比较之下，中国的语言其实是适合短篇小说的，简捷而多义，扼要而模糊，中国人传统中又有一种精致轻盈的品位，比如说著名的《聊斋志异》，都是好短篇，比如《王六郎》，一仙一俗，聚散离合，相识相知，是古代版的《断背山》，却不是那么悲情，而是欣悦！简直令人觉着诡异，短篇小说是什么材料生成的，竟可以伸缩自如、缓急相宜，已经不是现代物理的概念能够解释，而要走向东方神秘主义了！

二〇一一年九月五日

音乐会

肖复兴

去年夏天，美国费城专门举办了一个叫作“晚年雷诺阿”的特展，从全世界的美术馆里收集到了雷诺阿晚年几乎所有的作品，我特意赶去看。虽然早知道雷诺阿四十七岁开始患病，风湿造成关节炎和肺炎交织，一直在折磨着他；七十岁时半身不遂，无法行走，只好坐上了轮椅。但是，在展览会的一间很小的放映厅里看到一部黑白电影，发现晚年在戛纳家中的雷诺阿，枯叶一样萎缩在轮椅上的情景，还是让我吃惊不小。雷诺阿本来个子就矮小，萎缩在轮椅上的雷诺阿，显得越发地瘦小，银须飘飘，老态龙钟、瘦骨嶙峋的样子，实在让我不敢相信这就是印象派的伟大画家雷诺阿。

更让我吃惊的是，就是这样老病缠身的雷诺阿，内心却依然如同一座火山一样，充满那样旺盛的创作力。在电影里，看到他把画笔绑在手臂上，挥洒着油彩在画架前工作的情景，实在是我想象不出来的。他穿着类似医生白大褂一样的画衣，衣服上沾满了油彩，显得脏兮兮的。他的手臂如同枯枝，骨节变形的手指上长满节瘤，贴着胶布，缠着绷带，每画一笔都要比一般人费劲了不知多少倍，为了免去换画笔的麻烦，他不得不使用同一支画笔，每用完一次油彩后，在旁边的松节油里涮一涮，接着再画。画架前的那种老迈、迟缓与艰难，和画面上画出的那些明亮的色彩，那些充满生气的人物，那些几乎都是阳光照透的树木花草湖水的景物，对比得那样地醒目，甚至触目惊心，似乎有意在展示人生的艰难与美好的两种面貌。

偌大的几个展厅，展览的都是雷诺阿晚年的作品。一个瘫痪在轮椅上的老人，一个画笔要绑在手上的画家，还能够画出这样多的画作，实在不是每一个画家都能够做到的。

“晚年雷诺阿”，实在是一个好的创意、一个好的主题，一边参观画展，我一边这样想。雷诺阿早期的作品，他没有生病和瘫痪在轮椅上时期的作品，固然也非常出色，但如果我们知道这里展览的作品都是他坐在轮椅上，把画笔绑在手上画出来的，该会产生什么样的感觉?

有意思的是，晚年雷诺阿画的大多是女人的身影和裸体，那里的女人无一不是肥硕的、健康的、美丽的；而且，无不都是像小孩子一样天真的、清纯的、活泼的。每一个人物，每一株树，每一棵花草，都是那样地金光闪耀，除了明亮的金色之外，还有绿色、黄色和红色，渗透进胴体的肌肤里，渗透进叶脉和花瓣中。特别是画展的最后一幅画，题目叫作《音乐会》，音乐会在画面之外，雷诺阿画了两个肥硕的女人正在穿衣打扮，准备去听音乐会，那两个女人占天占地，占满整幅画框，满怀的喜悦之情，几乎要把画框冲破。站在这幅油画面前，我看了很久，音乐会动人的旋律，在画面之外的远方荡漾。能够听见那美妙的音乐，也能够听见来自雷诺阿心中的那动人的心曲。心曲的主旋律，不是悲伤和哀怨，而是对日常平易而琐碎生活的热爱和憧憬，是战胜病痛和困难的达观和乐趣，是生活的温馨和希望。让我感受到，似乎越是艰难的生计和不如意的生活，越是老迈的病身和苍凉的心态，越是让雷诺阿能够在自己的作品中彰显他敏感而张扬的心。

在这之前，我没有看过这幅《音乐会》。看这幅画的时候，仿佛在对视雷诺阿，我真的非常感动。我想起一九一九年的十二月二十七日，七十八岁的雷诺阿由于两个月前支气管炎再次复发，卧床不起，一连两周没有动笔画画了。这一天，他艰难地从床上爬了起来，他怎么可以不画画呢？画画成为他生活中乃至生命中的一部分。他让人帮助扶着他坐上了轮椅，摇到画架前，准备画面前的那两个花瓶。然后，他让人去隔壁的房间取画笔，再像往常一样帮助自己把画笔绑在手上，就又可以画画了。就在画笔从隔壁的房间取回来的时候，他停止了呼吸。

我在想，雷诺阿一定是听音乐会去了。

二〇一一年九月十九日

真金不镀

王成喜

庄子在其《知北游》中提到：“天地有大美而不言。”美之至深、至广，使它自古以来就成为一个难以言说的话题。庄子在其《天道》中又说，“朴素，而天下莫能与之争美”。所谓朴素，就是未经过人工雕琢修饰的自然美。庄子他认为自然的美，是天地间美的至高境界。

我也喜欢淳朴的美，因为那是一种本质美。所以我常将“真金不镀”与“腹有诗书气自华”两句话写下来送给朋友。“真金不镀”的典故出自唐代宰相、著名诗人李绅的《答章孝标》，中唐时有一个叫章孝标的人，十年赶考才得以进士中第，因掩饰不住内心的狂喜遂作诗：“及第全胜十政官，金汤镀了出长安。马头渐入扬州郭，为报时人洗眼看。”意思是，我如今可是长安归来，镀了一层金的，你们对我要刮目相看了。李绅闻言，为讽章孝标，便赋诗以鉴后人：“假金方用真金镀，若是真金不镀金。十载长安得一第，何须空腹用高心。”据说“镀金”一词便由此而来。另有一例故事相映成趣，苏轼有个朋友叫董传，董传当时生活贫困，衣衫朴素，苏轼在其诗《和董传留别》中写道：“粗缯大布裹生涯，腹有诗书气自华。”苏轼说，饱读诗书、满腹经纶的读书人，贫困是不会掩盖你的气度与精神风骨的。

一个人身上所体现出来的美，是他的文化素质、整体修养的具体体现。有一句话说得好，当你极力模仿潇洒的时候，就是你离潇洒最远的时候。

发自内心的，必定是自然的，自然的，才可能通往大美。

人类是天地万物的灵长，其美不可言喻。我总在想，老天爷赐予我们人自身的美感，是多么耐人寻味。自然的美有时真是能达到增一分则长、减一分则短，着粉则白、施朱则赤的和谐。中国人的黄皮肤如果用画笔画出来，就是土黄加点胭脂、深红和白色，这种黄不是红、黄、蓝三原色的黄，它很柔和，当它配上黑颜色的头发、眉毛、眼睛，是极为自然的。如果你非要去染个红头发、黄头发，那色彩就不协调了。意大利的服装设计，上身短，下身长，面料富有质感，这样的设计更能体现欧洲人挺拔的身姿，是在自然美的基础上加以提炼概括的，这和他们的气质、文化都是协调的。不知道从什么时候开始，中国人结婚也穿婚纱，可是婚纱是西方的，我们的身材合适吗？中国的旗袍不是更能恰到好处地体现中国女性的曼妙曲线吗？所以美，不能刻意模仿。

自然造就的万物更是“各美其美”。你去太行、昆仑，登喜马拉雅，驻足片刻，那蓝天白云下的心旷神怡，一定让你感慨大自然的鬼斧神工；你到苏杭去看那街、那河，那小桥流水，她的俊、逸、灵、秀，让你禁不住诗意满怀……就是一棵树，世上也没有两片叶子是完全一样的，每一片树叶的缺口、叶脉、走向和它在树干上的姿态，都是不一样的。一个画家如果能够仔细观察一棵树树干的长短粗细，树枝的曲折疏密，树叶在和润微风中的摇曳生姿、狂风暴雨中的飘落凋零，把这万千姿态都表现出来，那他就是一位了不起的画家了。这都是自然的，是不用你设计和创造的。

当然画家也要创造，要有独有的眼光，所以同样一棵树，两个画家画出来的也是不一样的，但总有一个原则，就是本质要画出来，精神要画出来，这种本质和精神就是自然之美。

罗丹有一句话，“万物皆藏纳在自然中，当你追随自然你便富拥四海”。微观世界的美是你想都想不出来的，一个细胞放大就是一个非常美的图案；宏观世界的美，也是任你活到五百岁也感受不完的。所以哲学家、思想家们，没有一个人给美下过完整的定义。我学生时代在美院上课的时候，我们的老院长雷圭元先生提出一个主要观点，和谐就是美。后来我作画的时候常说，对比产生艺术。但对比之中要协调，怎么协调？比如粗和细，高和低……其实有了中间的过渡就协调了。老辈儿人常说，最难听的声音有两种，驴叫、发锯，因为它没有变化，高低一样！那什么好听呢？敲碗儿、打钟、小孩儿叫娘头一声！过去的细瓷儿碗你轻轻地一敲，当啷啷——声音由高到低，悦耳极了。小孩儿第一声叫娘的时候，他也许叫得不那么清楚，但是对于妈妈，那是世界上最美的声音。所以美是一种感觉，感情和感悟，是情之所至。它很抽象，却具体存在。所以美很神秘，你不一定都能说得清楚。

如果用最朴素的一句话来诠释我的美学观，我想，听了，看了，感觉舒服就是美。无论是美术、音乐、影视、舞蹈，还是文学……有朋友把家里装修得金碧辉煌、珠光玉气，邀我去赏玩，笑问我，给你这样一个家如何？我说不要。因为对我而言，它就是压抑的。一个能够激发我创作灵感的房间，如果能由“净、静、境”三层境界构成，那是最好的。可以说我追求的美是“廉价”的，但是很省心。所以人的审美和情绪、环境有直接的关系。

古诗说，感时花溅泪，恨别鸟惊心。如果高兴，你觉得什么都是美的，风一吹，你看到麦苗儿在跳舞；下雨了，你感觉像天女散花似的。如果痛苦，你看到花儿也想落泪，听到鸟声也要伤心。

我们老家旧宅的门口有一棵古槐树，树干粗壮得一个人都搂不住，树干分出三个杈，不高，小时候我们常坐在树杈上吃饭，小孩儿在上面玩耍，夏日的傍晚时分，半条街的乡人都聚到这棵老槐树下纳凉，那时候穷苦，大家都忍受着饥饿的煎熬，没有心思去发现这棵树的美。而今回想起这棵老槐树，真是太美了！那份雄壮、那份沧桑，真是让人醉心不已。尤其是四五月间槐花儿盛开的时节，黄颜色的花儿，绿颜色的叶儿，深褐色的干，与周围古老的灰墙土瓦，曲径通幽，真是一幅雅致的美景图。这个美其实一直是客观存在的，但是你的心境不一样，对它的体验也不一样。就像有人终日上班、下班，却从没发现他所走过的那条道路也是一道风景。

罗丹说，生活中并不缺少美，缺少的是发现美的眼睛。我们因此懂得为什么罗丹能够雕塑出世间种种的美，爱的美，力量的美，甚至挣扎的美……想成为伟大的艺术家必须要善于发现。不久前，我随全国政协去北京人艺考察，在人艺的博物馆里，我发现了曹禺的一段话，立刻掏出了纸笔抄写了下来，曹禺这样写道："我喜欢写人，我爱人，我写出我认为是英雄的可喜的人物；我也恨人，我写过卑微、琐碎的小人。""我感到人是多么需要理解，又是多么难以理解。没有一个文学家敢讲这句话——'我把人说清楚了'"，多美的感悟！这又是语言的美。所以真正的艺术是悟出来的，是心灵的参悟。

二〇一一年十月十七日

尘封的往事

从维熙

去年冬日，因为要从书橱里淘汰出一批书籍，小阿姨帮我清理书橱的时候，从书堆里翻出几本封面已然发黄的旧书，她认为这是需要淘汰的处理品，便信手将其扔在纸箱中。多亏我检查了一下即将送往收购站装满五个纸箱的旧书，不然的话我会遗憾终生。因为她把我三本处女作，也当成文化垃圾装于纸箱之内。我立刻将其取出，擦净封面的浮土，重新放回到书架上去。她颇为不解地问我："书页上都有虫子屎了，留它还有用吗？"我没有回答她的质询，因为其中有她无法听懂的历史——它是我上个世纪前的五十年代，我在上海新文艺出版社出版的长、短篇小说和散文集——其中的散文集，是我的处女作《七月雨》。也许是这几本书，差一点儿就变成废纸之故吧，萌发了我对上海悠长的思念。

我生在北国，与上海相距千里之遥。从地域文化上寻根，找不到什么类同之处；可是从我的生命依存以及文学旅痕去回眸，却梳理出与上海有着"剪不断"的文化渊源。记得，那是一九五四年秋天的一个上午，刘金先生与另外两个编辑（其中有一位姓翟），走进我北京的宿舍，与我签订了处女作《七月雨》的出版合同。之后，我的长篇和短篇集，也是经刘金先生的手，分别在一九五六和一九五七年之前出现在新华书店的书架上。之后，由于一九五七年的"反右"，我生命中留下了二十多年的文学空白，那三本上个世纪印刷于上海的书籍，是我青年时的文学履痕，因而格外珍惜。这里，除去文学的情缘之外，还有着更深层次的生命意义：这三本书我总共获得七千八百元的稿酬，在当时这是个天文数字（刘绍棠当时用二千四百元，在中南海一侧的光明胡同购置了一所独门独院的三合院，院内有三棵大枣树），当我后来身陷囹圄为囚后，家中抛下的老母和幼子，在二十年沧桑岁月中，这一老一小不能喝西北风活着；支撑他们活下来的支柱，主要是靠这笔数目可观的稿费。因而，当我复出文坛到上海时，虽然没能见到当年的刘金先生，我还是向当年新文艺出版社的编辑们，表达了我的文学谢意和赖以生存的生命谢意。

另一件事，对我说来也是刻骨铭心。上个世纪的一九七七年，我还没有获得解放、属于“另册”公民的时候，出于对几年在劳改矿山挖煤生活的感悟，我伏案于山西临汾一间窑洞里的小桌上，写了一篇题为《女瓦斯员》的短篇，没经任何考虑地寄往《上海文学》。我在小说的附信中，道明了我当时“鬼非鬼人非人”的政治身份。当时我既不知刊物的主编是张三还是李四，也不知编辑部的确切地址，因而不存在发表的奢望，只是发泄一下心中炽热的创作欲望而已。真是鬼使神差，在信皮上只写下“上海——上海文学编辑部”几个字的邮件，居然邮寄到了编辑部。不久，我接到当时《上海文学》赵自先生的一封复信，除了言明“小说即将发表”之外，他在信中还同时代表唐铁海对我始自一九五七年的驿路风尘，表示了深切的同情。记得，接到这封复信时，我百感交集，早已枯干了的泪腺，居然有几滴泪水夺眶而出。一九五七至一九七八，二十年光阴流逝过去了，原本就十分陌生的同时代人（只是在一九五六年，在全国第一次青创会上见过面），居然还能记起有我这片随风而去的落叶，让人感到当时的社会虽然冰冻三尺，但春水仍然在冰层下流。

这篇东西问世于上海的时候，比《收获》发表我的《大墙下的红玉兰》要早上一年的光景，在以阶级区分敌我的年代，上海的人文情怀让我一直记忆至今。面对过去，我曾自问过自己：尽管那时百花凋零，北京也有那么少许几家刊物，还在苟延残喘地活着，我为什么舍故土，而把文稿掷向上海呢？我梳理不出个头绪来，大概是故土留有我伤痛太多之故吧！记得，一九五九年北京的一本文学刊物上，一位大师级作家批判我时使用的词语，令我毛骨悚然：“从维熙的反动小说《并不愉快的故事》意在反对农业合作化，煽动农民闹事……”因而，我的精神本能支使我，把小说寄往了上海。当我由鬼还原成人后的一九八〇年，应上影之邀去写剧本时，我特意到赵自先生家里看望，并带上了进入历史新时期之后我出版的第一本书和一瓶茅台酒。历经苦难磨砺的人，更知人世间一个“情”字的分量。记得，那天在赵自先生家中聊天聊得忘记了时间，又因我多喝了几杯酒，因而下午赵自带我去探望长者吴强时，神态有些迷糊，吴强以为我病了，要带我去医院看看——成为我留在上海滩的一个笑柄，其实这都是人间情感使然。

当然，《收获》编辑部，在那个年代敢于发表《大墙下的红玉兰》，则更是我文学死而复生的一个标界，我曾有过如是的感悟：“如果我‘投胎’错了，把它寄给别的刊物，很有可能延缓我文学再生的时间。一年、两年……甚至多休眠几年，都是有可能的。在那乍暖还寒的日子里，中国的事情很难测算，常常是刊物主编的人文良心，决定着作家的命运。”这是我写在一九七九年的日记，事隔多年，那日记的纸页虽然变黄，但我对巴老的尊敬之情，依然闪亮如初。因而，在巴老百岁华诞之际，我写了长长的祝贺文字，以示对“世纪良心”的敬意。

终生难忘的上海情愫之中，还有我难以忘却的一页。当《大墙下的红玉兰》在《收获》问世后，在千余封读者来信中，有一封寄自上海第二军医大学的来信，写信者是该医院的一名从事于 X 光射线的军医。她在信中说，读了我的小说，像对我进行了一次心、胸透视一样，知道中国知识分子的头脑和心脏功能良好，没有被血腥“文革”挤压得变成畸形。她说她读了小说，彻夜未眠之后，清晨提笔写这封长信。她在信中让我难忘的几句话，至今激励着我在文苑苦耕。她说：“但愿中国历史再没有反复，如果有的话，你再次身陷囹圄之时，就是一个军医变成民间‘郎中’之日，到时我将去监狱探视你。这是我读过小说后，一个军医的心誓……”由于这封信写得情真意切，我驻足上海的时日，特意到城郊的第二军医大学医院，回访了这位身着橄榄绿的军医，并与她一起到文艺出版社王肇岐家里，与上海文化界的朋友欢聚畅饮。记得，当初出版我处女作的刘金先生，似乎没能找到，后来成为上海文艺出版社总编的江曾培先生，倒是来了——那是二十五年前，我难以忘怀的一段尘封往事。

整理书斋，由于几本处女作的失而复得，让我记起了上海以及上海的友人；与此同时，我还记起上海街道上成行的梧桐。在我的认知里，梧桐比性喜追风的杨柳生命内核要显得端庄和凝重。这就是我整理书斋时，文海钩沉的人生感悟……

二〇一二年二月二十七日

名流济济·谈笑风生·共商国是

周汝昌

眼下，北京又在召开两会了。人人皆知，这两会是每年开春时候的国家大事，届时，京城气氛欢悦，喜气洋洋，各行各业，格外繁荣。

我曾荣任政协委员二十年之久，即从第五届直到第八届方才退下。第五届者，就是正当拨乱反正结束之际，人心振奋，各行各业气象一新。我这连任四届的委员实际上是经历了特邀、文艺界、社科界、无党派人士界分组的成员，因此，我得以认识结交的高人名流为数甚多，若要罗列全部芳名，那就绝非这篇小文所能容纳的了。

如今让我在此片刻之间随意而列举数名作为代表吧！这里所附带刊出的旧照片，就是我和“三毛”画家张乐平先生、老辈电影明星王人美女士，我们三人坐在一处谈天论地；等到正式开会，这才集中思想共商国是。张乐平先生还给我画了一张“三毛”，给我献红领巾，那神态活灵活现，现在再赏真是宝物！王人美女士彼时已然一足微跛，行动不甚灵便；时常共会一堂的还有老舍夫人胡絜青，是位女书画家；还有张伯驹夫人潘素，是位女画家；还有喜彩莲、新凤霞，都是著名评剧表演艺术家；还有舞蹈家资华筠、芭蕾舞名家白淑湘、鼓书名家骆玉笙、女高音歌唱家邹德华、京剧名家胡芝凤……真是举之不尽，热闹非常。

再例如，我和敦煌艺术专家常书鸿先生一经相识，便讨论起隋唐绘画和宋元绘画之大不相同以及分别何在；如京剧专家张庚先生，我们一见面就谈起现存京剧剧目。我说，京剧盛行而不衰的传统节目折子戏都是连台大戏中的很小一段，但这种小段却都是诗的境界，而不是什么矛盾冲突的曲折惊人等等的大节目。张庚先生听了就说，你的这种论点恰与我多年来的说法是一致的，因此十分高兴。他强调，诗是我们中华艺术上无所不在的重要因素，在绘画上、在舞蹈中、在戏剧里，诗总是主要的一种质素……

又如翻译家杨宪益先生，他早年就给我来过信，询问《红楼梦》中西洋药品的外文原字。此时政协会上一见面就像老朋友重逢一般，也就此又谈起翻译《红楼梦》的种种难题。再如，著名剧作家吴祖光先生，我们谈起的是老时候拍什么片子，内容都不让演员早早知道，怕泄露秘密。而现在则是尽先告诉演员，原原本本让他们增加理解为演得更好。如中华书局资深老编审吴泽炎先生，我们以前不曾有过交往，他见我也曾做过编辑就很亲切，后来就把新出版的《辞源》两大册送给我，让我十分感动。再如，老作家沈从文先生，我们早年共同为曹雪芹逝世二百周年大会而常在一起交换意见，而此时他已年老，同桌吃饭竟然不认得我是谁了。这些有趣的例子，真是一时举之不尽。

这里还要特别记上一笔我和著名作家管桦同会同组的交谊。他曾是北京市作协的主席，本籍丰润。因早知我提出曹雪芹为丰润人的说法，所以特别与我有共同语言。我们二人每逢开会就共同联手在政协报上发文，其内容重点是说曹雪芹的妇女观，如何重视妇女的不幸命运等问题，表明我们虽然难以时常过从，却有着相当重要的文学共识。还有陈慧大姐，她是陈叔通的女儿，见了我就要我讲《红楼梦》，说我最喜欢听你讲《红楼梦》了，又因此结下一段友谊，会后还到我寒舍做客吃饺子。再有就是我在燕京大学的老同学梅绍武先生，他是梅兰芳先生的长公子，也意外重逢……

政协开会的分组都有一位“组长”，名为“召集人”，我所经历担任此职的印象中最好的一位是王光美女士，她好像对全组成员都有所了解，也能知道我的名字。有一次她见我双耳重听尚未发言，便向我说："请周先生给我们讲几句话。"其态度之和蔼、语言之亲切，都给人留下了印象。这一届，组中的文化人数众多，如黄苗子，工书擅画，人皆知之，但他的诗才知者不多。那回我们在同组见面了，小组开会的前十分钟，我口占了一首七律相赠与他，没想到，五分钟后，他的和诗就写给我了，如此之快、诗句之佳，都让我佩服赞叹。又如故宫博物院老院长单士元先生和我讨论恭王府的原址与《红楼梦》是一种什么样的关系。如唐兰先生主张中华文化不是"五千年"，而是"有七千年的历史"了，我当时也赠他一首七律，向他表示赞成他的论点，并且认为说是"八千年也未为过"……

我在这篇小文中列举了这么多的名流高士，虽然话题不同，可是都渗透着中华文化的质素。这一点，才是最为重要的。我们那时不是闲聊天，我们心心念念的是如何发扬我们民族传统文化的精髓。

二〇一二年三月三日

“假小子”演戏

方掬芬

一个又瘦又小的姑娘，留着像男孩子一样的平头，领着弟妹，和邻居的穷孩子们一起，在低矮的房檐下，在破败的小街上，在荒寂的铁路旁，直着嗓子唱，挥着胳膊跳，有时滚下土坡，有时又爬上树梢。弟妹们叫她一声“哥哥”，大人们唤她一声“假小子”，她都高声地答应着：“唉——”

这就是我小时候的模样。

说起来这已经是半个多世纪以前的事情了。当时，我们家住在汉口刘家庙一带，那是城市贫民和铁路工人聚居的地方。我父母在那里的平民小学里教书。虽然日子过得很清苦，但家里总还是温暖、欢乐的。爸爸每天下班以后，就教我和弟弟妹妹唱歌、念诗，给我们讲笑话和故事；妈妈在一旁也有说、有笑、有唱的。

一九三七年，抗日战争爆发了。第二年武汉失守。当时我不满九岁，随家逃难到四川万县。父亲在难民总站当个小公务员，母亲给有钱人家的少爷当家庭教师，当时她正怀着孕，每天清早都要翻山越岭去教书，晚上拖着疲乏的身子回来，还要操持家务。

那是灾难深重的年月，物价飞涨，父母要维持一大家人的生活真难。加上白天黑夜随时都得准备躲避敌机轰炸，空袭警报一响，就要钻防空洞。但是，年幼不知愁，欢乐是儿童的天性。尽管破衣蔽体，食不果腹，我们已习以为常；待在防空洞里，我们也不知害怕，反而还觉得挺好玩呢！我们家近旁有个公园，里面有钟楼、宝塔和各色各样的花朵。我们常到公园里去玩，有时在那儿唱歌跳舞，唱的跳的都是当时流行的一些抗战歌曲和儿童舞蹈。有一回，正当我们表演得来劲的时候，不知不觉围上来一群观众。我们一点儿也不害臊，反而“人来疯”，越唱越起劲，越跳越来神。大人们觉得我们可爱，有的就问我们姓什么，叫什么，哪儿的人，为什么不上学……我们都如实回答。他们就把我们带到茶馆里，让我们继续唱歌、跳舞，然后又请我们吃瓜子、糖果。开始我愣住了，不肯接受，因为父母嘱咐过，不许随便吃人家的东西。可是大人们都说：“拿着吧！你们唱了半天，跳了半天，也累了，这是慰劳你们的！”我于是说了声“谢谢”，就接过来吃了。弟弟、妹妹们见大姐这样，当然不客气了，也吃起来。这以后，我们就经常到公园里去表演。现在想来，这大概是我第一次用“表演”换取的“劳动报酬”吧！

我十一岁那年，有一次敌机又来轰炸，我们一家人都躲进防空洞。只觉得整个大地在不停地颤抖，头顶上一片炸弹爆炸的隆隆声，可怕人了。等到警报解除，我们走到家，发现家已经没有了，房子成了一堆瓦砾，一切东西全都毁了，连我喂的一只下蛋的母鸡也给炸死了。我伤心极了！

家里被炸以后，我们搬到一个叫“一碗水”的地方。真是祸不单行，已经非常贫穷的家又被偷盗一空。接着，爸爸失业、小弟出世——一家人实在活不下去了。我和弟弟、妹妹被送进了难童教养院。从此，我就离开了亲人，一个人在外生活。

有一次，难童们开联欢会，先生（老师）让我扮演一个孤女。这孤女的父母在逃难途中被炸死了，她孤零零地一个人在人世间讨饭……我那时又瘦又小，先生给我抹了一脸的黄凡士林，就显得更加面黄肌瘦了。我的头发本来就是稀稀拉拉的几根黄毛，再搁上几根稻草，一副蓬头垢面的模样。我穿着一件破褂子，赤着一双脚，手拿着一个破篮子和一根打狗棍，走到观众面前，有气无力地说：

“我的爸爸妈妈被日本飞机炸死了，我已经三天没有吃东西了……”接着，我就唱起来：“我的家……在东北松花江上……”当时，我虽然没有受过什么训练，但是我的心中充满着一个孤儿思念故乡和亲人的真情，我情不自禁地一边说着、唱着，一边流着眼泪。台下除了难童，还有流亡到后方的老师和当地老百姓，他们都哭了！台上台下，交融着一片对日本帝国主义者的仇恨。这个节目受到如此赞扬和鼓励。这是我有生以来第一次以自己真实的表演感动了观众。

后来，我成为儿童戏剧演员。每当我扮演穷孩子时，我就想起这个时期的生活，演起来，也就特别有感情了。

二〇一二年三月二十六日

一位真诚的学者

家　正

暮春江南，莺飞草长，我在苏州。苏州是国家颁布的第一批历史文化名城，每次到苏州，参观及话题，似乎总离不开文化遗产的保护。苏州的朋友在谈话中，常常会以一种感激的心情，提及诸多专家学者对于苏州的关爱，其中自然少不了罗哲文先生。

罗哲文是我国古建研究和文物方面的专家，几十年来，为了古建筑的保护和文物方面的事，他的足迹遍布全国，其中，到苏州就达百次之多。苏州人，特别是苏州文物界的朋友，对罗先生都相当熟悉。我每次来苏州出席文化遗产方面的会议或活动，差不多总可以见到罗先生。

可是，这次没有。去年，也是这样莺飞草长的季节，我在苏州出席一个会议期间，突然接到罗先生的儿子罗杨的电话，他告诉我，罗先生于五月十四日晚间在北京不幸辞世了。时光倏忽，再有几天，就是罗先生逝世一周年的日子了。

我与罗先生相识十多年，接触甚多，无论考察、会议、研讨，大都是有关文化遗产方面的问题，至于私人之间，真的谈不上有多少深交。但不知为何，他给予我的感觉，却有些不同寻常。罗先生之于我，生前，总是那么亲切、快乐而自然；走后，印象却愈益清晰、鲜明和难忘。

一个人，无论从事何种职业，欲成大器，非真诚而不可得。即古人所谓，欲成其事，先正其心，欲正其心，先诚其意，精诚所至，金石为开。罗哲文先生就是这样一位真诚的学者。

一九四〇年，罗哲文还是一个稚气未脱的少年，便考入了我国最早的古建研究机构——中国营造学社，成为梁思成先生的入门弟子。从恩师的教诲和耳濡目染中，也从实际生活的体验里，罗先生领悟了文化遗产对于一个民族的意义，便满腔热情，真诚地投身其中。七十多年来，初衷不改，老而弥坚。可以说，为保护和传承中华民族的优秀文化，罗哲文先生真正做到了全神贯注、身心相许。他曾经说过，他这一辈子，从学徒到参与，心无旁骛，就做了这么一件事。现在，越来越多的人明白，这件事，对于国家和民族的意义。文化遗产的保护，关系到中华民族悠久历史的记忆和延续，也关系到我们满怀自信走向未来的根基。

改革开放以来，国家发展，日新月异，文化及文物工作也愈益受到重视和加强。对此，罗哲文欢欣鼓舞。同时，他也敏锐地觉察到，大发展大开发背景下的文化遗产保护，更加繁重、艰巨和复杂了。为此，他与一批老专家奔走呼吁，提醒建议。正如他自己所说，为了文化遗产保护之事，“说过的话、去过的地方、做过的工作、提过的意见，真是太多太多了！”他是第六、七、八届全国政协委员，发起和参与的提案、建议，不胜枚举。绝大多数与文化遗产保护有关。其中，他倡导并全程参与的长城保护、大运河申遗、历史文化名城保护、加入文化遗产保护国际公约等重大建议和项目，受到党和政府的高度重视，对我国文化遗产事业的发展，发挥了重要作用。

罗先生是个温和乐观而又富有原则性的人。他平时总是与人为善，笑容可掬，但是，只要遇到文化遗产遭受破坏及损害的事，便生气动火，据理力争。有一次，与我谈起自己伴随梁思成、林徽因经历的文化遗产遭毁的事件，虽然已经过去了几十年，罗先生那心痛不已、黯然神伤的样子，令我难以忘怀。

罗先生去世以后，文化、文物界的同事和朋友举办了一些追思纪念、研究座谈活动。我看了大家的发言，很是感动，并且愈益感受到罗先生源于真诚的人缘及亲和力，认识到，他真诚的品性在于做事与待人上的统一。

罗先生常常满怀深情，与人讲起梁思成、林徽因夫妇对他的关怀和教诲，并总是把这份感激和怀念的心意，转化为自己对于青年人的悉心培养和提携。他多次说过，民族文化遗产的保护和传承任重道远，他喜欢带着青年人一起做。可以说，对于恩师前辈的景仰和深情，对于青年后学的厚望和提携，对于民族文化遗产的挚爱和守护，在罗哲文的心里，已经水乳交融、浑然一体了。

罗先生热爱自己投身的事业，同时，也热爱那些志同道合的同事和同道。他在文物界，在社会上，包括传媒界，因为文物保护而相识相知的朋友，无分老少，遍布全国。特别是与那些同业共事几十年的老伙伴、老朋友，更是情意笃厚。记得二〇一〇年九月，著名文物专家谢辰生先生的文博文集首发式在故宫举行，八十六岁的罗先生拿着相机，跑前跑后，兴奋不已，那份高兴劲儿，就像他自己遇到了什么大喜事似的。他还把赠予谢先生的诗作复印件送了我一份。谢先生比他年长四岁，诗作落款，他以“小罗”自称，令我忍俊不禁又心存敬意。

结识罗先生时，他已年逾古稀，十多年来，早已是八十多岁的老人了。但在我的印象里，他好像就没有什么大的变化，永远是那样热情乐观，兴致盎然。蓬乱花白的头发，清癯臞微笑的面孔，他常常身着一件灰白色的旧马甲，脖子上挂个照相机，频繁地奔走在全国各地，或骑着自行车穿行在北京的胡同里，为考察、记录、研究古建等文化遗存，成天忙碌不停，不知老之将至。

世事沧桑跌宕，人生曲折磨难往往在所难免。无论从事何种职业和事业，年长日久，历经坎坷，若无真诚与执着，便容易滋生疲乏和懈怠，甚至沾染世故与油滑。文化遗产的保护，既然有其特殊的重要，也便有其特殊的艰苦，不仅需要耗费体力和心力，而且需要不屈不挠、坚忍不拔。罗哲文投身此项事业凡七十余年，从少年而至耄耋，始终兢兢业业，无怨无悔，挚爱如初，一往情深。可以说，罗先生七十年如一日，从来都不曾厌倦、不曾冷漠，不曾懈怠过。

由此，我想，一个人对于自己所投身事业之意义，理解，才知珍惜；珍惜，才会有发自内心的真诚与执着，才能保持一种永不衰竭的依恋和激情。“真诚”二字之所以可贵和不易，是因为它不只是一种态度，而是一种心甘情愿的选择，一种不惜以毕生心血去践行的信念。

暮春江南，莺飞草长。想到罗哲文先生的逝去，不免平添一份怅然。然而，回想他的风范和精神，感受业内外朋友对他的挚爱与追思，又备感欣慰和充实。

我很怀念这位可敬的老人和真诚的学者。

二〇一三年五月十三日

灵魂的震撼

何香久

那是二〇〇九年秋天，在北京河北办事处的一间客房里，万伯翱先生、浙江永乐影视公司总经理程力栋先生、《焦裕禄传》的作者之一陈新先生等和我一起沟通这部三十集电视剧的创作。他们选定我担纲剧本的编剧。当时，永乐公司拍摄的长篇电视剧《雷锋》已经封镜，正在做后期。

接了这个剧本，很多朋友都说这是个不好写的本子，有的朋友干脆劝我不要碰这个题材。他们的意思我心知肚明，我知道这个选题有太多的挑战性。关于焦裕禄，上世纪六十年代有穆青、周原等同志的长篇通讯《县委书记的榜样——焦裕禄》，上世纪九十年代有李雪健主演的电影《焦裕禄》，还有那么多的传记作品。可以说，焦裕禄的形象在人民心目中已经定了型，甚至定了性。我还怎么写？这是最大的顾虑。其次，我们的时代发生了翻天覆地的变革，这个人物的时代意义如何把握？这是又一层顾虑。

我决定先到兰考走一走。

到兰考那天已经是下午五点多钟了，先去拜谒焦陵。

我看见焦裕禄同志坟前摆放着供品，而且那供品还是新的，我感到很奇怪，就问兰考的同志：今天是什么日子，为什么有人来给焦书记上坟？兰考的同志说：这里经常有人来摆放供品，鲜花、蒸馍、水果等等，从来没间断过。兰考的老百姓把焦书记当成了神——当然是他们心目中的人格神。他们有高兴的事，来向焦书记说一说；有什么委屈的事，也愿意跟老书记念叨念叨。

这件事一下子就把我强烈地震撼了。

一个领导干部，去世快五十年了，人们还那么怀念他，这个场景对我心灵的触动之深，难以用语言形容。说实在话，在接受这个创作选题的时候，我是有很多顾虑的。但是一进兰考看到的这个场景，我的信心陡然增加。

接下来采访，我每天都处在深深的感动中。

在焦裕禄纪念馆里，我看到了焦裕禄遗物，他穿过的衣物上打满了补丁，一床褥子上的补丁有四十多个，一床被子补得看不出原来的颜色了。还有他下乡骑的自行车，他办公室里的那把破了一个大洞的藤椅。焦裕禄到兰考工作时，他的肝病已经很厉害了，肝痛难忍，手边有什么东西就抄在手里，在肝部顶一下。笤帚把、茶缸盖、钢笔、铁锹柄，抓到什么就拿过来压在肝部，藤椅上的那个大洞，就是这么顶出来的。

在焦裕禄的遗物前，我再也忍不住自己的泪水。

我采访了焦裕禄的老同事、老部下、兰考的乡亲等一百二十多人，很多人一提起焦裕禄，就泪流满面，泣不成声。我来兰考之前，和《焦裕禄传》的作者陈新先生谈这个题材，陈新老师讲到焦裕禄，掩面饮泣，一个七十多岁的老人，哭得像个孩子一样。他说："我就不能说焦裕禄，情感上受不了，支持不住。"这使我的感情受到巨大冲击。一个人离世近五十年，还能让想起他的人落泪，这说明焦裕禄真正活在人民心里，说明我们这个时代，从来也没有停止过对这个伟大灵魂的呼唤。"百姓谁不爱好官？"一个始终把人民放在心中最高位置的领导干部，人民必然把他放在自己心中的最高位置上。

兰考的采访让我坚定了信念：我应该写焦裕禄，而且一定要写好焦裕禄。作为一个作家，同时也作为一个领导干部，这是责任所系，使命所系，更是良心所系。

在兰考，我听到最多的，是关于焦裕禄与人民群众那种“血浓于水”的情感的描述。

焦裕禄到兰考工作，可以说是“受命于危难之间”。

兰考县从历史上就多灾多难。翻一翻旧县志，那些记载让人毛骨悚然。明崇祯十一年到十三年，连续三年大旱，赤地千里，田野一空，出现了“三人同行，二人同食一人”的现象。县志还记载着“若有人死不葬，煮而食之”。

是什么原因造成了兰考的灾难？是黄河泛滥。天下黄河十八弯，最后一道弯在兰考。历史上记载，从一四七七年到一七八五年的三百多年间，黄河在兰考境内先后决口二十九次，有八次大水漫堤，全境成为泽国。黄河是世界首屈一指的泥河，到中下游的黄河里面一年流挟的泥沙有十六亿吨，这么多的泥沙高到一定的时候，决堤就是必然的事。今日兰考有籍可考的黄河故道有十一条，十一条黄河故道形成了更多的黄河故堤，故堤环绕沙丘，又形成上百个风口，给这个县留下大片的沙荒地、盐碱滩，风沙、内涝、盐碱成为亘古不变的“三害”。

焦裕禄到兰考时是一九六二年底，三年困难时期的最后一年也是最严重的一年。一冬无雪，三春无雨，风沙打死二十一万多亩麦苗，秋天又遭内涝，淹死三十万亩庄稼，盐碱地碱死十多万亩青苗。当时兰考所有耕地加起来不足一百万亩。亩产不足四十斤，全县粮食产量降到历史最低水平，全县三十六万人，灾民就有近二十万人。开封地委为了改变兰考状况，先后物色过几个干部去任职，可人家一听说去兰考，就连连摇头。最后物色了正在尉氏当县委副书记的焦裕禄，地委领导找他谈话，直言不讳地告诉他，兰考是全地区最苦的一个县，最穷的一个县、最困难的一个县。面对三个“最”字，焦裕禄没有半点犹豫。他说什么？他说：“感谢党把我派到最困难的地方去工作。”他还表示：“不改变兰考面貌，我决不离开那里！”

焦裕禄刚到兰考工作时，干部队伍思想不稳定。工作环境太艰苦了，所以很多干部都想方设法调出兰考。有个干部编了个歌谣，叫“十二愁”，说：“吃也愁，烧也愁，穿也愁，住也愁；前也愁，后也愁，黑也愁，白也愁；出门愁，进门愁，愁来愁去没有头。”

当时兰考县有个特殊的机构——“劝阻办公室”。“劝阻办”是兰考当时特有的产物，全国两千多个建制县，只有兰考有“劝阻办”。因为兰考逃荒要饭的人多，县委就专门成立了一个劝阻流民的办公室，各公社、各大队都有相应机构，在村里劝，在路口截，在车站堵，目的只有一个：减少灾民外流。焦裕禄到兰考没几天，就把“劝阻办公室”这块牌子摘了，挂上去的是“除三害办公室”的牌子。

这两个办公室的一撤一立，也是焦裕禄改变党和政府工作态度和作风的第一个大举措。也是向群众表明党和政府的决心：不再回避问题，而是直面困难，带领群众自力更生、艰苦奋斗，改变兰考面貌。

从县档案馆借出一九六二年到一九六四年上半年的县委工作档案，我用一个星期的时间，把焦裕禄在兰考工作的四百七十五天，逐日梳理，编制了一个日程表，这个日程表编排完了，我蒙上被子大哭了一场。四百七十五天，除了治病的那段日子，焦裕禄几乎天天在第一线，每天都有动人的故事发生。

兰考有二百多个村庄，焦裕禄在兰考当县委书记的一年半时间内，走了一百二十二个。他不是“走马观花”，不是“蜻蜓点水”，而是坐到群众家的炕头上，深入牛屋里，把身子扑到大田中。焦裕禄一进村，挨家挨户串门，如果赶上吃饭时，第一个动作是掀开锅盖看一看，看看群众有没有吃的，吃什么。再看柜里有没有粮食，有没有棉衣棉被。见了六七十岁的老太太就喊娘，老人们说：“你是县委书记，把俺叫娘，俺怎么担得起呀？”焦裕禄说：“在俺山东老家，俺娘也是您这个岁数。”他真正把群众当成自己的亲人。在兰考，我发现人们说起焦裕禄，大都不称“焦书记”，而直呼“老焦”，一声声“老焦”，让我一次次怦然心动，热泪难禁。

当年大通讯的作者穆青、冯健、周原一九九〇年重返兰考，写下《人民呼唤焦裕禄》。文章写道：“兰考人心目中，焦裕禄没有死。在村头、田间，在农舍、牛屋，在农村饭场，在夜半梦乡，他们似乎还跟焦书记倾诉自己的心里话。”

剧本创作中，我一遍遍读着这些文字，涌在笔端的思绪，仿佛也有了炽热的温度。

二〇一四年七月二十一日

上大学！上大学！

韩小蕙

那是一九七八年初冬，我踏进南开园已经有两个多月了，入学时的自豪感、新鲜感、陌生感等等都已成为明日黄花，同学们都进入了卧薪尝胆、囊萤映雪、头悬梁、锥刺股的苦学苦读境界。

人的一生，看着像一只越飞越高的纸鸢，似乎永远在直线上升，其实不然。以我的切肤之感，生命的长度虽然不短，但也就只是那么几步，若把“机遇”抓住了，把“道儿”走对了，没铸成痛彻心扉的大错，就能算是“幸运儿”，就必须要拼命地感激上苍的恩典！

感谢上苍，有点儿虚空。于此纪念邓小平同志诞辰一百一十周年之际，我又一次想到自己这辈子最最感恩的一件事，就是当年“文革”结束仅一年多，邓小平同志就以卓越政治家的眼光和胆略，力排“左”倾干扰，决定恢复高考，并以诸多优惠政策，将数十万像我一样的青年“工农兵”送进了大学之门。

今后中国的历史上，再也不会出现我们这奇特的“七七级”和“七八级”了，这两届应考的学生中，包括了从一九六六至一九七八届在内的十几届高中生和初中生。十年浩劫，大学从一九六六年起就停止招考了，大约两千万名十几岁的孩子，正是读书求学的青春年华，却没有学上，后来竟通通上山下乡去“接受工农兵再教育”，国家也因此断了人才档。恢复高考这一英明的雄才大略，把中国救了，也把一代嗷嗷待“学”的青年们救了。

以我为例，只上到小学五年级，“文革”就开始了，学校关门，失学在家，野孩子似的整整在家晃荡了两年。后来一九六八年“复课闹革命”，名义上虽说上了两年半初中，却其实只是挖防空洞、下乡劳动和不停地“斗私批修”、写大批判稿之类，连课本都没有，基本就没学过什么文化课。所以，我上大学前的学历只能说是小学五年级水平。一九七〇年六月，据说是因为上面几届学生插队的插队，去兵团的去兵团，造成北京市各个工厂劳动力严重匮乏，频频告急，所以决定从应届初中生中先抽调一半，提前分配工作（当时北京市还没恢复高中）。于是，刚刚过完十五岁生日的我，就进了北京电子管厂，成为生产线上的一名小青工，一干就是八年。

人生能有几个八年？青春能有几个八年？正是记忆力最好的学习期又能有几个八年？谁还能想到，这辈子还有机会进大学读书？我身边的小工友们，纷纷认了命，不少人成了家，有的早早地就当了爹和妈。

再以我们班为例：全班七十六人，从“老高三”到应届初中生，全有，最大的三十二岁，最小的十六岁，年龄居然差了一半。上学前的身份嘛，有工人、农民、解放军、教师、编辑、售货员、机关干部、学生……五行八作，应有尽有。有好几位都已成家，有了儿子、闺女。还有一位老大哥，他进大学，儿子进小学，成为名副其实的父子兵，在他的家乡和我们班里传为美谈。以我二十四岁进大学、二十八岁毕业的大龄履历，今天多次被我女儿所不理解、不屑、不认同，可当时在我们班里，我却还只能排在中间，算是蜂腰吧。

所以，你说，我们怎能不玩命地学习、学习、学习！珍惜这梦一样美的、一生一世再也不可能有的上大学读书的机会。榨干分分秒秒，争取在仅有的四年时间里，补上从小学六年级到高中三年级所缺的七年的课程。还要以优异的成绩，完成大学四年的学业——四比十一，易乎？信乎？

所以，那时我不分冬夏，每天清晨六点起床，略事梳洗，不吃早饭，六点二十分准时迈出宿舍门。有课时就到教室早读，没课时就走向图书馆，一边等待开门一边或背古文古诗，或读英语，或看各种书报杂志。《离骚》全诗就是站在楼道里背下来的，今天想想简直匪夷所思，怎么可能？可当时凭着一股劲儿就硬是背下来了，并且直到现在还能冲口背出第一段。还有《诗经》《楚辞》《古诗十九首》《文心雕龙》《唐宋词一百首》中的某些篇目、片段等等，都玩命地背了一些——而这些，对于过去的读书人来说，都是四五岁就开始背诵的童子功，可我们二十多岁才开始“恶补”，幸哉？悲哉！

所以，我在南开大学上了四年学，也就是说在天津生活了四年，毕业离开时，根本说不出天津市的东西南北，搞不明白“小白楼”和南市之间有什么区别。我们班大部分同学都如此，也就是上体育课时游游泳、滑滑冰，平时很少娱乐。连吃饭都是匆匆忙忙的，一进食堂就拣短的队伍排。人人一门心思发奋读书——真像从精神到身体，都虔诚到家模范到家、彻里彻外的苦行僧。

所以，学校图书馆门前，每天早上没开门前就拥满了人，得在一开门时就冲上去占座，稍晚一会儿就没地方了。这也是因为当时全社会都有苦读风气，书店门前经常排起长龙，一排就是三五里地远，什么《基督山恩仇记》《茶花女》《悲惨世界》……多少年都没见过这种书了，一开禁，人人都兴奋得像小孩子买炮仗一样，抢着买，比着买，买回家来，全家老少个个笑逐颜开，争着读，不撒手！回想起那些日子，真像天天下金雨似的，舒心，痛快，那才是真正的高大上！我记得清清楚楚，一套十三卷本的《莎士比亚全集》，一共才十三块多，同学抢购回来时，神采飞扬，眉毛扬得高高的，眼睛放着光，简直就像是把大英帝国的皇杖拿回来了！

今天，当我重新回忆起这些往事，胸中还隐隐有着莫名的激动。时间已经过去快四十年了，我心里真是百感交集：既有如春天的暖湿空气吹过碧绿的河面，温煦地荡漾起缅怀、向往、留恋的涟漪，又仿佛夏日山洪倾泻过来了，平地升腾起“人生易老，时光不再”的排浪，就起起浮浮泛起了丝丝缕缕的忧郁和浓浓密密的惆怅……这些，都不是今天人手一机的“低头族”们所能理解的。但三十多年的中国社会巨变可以做证：“七七级”“七八级”们为改革开放做出了属于自己的贡献——为此，在我们不事张扬的内心深处，永存着一份自豪与骄傲！

二〇一四年八月十八日

云淡风轻镇北堡

李东东

二〇一四年八月二十七日，“民族团结宁夏行”全国媒体大型宣传报道活动启动仪式在银川举行。这个活动是由中国报业协会、宁夏回族自治区党委宣传部、自治区民委、宁夏日报报业集团共同举办的，我代表中国报协出席了会议。这是我调任北京离开宁夏七年多时间里，第五次回宁夏参加活动，很多朋友，有的想一起聚聚，有的准备前去看望。其中之一，就是宁夏文联原主席、著名作家张贤亮。但贤亮同志当时不在银川，家人告知正在北京治病，这次就见不到了……岂料，一个月后的九月二十七日，张贤亮同志因病逝世。

因为同为全国政协委员，又因为我与张贤亮同志在宁夏共事五年，《人民政协报》约我写篇文章。在两千字篇幅里勾勒我与宁夏文学代表性人物、中国著名作家的交往，一时难于下笔。想来只有从小线索、小切口入手了。我之所以从“云淡风轻镇北堡”谈起，是因为我与贤亮同志有交集的许多活动、许多交谈，常常是在镇北堡西部影城——宁夏文化和旅游的重要标志点进行。二〇〇二年五月中旬，我在履任自治区党委常委、宣传部长不到一个月时，陪同时任自治区党委书记陈建国同志赴镇北堡调研，之后数年，开会、探访，来来往往难以记叙，但贺兰山前阴晴雨雪，堡子内外生气勃勃，却是深深留存于记忆中的。

我任职宁夏的前半段，张贤亮同志任宁夏文联主席；后半段，他任名誉主席。不论当现职主席还是名誉主席，贤亮同志都不在银川城里办公，而是住在办得有声有色的镇北堡西部影城，精雕细琢着事业，有滋有味地生活。而我，除了在自治区其他会议场合共同出席活动，很少在自治区党委自己的办公室约见张主席，一般情况下多是我去镇北堡。那两个明清时代的堡子在银川市区西北、贺兰山前，地势比城区稍高。他要找我谈工作或我有事与他商讨，他往往会在电话中这样问：你上来，还是我下去？多数时候我会说，我上去吧！一方面，这是对老同志、对文化名人的尊重，同时，在云淡风轻的贺兰山前，在地阔天高的堡子说说话，心情也变得地阔天高。

因为张贤亮同志对宁夏文学、对中国文学的重大影响，也因为我对宁夏老中青几代文化人的尊重，我们之间始终不以领导被领导的感觉相处。我到宁夏工作五天时去宁夏文联调研座谈，一个月时到镇北堡调研，两个月时与贤亮同志一道在央视做节目宣传宁夏旅游……那时我总是提醒自己，我到宁夏才几十天，而张主席在宁夏已几十年，无论从阅历、经验还是学识，我都有太多需要虚心请教之处。由是，无论是在清堡他家小院书房里喝茶，还是在堡子里散步，我们的交流绝大多数时间是听他睿智、幽默间或犀利的侃侃而谈——谈宁夏文化事业发展，谈扭转不良社会风气，谈文学创作，谈经营堡子，谈过去的苦难，谈未来的打算……

他对自己人生经历的坦诚回顾，优渥的童年、多舛的青年，奋斗而成功的中年，那种种苦中有乐的细节，总是很吸引我陷入沉思；他的不断发展镇北堡的宏图大计，是当时他最乐于最长于谈及的话题，而他请我帮助协调银川市拆除堡子外一处影响西部“荒凉”景观的现代建筑的要求，很遗憾最终没能实现；他说他虽然是中国作家中经商最成功的，但最终不会放下作家的笔，忙过这几年，他还要继续自己的写作计划，我说我等着看你人生最厚积薄发的璀璨之笔……

终于有一次，我忍不住就我们俩的现实状况发表了八个字的感慨：你是神仙高卧，我是俗务缠身啊！是的，作为党委常委、宣传部长，我必须恪尽职守、完成好组织上交给我的诸般任务：组织指挥协调运作，上山下乡深入基层，发展宁夏文化事业，爱护宣传战线干部……再羡慕主席的“神仙高卧”，我也得一天十几小时、一周七天不容懈怠地埋首公务。“两眼一睁，忙到熄灯”，我那点儿文人习气快修理掉了，但也还保留了点儿，于是在调任宁夏工作四个月左右时，焚膏继晷地找了一个多月辛苦，夜深人静爬罗剔抉，写了《宁夏赋》。《宁夏赋》于壬午中秋在《人民日报》《宁夏日报》发表后，张贤亮及其夫人冯剑华同志，以及宁夏许多同志都很明确地向我表示，原来李东东常委除了做党政领导工作，还是我们文化界的人。

而另一次，我孜孜以求做宁夏文学界“后勤部长”的辛勤劳动成果，却没有得到张主席的积极肯定。我兴致勃勃地告诉他，正在如何协调相关组织人事部门，调整和加强自治区文联特别是作协的工作机构和领导力量；如何费尽周折，正在把获得春天文学奖和其他多种文学奖项的一位少数民族青年作家从西吉调银川，调入《朔方》杂志编辑部当编辑，我把这种调动视为对文化战线优秀人才进一步培养、向优秀人才提供更好的发展环境的导向性行为来看待。

作为老一代作家代表，张贤亮同志不完全同意我的做法，甚至半开玩笑地对我说，东东常委，你是苦心做了不少工作，可要小心别把宁夏的文学事业砸在你手上！我说此话怎讲，他说，高尔基有句名言：苦难是一所最好的大学，我就上的是这所大学；你太过呵护年轻作家了，为他们创造的条件太好了，温室里的花朵不经风雨，没有了艰难困苦的锤炼，怎么写得出生活呢？

是的，他说得对，“艰难困苦，玉汝于成”，贤亮同志本人就是惨烈的政治环境和生活境遇催迫出的思想大家和文学奇才，可我还是很难想象，在新的历史时期，如何再用艰难与惨烈的生活体验来造就文学人才。于是，我坚持把曾在天山草原放过马、在巴颜喀拉山淘过金、揣着本《新华字典》浪迹大西北的了一容调进了银川。因为，银川不仅生活条件好得多，子女教育环境好得多，更重要的是，这“世界”毕竟大得多了。

石舒清、陈继明、金瓯、张学东、郭文斌、了一容……张贤亮这棵大树之后成长起来的“三棵树”和一片文学林，已经形成新的历史时期的新的文学宁夏现象，当时我认定，应当十分珍视当今快节奏、比较浮躁的生活中西北大地这片清新宁静的文学林，时时为之浇水、培土、遮风、挡雨。记不得这是不是我与贤亮同志唯一一次“分歧”，但我知道，从文化和文学事业发展的根本来讲，我们的观点是一致的。

在明堡的百花堂开会，在清堡的小院叙谈，在春光里，在雪影中……岁月悠悠，镇北堡的一次次活动、一次次聚会，转眼间是距今十年上下的事情了。贤亮同志病逝当日，我即同参与治丧工作的宁夏文联副主席哈若蕙同志通信通话；次日，与正在殡仪馆守灵的贤亮夫人冯剑华同志通了电话。我们回顾了我在宁夏工作五年间团结共事、亲切交往的历程；我们因从事宁夏的宣传文化工作相识并共同奋斗，因奋斗和相知建立友谊；斯人已去，长风浩荡，宁夏文学事业长在，我们的真挚友谊长在。

二〇一四年十月十三日

苦读、乐读与爱读

聂震宁

说到读书，国人的第一反应往往是苦读。眼下，几乎所有上过学的人都能说出一连串的苦读故事：韦编三绝，孙敬悬梁，苏秦刺股，匡衡凿壁，车胤囊萤……还有颜真卿的名作："三更灯火五更鸡，正是男儿读书时。黑发不知勤学早，白首方悔读书迟。"无数苦读故事，无不是主人公经过"艰难困苦、玉汝于成"，成为国之栋梁、经天纬地之才，而成历代学人楷模。凡此种种，切实印证了孟子的著名论断，即"天将降大任于斯人也，必先苦其心志，劳其筋骨，饿其体肤，空乏其身，行拂乱其所为，所以动心忍性，曾益其所不能"。

苦读并非中华民族独有。伽利略、牛顿、达尔文、爱迪生、居里夫人等科学巨擘艰难跋涉在科学崎岖小道上的故事同样十分感人。在伦敦的大英博物馆里，马克思当年刻苦阅读写作的经历至今仍是那里的导游员熟练讲述的故事，因为不少中老年的中国游客，一直记得曾经在中学课文里读过的这个苦读故事。我们民族似乎对苦读的要求来得更加普遍，更加不容置疑。在我们的阅读价值评价里，仿佛只有刻苦才是正途。凡谈论读书成才者，不苦不算事，不苦不算精彩，不苦媒体与受众都不快。

奉行苦读，并非我们有自虐心理。有专家指出，这是我们社会历来有过于强调实用和功利的毛病所致。寻根索源，也许与汉代独尊儒术有关，与隋朝以来开科取士有关，与数千年来社会优秀人才拔擢以做官为唯一正途、人才价值观过于狭隘有关。到了改革开放的当代，人才观念虽然已发生根本性变化，正在大力提倡素质教育和人的全面成长，可是，万千学子最终还是要在高考的指挥棒前苦读应试，千万父母还是决心不让孩子输在起跑线上，苦读从娃娃抓起。苦读仍然是国人的思维定势。

于是，在倡导全民阅读的过程中，我特别希望社会把既有的阅读习惯稍作改变，更多强调乐读。联合国教科文组织在一九九五年确立世界读书日时发表的宣言是“希望散居在世界各地的人……都能享受阅读的乐趣”，不乐读何以享受阅读的乐趣！

在汉语言里，“乐读”一词确实较少见到，然而，古今名人主张乐读者还是不乏其人。《论语》开篇就说“学而时习之，不亦说乎”。陶渊明洒脱地宣布自己“好读书不求甚解，每有会意便欣然忘食”，自然是乐在其中。苏东坡主张“腹有诗书气自华”，黄庭坚指出“三日不读书，则语言乏味，面目可憎”，讲的是学以修为。欧阳修读书写作有“三上”（马上、枕上、厕上）之说，含有休闲阅读、率性写作的意思。陆游更是只以读书为人生乐趣，有名句：“天下无如读书乐”，“人家不必论贫富，惟有读书声最佳”。郑板桥干脆宣称“难得糊涂”，直接对抗僵化呆板的做派。鲁迅的话也很坦诚，说读书有“职业的”，也有“嗜好的”，许多时候自己也只是“随便翻翻”。还是《论语》中孔子说得彻底，即“知之者不如好之者，好之者不如乐之者”，乐读的境界其实很高。

我有两位教育界的朋友，一位是某大学实验小学的校长，另一位是某大学附属中学的校长。两位都分别与我谈过自己的办学理念。小学校长宣称要努力让学生“快乐学习”，中学校长对此就不以为然，认为快乐学习是不可能的，只有刻苦学习之后才能快乐。中学校长说，从古到今只有苦读，哪里有过乐读？

显然，二位校长各执一端，但都取得了事业上的成功。小学校长朋友的小学一直是许多家长打破头也要让孩子挤进去的宝贵福地，中学校长朋友的中学在中考、高考中从来就傲视群校。可见，苦读、乐读，都能各得其所。

古来读书，既有学以致用的苦读精神，也有学以修为的乐读传统，只不过长期以来过于奉行前者，冷落了后者。学以致用固然是社会发展的重要动力，而学以修为则是人类全面发展的更高需求，二者缺一不可。就个人而言，还有人各有志的选择，一个人要在专业上有所作为，要他不苦读都不可能；一个人喜欢休闲阅读，要他不乐读也不可能。看来，问题不在苦读还是乐读，关键要爱读。

全民阅读，特别需要提倡全民爱读——让更多的人热爱读书。

爱读，就是希望苦读成功者依然以读为快，希望乐读名士更加读有所得。苦读者必定取得专业精进，可以成为有志者的榜样；乐读名士必定能影响周边人们的生活方式，更应当在全民阅读活动中成为楷模。

爱读，就是要让七八十岁的白发老人乐在读中，让辛劳的上班族从阅读中汲取精神养分，让山村里的男女老幼有书可读，让正在成长的学子能够读到更加丰富多彩的课外书籍。爱读，就是让我们在长假、小长假甚至是周末优哉游哉捧起久违的心爱之书来读，有“如见故人”之慨。爱读，就是要让我们躲开无聊应酬，远离声色犬马，安心闭门读书，有“既见君子”之感。

爱读，爱在读有所得，爱在读后明心智、长见识、增气质、升境界，从而谈吐更高雅，往来无白丁。爱读，爱在各有所好，好诗词者诵诗词怡兴，善小说者借小说怡情，爱散文者以美文怡性。爱读，就是要让各人有各人爱读之书，无人强求一律，仁者乐山，智者乐水，读者乐读，全民都爱读，这才是文化发展的更高境界。

二〇一四年十二月一日

喜气洋洋说羊年

袁　靖

大约在商代以前，我们的祖先就把十天干和十二地支依次配对，这样的组合六十年轮换一次，形成干支纪年。今年是天干“乙”和地支“未”配对，为乙未年。十二地支又和鼠、牛、虎、兔、龙、蛇、马、羊、猴、鸡、狗、猪十二生肖一一对应，“未”对“羊”，所以今年又是羊年。

羊年说羊，首先要追溯它在世界上的起源和在中国的出现。作为家养动物的羊包括绵羊和山羊这两种。国际动物考古学界一般认为，最早被驯化的绵羊和山羊是在伊朗西南部的扎格罗斯及周边地区，时间为距今约一万年前。按照中国动物考古学的研究结果，中国最早驯化的家养动物是狗，距今一万年左右。其后是猪，距今九千年左右。在这以后长达数千年的时间里，尽管在众多古代遗址里一直发现猪和狗这两种家养动物的骨骼，且出土的数量不断增加，但是却没有发现过证据确凿的包括绵羊或山羊在内的其他家养动物的骨骼，似乎我们的祖先从距今九千年以来，很长一段时间里没有再继续驯化其他种类的动物。在距今五千多年前的甘肃和青海一带突然发现中国最早的绵羊。此后，绵羊从黄河上游地区向东逐渐扩散。从商周时期开始，在各个地区的遗址里都出土了羊的骨骼。通过对中国多个遗址出土的绵羊骨骼进行古DNA分析，发现了西亚地区的绵羊世系A和世系B的基因。由此证明，早在至少五千多年前，西亚地区起源的绵羊已经被人带入黄河上游地区。这种长距离的文化交流，比后来的丝绸之路要提早三千多年。

民以食为天，食以肉为上。在商代以来各个时期的考古遗址中，我们均发现了当时人食余废弃的羊骨。在山东出土的汉代画像石上有一幅鱼羊图，图的左侧为一条平放的鱼，右侧则是一只带有螺旋形大角的绵羊头的正面形象。把鱼和羊合在一起，就形成一个“鲜”字。“鲜”字有好吃的意思。“鲜”字左侧的鱼泛指所有的鱼类，而右侧的羊则是意思明确的一类物种，从众多好吃的物种中，单单挑出羊和泛指的鱼配对，可见在古代人的心目中，羊肉的美味确实不同寻常。据《唐六典》记载，当时自亲王以下至五品官都可以享受到国家配给的肉类食品，其中羊肉是大宗。可见至少从唐代开始，羊肉成了宫廷及官僚阶层中最受欢迎的肉类之一。到了宋代，位于华南地区的民间也有食羊肉的嗜好。著名文人苏东坡被贬到惠州后，发现当地日杀一羊，他创造出一种吃法，即从刚刚宰杀的羊的脊椎骨中趁热剔出肉来，再泡点酒，然后稍微加点盐，烤到微焦时吃。羊的脊椎骨被他吃得津津有味，吃得香飘千年。古代人养羊不仅仅是为了吃肉和喝奶，羊毛织品在古人挡风御寒中发挥了重要作用。羊毛出在羊身上，中国在活体的羊身上年复一年地剪羊毛，制成毛织品的历史至少可以追溯到距今四千多年前。由于保存环境的原因，在中国大部分地区的考古遗址中没有发现过毛织品，而在气候干燥的新疆地区出土的古代不同时期的毛织品数量相当多，从中可以梳理出古代毛织品的纺织技术从平纹、斜纹、缂毛到提花的发展历程。

中国古代把祭神和祀祖合称为祭祀，用于祭祀的动物称为牺牲。古人用作牺牲的都是家养动物，且对其种类有明确的选择。在原始社会，用作牺牲的动物主要是猪和狗。进入商代以后，使用羊作为牺牲的遗存屡有发现，且往往与牛和猪一同使用，成为王一级的祭祀用品“太牢”。羊是一种外来的家养动物，自从进入黄河流域之后，其在中国古代高等级祭祀的牺牲组合中一直扮演着重要的角色。

从历史上看，羊在中国传统文化的多个方面均有体现。商代的青铜器四羊方尊、三羊首瓿、四羊首瓿都是在器身上铸出带有螺旋形大角的绵羊头，而双羊尊则直接把器身铸造成两只绵羊的后半身对接的躯体。相比当时青铜器上常见的那种狰狞的饕餮纹样，以羊为装饰或铸成羊形的青铜器则多了几分温柔的感觉。玉器是一种高层次的文化载体，自商周时期以来，以羊为形象的玉器多有发现。人们习惯于用美玉来形容玉器质地之精美。汉代许慎释“美”字说：“美，甘也。从羊从大。”可见“羊”字在“美”字中的重要地位，玉的精美与否似乎也与羊相关。宋元时期的大书法家兼大画家赵孟頫的《二羊图》纯用水墨画成，其中一只山羊低头吃草，另一只绵羊昂首瞻望。此画为赵孟頫除马以外唯一绘有走兽的作品。这幅画流传到清朝，乾隆皇帝在画上题诗一首，其中有一句为“跪乳畜中独”，突出了羊在百兽之中的独到之处。《春秋繁露》云：“羔食于其母，必跪而受之，类知礼者。”羊的这种行为成为古人尊重的美德。

羊、祥两字读音相近，可以通假。西汉董仲舒云：“羊，祥也，故吉礼用之。”祝愿国人在羊年吉祥如意，在实现中华民族伟大复兴的中国梦中，再创新的辉煌。

二〇一五年二月十日

阿尔的太阳

肖复兴

那年在法国，专程去了阿尔一趟，因为阿尔曾经有过梵高。梵高很多的画，画有阿尔的人物、风景，包括阿尔的巴旦杏和向日葵，以及如今已经异常有名的兰卡散尔咖啡馆。

当然，更重要的是，还有阿尔的太阳。那个升起在普罗旺斯热带天空和空气中辉煌的太阳。正是由于有了这样辉煌的太阳，才有了梵高的画作。可以说，来到阿尔后的梵高的油画中，无不迸发着这样太阳的光芒，他的画面才充满了自文艺复兴以来画家们很少用过的那样浓重浑厚的黄色，向日葵那种耀眼的金黄，才成为梵高艺术与生命极致的象征。

到阿尔的时候，已是黄昏，西垂的太阳还是一片热辣辣的金光四射，连风中都有阳光的金属般爽朗的铮铮之声。心里不住在想，不愧是阿尔的太阳，是梵高画过的太阳。当我在城里转了一圈，参观过古罗马的剧场和梵高画过的《夜间的咖啡馆》之后，驱车行走在阿尔郊外一片开阔的田野的时候，太阳还是迟迟地不肯落山，依旧是那样地炽热，灿烂得把每一缕光芒像天女散花一般散落在远处的麦田和近处的罗讷河上，把河水映得分外金黄。显然还不是麦收的季节，眼前的麦田却如同麦浪翻滚的样子。

我想起一百二十多年前，就是在这片田野里，梵高刚刚画完麦田，遇到了邮递员卢朗先生。那是个星期天的黄昏，卢朗带着他的儿子在玩。梵高和他打了招呼，卢朗先生天天看见这个红头发的荷兰人背着画夹，也不戴帽子，就那么顶着毒太阳，一画一整天，在田野里忙乎，人们给这个荷兰人起了个外号叫“伏热”，这个法语词翻译成中文的意思是“红头发疯子”。

卢朗也冲梵高客气地打了个招呼，然后，指着梵高画夹上夹着的刚画完的麦田，客气地说：您的麦田画得像个活物！接着，又指着沉沉的落日和树上被落日所染上的火焰一样的光芒说：这也像个活物，您看是不是，先生？

卢朗先生这话，让梵高一愣。来到阿尔以来，还没有人夸过他的画，他像遇到了知音，便继续和这个邮递员聊了起来。卢朗先生和他聊起了上帝，卢朗先生说：现在的上帝似乎变得越来越令人难以置信了。上帝只存在你画的那片麦田里，一到现实的生活里，上帝就……梵高看出了卢朗先生对上帝的失望，他对卢朗先生解释道：我理解你，不过我觉得你不能以这个世界的好坏来评价上帝，这个世界只不过是幅未完成的习作。

从绘画到上帝，他们两人聊得很投机，一直聊到太阳真的落下山，小星星都出来了。他禁不住打量了一下卢朗先生，忽然发现这个当了二十五年却从来都没有得到提升的邮递员，心地是那样地丰富，而且长得也有特点，他长着苏格拉底式宽宽的额头呢。于是，他对卢朗先生说：我想为您画一幅肖像可以吗？说完，他的心里有些忐忑，因为在阿尔没有人愿意为他当模特。可是，卢朗先生却答应了，只是说：我感到荣幸，但我长得难看，干吗要画我呢？梵高高兴地说：假如真有上帝的话，我想他一定也长着和您完全一样的胡子和眼睛。

梵高一共为卢朗先生画过六幅肖像画，在梵高的创作中，这是绝无仅有的奇迹。梵高和卢朗先生成了朋友。他曾经到过他家做客，即使后来卢朗先生调到马赛邮局工作去了，他们也常常来往。梵高患病住进圣雷米精神病医院的时候，卢朗先生常常来看望。梵高出院的那一天，也是卢朗先生来接他出的院。在梵高短短三十七年却苦难多于幸福的生命中，邮递员卢朗先生是他的一抹亮色，普通人质朴的情感，是注入他生命与艺术的力量。那力量蕴含在底层人的艰辛与自尊、自重之中，就像种子在泥土里、阳光在云层里一样。

应该说，对于梵高来说，卢朗先生也是阿尔的太阳。

二〇一五年三月三十日

两岸一脉，国乐传情

席　强

在音乐界，有一个很有趣的语用现象：同是华人，使用同一套乐器，演奏同一类乐曲，在大陆叫民乐团，台湾叫国乐团，香港叫中乐团，新马叫华乐团。然而，我认为这恰恰是不同地域的人在相同语义上的“不谋而合”，我们常用“中”“华”“民”“国”“汉”“唐”等限制性修饰语来强调中华民族特有的东西，正是这些特有，亦是中华民族的共有，汇集成一条情感的纽带，将千千万万的中华儿女凝聚在一起。因此，作为当今最具代表性的国家民族乐团，中央民族乐团始终清醒地认识到自身的责任，在文化走出去的进程中，一直致力于用优秀的民族音乐唤起民族文化认同、延续民族文化血脉！

今年岁首，中央民族乐团一行一百二十余人携大型民族乐剧《印象·国乐》和民族管弦乐音乐会《泱泱国风》两部新创品牌剧目，从台北到新竹，从台中到台南，连演七场，场场爆满，取得轰动效应，可谓“在宝岛掀起一股民族旋风”！

台湾人民如此热烈的欢迎和强烈的反响不仅是对中央民族乐团为此努力付出的最高奖赏，更是对近年“文化走出去”，尤其是“推动两岸文化交流”具体实践方式的最大肯定。早在二〇一三年一月，乐团就积极开启了以两岸文化交流为主的试验性演出之旅，我们首先选择了台湾中部的台中市和台湾南部的高雄市、嘉义市三座具有较好民乐基础的城市，举行了四场交流演出，吸引五千多人到场观看，当即受到高度赞誉和热烈追捧。台中市议员陈清泉用三个“非常”——“非常激动”“非常感动”“非常精彩”向乐团表达了观看演出后的喜悦心情。一位江苏南京籍的高雄市公司职员说，两年前曾带着年迈的祖父第一次回家探亲，此后，家乡的记忆时常情牵梦绕，听到《茉莉花》的乡音，激动得潸然泪下，仿佛又回到了故乡。

二〇一五年一月，乐团再次赴台北巡演，我们从“同为中华儿女具有相同的传统心态、相同的审美和欣赏习惯”入手，最后锁定《泱泱国风》和《印象·国乐》两台剧目。

此次巡演有别于以往的两岸文化交流，七场音乐会全部以商业演出的形式展开。这种市场化运作不仅对节目的品质要求最高，而且更容易让观众主动接纳，可以让优秀的民族音乐直抵人心。令人欣喜的是，开票不久，大部分场次的门票就已热销，至巡演前一周，全部门票售罄，这在台湾的演出市场并不多见。

两台剧目果然不负众望，一月，《泱泱国风》在台北孙中山纪念馆拉开巡演帷幕，整整两个小时，全场掌声如潮。演出结束时，观众高喊“安可！安可！”（要求返场），乐团加演了河南民歌《编花篮》，又加演了俄罗斯经典民歌《卡林卡》。但全场观众还是欲罢不能，直到乐团最后加演一曲《花好月圆》后，才边热烈鼓掌边慢慢离场。《印象·国乐》在台北两厅院戏剧院连演三场，场场爆满，每场掌声超过四十次，场场都有许多观众感动落泪。

台湾作家刘墉看了演出，他不无感慨地这样说道：“富裕变得更有能力使文化精致，富裕变得更有空间让支流进入主流。许多没落和失传的，被注入新活力和创意，气势磅礴、灿然大观。昨晚全家在台北欣赏了王潮歌编导、中央民族乐团演出的《印象·国乐》，听到许多敦煌壁画上的乐器发出动人的旋律。演出结尾，满场观众起立鼓掌，很多人擦眼泪。感动、感慨！包括我！”曾任台北市立国乐团、台湾省立交响乐团团长、指挥的陈澄雄说：“把那么多有独奏能力的优秀演奏员聚集在一个乐队，并合奏出悦耳的篇章，中央民族乐团展现得非常默契！”……短短几天，乐团的艺术家带给台湾观众惊喜的同时，也收获了台湾观众给予我们不计其数的赞誉和感动。每场必到的台湾音乐发烧友陈绍箕总结：“中央民族乐团的七场演出，更像是台湾文化艺术界的盛会。即使是往日少有露面的‘大佬’们，也陆续出现在各个剧场。”

其实，中央民族乐团不仅仅以巡演的方式给台湾的文化界和艺术界带去“示范性”的思考空间，还有意识地通过一些有益的方式进行文化帮扶。在二〇一三年的访台演出间隙，乐团专程组织艺术家进行“琢玉成器与大师有约”音乐交流，并对不同组别的学生进行针对性辅导。二〇一五年一月十八日《泱泱国风》音乐会，下半场演出由新竹青年国乐团的近四十名演奏员与中央民族乐团联袂，由刘沙和台湾指挥家刘江滨轮流执棒，演出结束后，刘江滨感慨：“能与中央民族乐团的艺术家同台演出，对新竹青年国乐团来说，是非常幸运和难得的学习机会！”此外，在十二天的巡演中，我们开放了大部分彩排现场，供当地民乐团体和爱好者前来观摩；每场演出拿出部分门票送给当地慈善机构；在台中的正式演出之前，乐团再次派出了由乐队队长魏育茹带队、包括乐团首席唐峰及各声部核心骨干在内的小分队，前往台中市大雅小学，与小学生乐队进行民族音乐的普及与弘扬。

二〇一五年一月台湾巡演获得的成功，让我们感到立足传统文化的重要性。中华民族积累了无可比拟的艺术品种和亲切高雅的表达方式，充分利用这份遗产唤起中华儿女的共鸣，并获得更多知音，就是中央民族乐团的光荣使命！我想，音乐体现的绝非仅仅是民族的，还体现着一种中华民族自古就有的、超越时空“世界大同”的和谐理念！

二〇一五年四月十三日

顿河边上的巨石

——米·肖洛霍夫的墓碑

高　莽

多年前，我从金河的文章中知道肖洛霍夫墓是在他的故乡维约申斯卡镇，一座极平常的长条状坟丘，没有高坊隆冢，“墓碑是用青白相间石料雕成的，造型很像中国常见的石碑，但低矮浑厚，尽量保留石料的一些自然形态，更叫人惊奇的是上面没有任何铭文”。

我想了解得更多一些。我的朋友孙美玲是我国研究肖洛霍夫的专家，与肖洛霍夫家人有交往，她访问俄罗斯回来以后，我向她打听肖洛霍夫坟的详情，除了地址和形状以外，还有周围的景色、墓碑的样子、石头的颜色，以及她个人的印象，等等！孙美玲说：那天，细雨霏霏，草木葱葱，肖洛霍夫墓位于自家院内，离顿河不远。墓碑前土坟上长满野花野草。墓碑后一株垂柳在风中摇曳。墓石上錾有“肖洛霍夫”名字，但无称谓，无生卒年月。“碑上这个名字足以说明一切了。它像碑石后面的顿河，由历史的深处而来，流在永恒的大地上，流在永恒的人心上，流向永恒的历史的远方！”她讲得很有哲理，但我还不满足，又向孙美玲索要了她在肖洛霍夫墓前拍的照片。

凝视着这张照片，勾起我一些回忆。

大概是一九四八年前后，我在哈尔滨市第一次听到肖洛霍夫的名字。

那时《静静的顿河》的早期译者金人在东北文联兼职。我在

《苏联介绍》杂志当小编辑，和他同院，常有接触。他把自己译的法捷耶夫的小说《青年近卫军》交给我们刊物连载。

有一天，他让我为《静静的顿河》设计一个封面，说该书译文在上海出版过，想在哈尔滨市再版。我读了这部名篇巨作，仿佛听到了金戈铁马嘶鸣和顿河滔滔呼啸。我根据自己的想象，画了茫茫一片大水，书名采用鲁迅先生的字迹。后来，金人和我都调离了哈尔滨，那部小说译本是否再版面世，我没有查问。

从那时起，顿河在我心中就是一条传诵着哥萨克人悲欢的大河。一九五三年，我随中苏友好代表团在苏联乘船来到顿河，它给我的印象完全不是想象中的样子。可是肖洛霍夫塑造的顿河流域的人物却更突出更鲜明了。

一九五四年，作为译员，我随中国作家代表团出席第二届苏联作家代表大会。我看到《静静的顿河》的作者并听到他在大会上的发言。肖洛霍夫个子不高，身穿普通的衣服，脚上一双马靴。褐黄的头发有些稀疏，嘴唇上蓄着短短的胡须。一对发光的眼睛逼视着会场。他说话尖刻，但赢得了很多人热烈鼓掌，也有一些人表现不满。继他发言之后，有人上台与他争论。可是会场上早已没有他的影子了，也许他已返回故乡维约申斯卡镇。过了两天，休息厅的墙报板上挂出一幅漫画：肖洛霍夫站在很高的一摞著作上，而讲台很低。我想，画的寓意大概是说他的作品水平高，而发言水平低。漫画作者是在歌颂肖洛霍夫，还是在讨好作协领导?

肖洛霍夫的著作一部部一篇篇在我国大量发行之后，他的经历也为更多的中国读者所熟悉。苏联几代领导人都与这位作家有过交往。上世纪三十年代，斯大林请他到莫斯科谈话。一九五九年夏，赫鲁晓夫去美国访问前夕，专程到维约申斯卡镇邀请肖洛霍夫同往，以壮其行。

肖洛霍夫六十诞辰时，苏联举行盛大的庆祝会，政府、部队、群众团体授予他各种勋章奖牌。不久，我国“文革”开始，林彪、江青等咒骂肖洛霍夫是“修正主义文学的鼻祖”，《静静的顿河》是“修正主义文学的代表作”。外国记者利用这件事想挑拨他与中国人民之间的关系。肖洛霍夫出人预料含意深远地回答说：中国人民将来会做出自己的结论。肖洛霍夫在自己的作品中描写过中国战士。他还表示想访问我国，但未能变成事实。

一九六五年，肖洛霍夫获诺贝尔文学奖。评奖委员会的评语称赞他“在描写俄国人民生活各历史阶段的顿河史诗中所表现的艺术力量和正直的品德”。肖洛霍夫声称：“承认我的创作，也就意味着完全承认苏联文学。”

历史风云漫卷日月。一九八〇年肖洛霍夫患了喉癌，战争时代的旧病复发，二十多年的糖尿病使他不能动手术，他顽强地与疾病进行了斗争。一九八四年二月二十一日深夜，这位大作家与世长辞。他做的最后一件事是为家乡修了一座桥，他读的最后一本书是《朱可夫元帅回忆录》，他生平最后的动作是亲吻了与他相濡以沫几十年的妻子的手。他给人间留下来的是《静静的顿河》《新垦地》《他们为祖国而战》……还有顿河边上只刻有他名字的巨石。

天然的巨石做墓碑，表明亡者朴实无华的一生和大地的血肉联系，历尽风雨而不扭曲。

二〇一五年五月十一日

花，应该这样来香

郝振省

晚上，用过晚餐和夫人在楼下的院子里散步。比起旁边别的庭院，我们住的这座院子没有停泊的车辆，等不得它们进到院落已经被直接开往地下车库了。于是院子里就显得很安静，甚至有那么一点儿温馨。由于安静和温馨，连空气也让人感觉出那么清爽，加之我和夫人出来散步，又显晚了些，基本上没有什么住户下来散步了，于是，清爽中又多了几分清静。

我们缓缓地漫步在这静谧的庭院之中，由北往南走了过去，慢慢地一种幽幽的淡香似乎缭绕着钻进了我和夫人的鼻腔，“好香啊”，我们几乎是一起发出的赞叹。然后不由自主地向路旁，大约是右边的几棵丁香花树走了过去。我们各自轻轻地捧住了一簇丁香花，亲近地吸吻着，然后放开这一簇花，又去捧吻另外一簇丁香花，我们在各自尽情地吸吮着这充盈着丁香花香味的空气。我们暂时中止了漫步，沉浸在丁香花的世界中。这是一种淡淡的、绿绿的，又是那么深邃的、不可抗拒的幽香，不是那种热烈的香、张扬的香、烂耀的香，也不是那种匆匆忙忙的香、那种稍纵即逝的香、那种故意做作的香。而花，就应该这样来香，这样来展现自己的体香。我们有好几分钟陶醉在与丁香花深度交流的意境中。最后终于恋恋不舍地离开了这几株丁香树，算是完成了散步。

翌日晨，正好是周日的光景，我又一次走过了庭院中的丁香树，走近了绽开着丁香花的一簇又一簇的丁香树。其实与其说是路过，不如说是专门的拜访。原来夜色中的丁香花竟是如此的姿容，紫色的花蕾谨慎地绽放着。每朵花并不大，甚至是很小，是小巧精美的那种，已绽开着的花蕾与尚未开放的花蕾相间着，然后由花柄托着聚拢成一个拳头大的小宝塔造型，如同T台上一位文静的女模特在从容地展示着自己的淡雅的秀美。如若不是有工作在身，真舍不得离开这迷人的丁香花。

我对丁香花的认识其实有很早的历史，那时我被分配到中共北京市委研究室工作，室里给我在东四六条六十七号分配了一间平房作宿舍用。后来才知道这原是老一辈革命家董必武主席的住地宅院，最早是明清之际的皇亲国戚居住的。我住的这间是董老的车库，后来改成一间临街的宿舍，虽然是改造成的宿舍，但其实在当时能分到这样的房子，已是很不错了。庭院分为前后院，后院是主人的有天井和走廊的四合院。前院实际上是警卫和工作人员住宿用的，我的这间车库实际上也是前院的一部分。虽说是平房，但厕所和用水也都十分方便。在某些方面，甚至比楼房还要好些呢！从大门口的台阶上来，打开大门中的小门（大门平素间一般是不开的），迎面就是一株蓬勃的丁香树，呈灌木状放射形地向上伸展着，那也是三四月天的光景，是她很得意的时节。白天，她有些羞涩地目送主人的离开，或者迎接着主人的归来和客人的到来，晚上则稍有放肆地散发着自己那富有内涵或者深沉的诱人的丁香花味道。当我得知这就是紫丁香树的时候，立即对她产生了深深好感，且从此一发不可收拾。在多种花香里，只要一提到丁香花，就会有一种抑制不住的兴奋。在街上，只要闻到丁香花的味道，我总要想办法去亲近她、去吸吮她、去赞美她。在清华园开会，看到那么多的一簇又簇的摇曳着丁香花的丁香树，立刻去一丛一丛地和她对话。在上海，听到李鸿章当年的宅院也叫丁香花园，我立即断定，这位历史名人，当年也一定是对丁香情有独钟。他的院子里，肯定是丁香的世界，丁香的小树林。此时，坐在我的十多层高的房子里，又看见那绿树丛中的几株紫丁香树，看到了她舒缓的摇曳的身影，甚至又闻到了那种初时恬淡继而幽深的独具品格的香香的味道，我又要陶醉了……

二〇一五年六月八日

对革命者心存敬畏

龙　一

在设计抗战长篇小说《接头》时，我必须得面对三个难题。

第一个难题是同类戏剧结构问题。在三年前我曾发表过一个短篇小说《潜伏》，讲的是中共地下工作中一对假夫妻的故事，这次再讲一个假夫妻的故事，让我怀疑自己是不是江郎才尽，正在自我抄袭。经过仔细研究我发现，我对题材和戏剧结构的认识还太浮浅，只是因为戏剧结构"形似"便贸然下结论，却未从文学艺术的本质上看待这个问题。其实，文学从来都不惧怕同类戏剧结构，例如"爱情"，例如"背叛"，同样的戏剧结构曾被许多伟大的作家反复地"重复"，这是为什么？原来，戏剧结构只是表象，而非实质，问题的关键在于，只有当作家在同类戏剧结构中挖掘出与众不同的内容时，这一结构才会历久弥新。短篇小说《潜伏》讲的是一个有洁癖有知识的中共党员打入军统内部，却被阴差阳错地安排了和一位粗鲁的文盲女游击队员做"假夫妻"，"鸡吵鹅斗"是这对夫妻的日常生活，身份的错位造成他们必须在对抗中工作，这是这个戏剧结构的本质特征。而现在这部小说则不同了，《接头》讲的是一个"不太完美"的地下党员的故事，道德对中共地下工作者的考验是这个戏剧结构的本质特征。通过这件事我发现，小说家就如同木匠，当掌握了熟练的手艺之后，真正考验我们的则是对"木材"的认识是否精微、透彻，是否能从差别中发现崭新的价值。当然，等我们自认为对"木材"的认识有了心得的时候，我们就必定又会发现，我们的手艺仍有缺陷。这是作家身上相互对抗又相互促进的两极，其中没有完美的平衡，只有被不断打破的平衡。

第二个难题是另类人物的问题。这个问题对于我个人不是难题，但是我担心在小说发表后可能会有人问，像主人公这样一个纨绔，起初身上有点儿“混蛋”特征的人，描写这样一个人物，会不会为“革命队伍”抹黑呢？所以，我要在这里做一点儿解释工作。只要仔细研究革命史我们就会发现，在以往的文艺作品中，革命者的形象往往太“单纯”了。其实，早期参加革命的那些人，也有很复杂的，社会生活中有什么样的人，革命队伍中就可能有什么样的人，不论是旧民主主义革命，还是新民主主义革命，都是如此。而从另一个角度讲，革命队伍如果不是如此“人才济济”，也不可能有所成就……所以说，我们在此处不必争论革命队伍中会不会有小说主人公这样的人，需要关注的却是，这种人对革命事业是否有益，是否做出了贡献。

第三个难题是道德问题。其实，这部小说探讨的主要问题，就是中共地下工作者所面临的道德考验。要知道，革命者必须要面对人可能经受的所有考验，而道德考验则是其中最难下结论的一种。特别是像主人公这样的人，他需要面对的考验必定要比工农革命者复杂得多，也严酷得多。在这部小说中，我特别将道德考验专注于主人公身上，就是为了说服读者相信，在革命队伍中，像主人公这样的人是可以做出贡献的，同时，他在经历了无数考验之后，也是可以被改造好的。

讲了这么多难处之后，我想很欣慰地告诉诸君，在完成这部作品的过程中，不单主人公经历了考验，我自己也同样经历了考验。这是因为，我总是将自己扮作主人公，想象自己想他所想，行他所行，于是，我便不由得对这些信仰坚定、品格高尚，却又缺点颇多的革命者生出敬畏之心——我们今天生活得太容易了。

二〇一五年七月十三日

寻找我们丢失的阅读

陈应松

人类需要阅读，人类两千多年的创作和阅读成为一种文化传统，一种生活习惯，一种跟饮食同等重要的精神营养补充。无论时代发展到什么地步，人们多么富足，文学作品依然会是我们生活的必需品，阅读依然会以更为先进舒适的方式存在。现在，我们的生活因为科技的发展变得简单化了，手机完成了人们大部分的生活，包括阅读。通过手机，我们一样可以读四大名著，读世界经典。如果摒除我们这一代人对读书的偏见，比方要纸质书籍，要自己喜欢的版本，要印刷古雅、能让自己最快进入氛围的书，我想问一下，不管是严肃文学还是通俗文学，类型小说还是流行小说，我们有多少人还在读书?

要说阅读丢失了什么，我认为现在最大的问题是丢失了作为一个读书人的虚荣心。读书人在过去人们的印象中是一个好孩子，手上经常拿一本书会被长辈们称赞，说这孩子将来一定是有出息的。现在你手上有没有书并不是人们关心的事情。网络在商业强力加入的情况下，所推荐炒作的书，很多是没有营养的，甚至是有害的。大家觉得这本书有趣、好玩就去阅读。有趣、好玩只是一种浅阅读，而且里面藏着许多危险的诱惑。真正的阅读和有营养的阅读是触及思想和震撼灵魂的，是提升境界和塑造人生的。

我们阅读丢失的第二点是对作品好坏的分辨能力。读书并不是读故事，读故事只是消遣，真正的读书是增加人生的分量。以作品为例来说说。美国作家海明威《老人与海》的故事很好看，也不见得很好看；这是一个励志故事，又不是一个励志故事。年轻的时候看，觉得老人了不起，永不言败。过了些年再看，又看到了老人的孤独，一个失败英雄的悲歌。后来，我开始写小说，想学一下海明威，再来看，又发现了它有许多象征的隐喻，发现了许多让人琢磨不透的东西。比如他老是写老渔夫梦见狮子，是什么意思？狮子也是沙漠和草原上孤独的英雄。到了现在，我再去看这部小说，又发现了另外的许多隐喻，比如小说中写到老人与鱼进行长时间的较量后，钓到了一条比自己的渔船还要长两英尺的鱼，但老人说："这要是一场梦多好，但愿我没有钓到这条鱼，独自躺在床上的报纸上面。"到了我们这个年纪，为什么特别注意这句往往被忽略的话呢？那就是，当你得到太多、超过生命极限和忍受极限、让你筋疲力尽的时候，你会感到，人真的不能得到太多，躺在自己家里的床上有一个安稳的好觉就是最美的。你还可以读出一个作家伟大的人道主义胸怀，作家是如此深刻地体悟到老人在孤独中的心境，满怀着对底层人贴心贴肝的同情。他的那些可怜又可敬的大量内心独白等同于一个老人在和大海不停地说话，和命运不停地说话，没有激烈的言辞，没有抱怨与诅咒，只有卑微的乞求、敬畏、宽容和理解。读到最后一句"老头儿正在梦见狮子"时，你发现对命运的隐忍可能是最伟大的。小说那无尽的余音会在你心里折腾你，缠绕你。读小说是这么读的，好的读者会读出更多的东西。

我们还丢失了阅读的耐心。传统的纸媒书籍阅读，会有书签，自己买的书会在上面做许多记号，写下许多阅读笔记，还会回头去阅读已经读过的章节，体会前后的意思，把好的地方折上，以后翻开会永远记得那最好的段落与句子，如果你有了这本书，那些发黄的纸张会记下你青年时期的思想和成长。但是刷屏时代的阅读，读过之后那些东西全然不见了。比如快餐化的阅读——微博，微博上也是应有尽有，还可以发帖，天天做读者，也做评论员，看起来参与了公共事务，跟着起哄，但我们丧失了更冷静的思考和更沉醉的阅读。阅读最重要的记忆是对书籍的记忆。一部经典作品是要连贯性的情绪来阅读的，要有耐心进入作家描写的世界，感受那离我们比较遥远的过去的生活气息，替那些与我们毫不相干的人物悲伤和欢笑，为他们的命运揪心，这种丰富的情感体验，会成就我们的人生，使我们变得通情达理。

我最后要说的是，写作者和阅读者，都已经被这个时代折磨得“面目全非”，我们面临共同的危机。在文学世界中，不是没有灵魂的吵闹的“商业性”在威胁和蚕食我们，而是我们自己放弃了一种伟大的充满尊严的读与写的传统。人类在“诗意地栖居”的精神梦想中，用文学和艺术打开了心灵创造的空间和诗意想象的空间，今天我们仍要继承这样一个传统。伟大的作品总是能诞生的，历史并未终结，但是对于更多的人来说，与其在网络的迷惘和精神的缺氧中，在寻找灵魂的荒原徘徊中，不如马上拿起那些时间证明已经是伟大的书来，开始我们安静的阅读。就像曾国藩曾说过的话：“一个喜欢读书的人，品格不会坏到哪儿去；一个品格好的人，一生的运气不会差到哪儿去。”

二〇一五年十月二十六日

玖　爷

傅　谨

今天（二〇一六年五月三日——编者注）是梅葆玖先生的追悼会，我在外地，无法分身，只能用这篇小文给先生送行。

戏曲行里，人们私下里称呼葆玖先生，有叫他“玖叔”的，有叫他“玖爷”的（有点儿乱吧）。“玖叔”论的是亲情辈分，葆玖先生那一代的艺术家，都有很深的交情，平日里就像一家人，戏曲行的中生代基本上都比他晚一辈，除了他的亲传弟子以外，大凡沾着点儿师承的，排一排前后上下的顺序，多半要称他一声“叔”；而“玖爷”，那论的是“江湖地位”。葆玖先生这些年里已经是戏曲行里公认的梨园领袖，不仅因为他的行为举止令人高山仰止，还因为他的身份摆在这里，梨园行的大事小事，总是觉得由他领头比较合适，这样的人，当然是“爷”。我和葆玖先生没有多少私交，所以，总是感觉还是称他“玖爷”合适。

玖爷并不是一开始就成为“爷”的。在人们印象中，葆玖先生人到中年了还是个顽主，他固然从小就得父亲着力栽培，是梅家唯一继承了梅兰芳大师衣钵的男旦传人，不过他自己对这样的身份角色，很长时间都不能适应。更不用说在二十世纪五十到六十年代中期，“男旦”这个符号在艺术上和在道德上都被抹上了异样的色彩。这位兴趣广泛的梅公子，既没有“为往圣继绝学”和“给祖师爷传道”的强烈愿望，社会环境也没有给他提供这样做的外在条件；在梨园行里，他还来不及出人头地，就已经被打入另册。相比而言，另一个梨园世家谭家的第五代谭元寿，因为扮演郭建光而继续了家门的辉煌，葆玖先生却是据说应该被“淘汰”的男旦，所以只能在京剧团里管管音效，甚至被派去拉大幕。改革开放以后，传统戏重新回到舞台，葆玖先生又有了演戏的机会，但此时的他老大不小了，加上戏曲演出市场的复苏为时太短，他也没有大红大紫的机会。但是，晚年的葆玖先生却像换了个人似的，恰恰就在戏曲的大环境趋于恶劣的年代，他逐渐意识到肩膀上的重任，不仅开始加快了收徒传艺的步伐，并且越来越像个梨园行里有担当的领军人物，遇有大事小事，需要他领头时就义不容辞地努力推动，振臂一呼应者云集，到这时，圈里才开始有“玖爷”的称号。

晚近的这十多年里，玖爷收了很多徒弟。他从来不肯接受“大师”这个桂冠，多次明确拒绝这样的荣誉。假如只看舞台上的玩意儿，他是有自知的，然而家学渊源，他对梅兰芳大师艺术的理解与领悟，放眼当代，真是不做第二人想。因而，授徒传艺，让晚辈们学到正宗的梅派剧目的精华，通过表演传递梅派特有的神韵，这是任何人都不能替代的。他年近花甲才开始收弟子，算上已经定下了拜师宴还来不及磕头的路洁，一共收了四十九位弟子，说他桃李满天下，一点儿都不夸张。玖爷的弟子遍布全国各地的京剧团，既有李胜素这样的响当当的角儿，也有还在成长中的青年人。玖爷一律用心地教、耐心地教，他总是说，这些弟子就像火种一样，不定哪位哪天就让他们所在地区的京剧火了起来。确实，从李胜素开始，在这些弟子里，早就涌现出了多位京剧界领军人物，看当下梅门的兴旺景象，如果不是因为玖爷，那是很难想象的，梅派因此成为京剧界传承情况最让人乐观的流派。至于梅派艺术所体现的古典美学精神，毫无疑问，必将在当代社会产生极为深远的影响，我们所处的时代是如此浮躁，梅派的“慢”，以及深蕴于这“慢”里的典雅与细腻，实是一帖极好的清新剂。

然而，玖爷之所以被称为玖爷，不仅是因为众多弟子，还因为他所关心的远远不只有梅派艺术在舞台上的传承，他传授梅派艺术，也不只是为了自己家门的兴旺。从梅派艺术、京剧繁荣、戏曲发展，直到传统文化的复兴，就像一个个同心圆，他的努力从内里的核心延展开去，他参与的社会活动也越来越多，影响也越来越大。他担任多届全国政协委员，每次的提案说的都是戏曲和传统文化的大事，这就是玖爷的格局。

原先，我和玖爷的交往不算多，通常在戏曲活动中见面，只不过打个照面，拱手招呼一声。印象中大约十年前，我们一起去日本东京，参加中国文化部和日本政府文部省共同主办的“梅兰芳艺术展”揭幕式与研讨会，那是我第一次与玖爷有比较正式的交流。从那以后，我们每次举办梅兰芳研究有关的会议和活动，稍具规模就会想到邀请玖爷，而他也都会欣然参加。思想起来，学术会议对于玖爷而言大约是很枯燥的吧。难为他总是早早来到会场，并且每次都准备发言稿，但他发言时并不完全照稿子读，因为每次他总是忆及父亲梅兰芳的教诲，那些事儿是刻在他脑海里的，现成的文稿总是不及他临时发挥那么精彩。他每次的发言，总是给人身临其境的感受。玖爷晚年对梅兰芳研究的关注与支持，更是令我难忘。我所在的中国戏曲学院梅兰芳艺术研究中心，从筹备到成立都得到玖爷的呵护，他还为我们办的内部小刊物《梅讯》提供了多篇文章；更不用说我们编撰的《梅兰芳全集》，每个步骤都有玖爷过手，包括最后的装帧设计，玖爷看了满意，我们才敢继续推进。他早就给《全集》写了序，在我们编撰的几年里，玖爷对这篇短短的序言也几度做了修改。

就在玖爷倒下的那天，我在中国文联参加一个会议，中午时分的会议间隙，玖爷的好友吴迎先生和我简单沟通了玖爷有关恢复梅兰芳当年的“时装戏”与“红楼戏”的设想。这次谈话原本应该稍早几天，我们一度商量着是否约个小范围的饭局，只有我、吴迎先生和玖爷三个人，此前我们曾经有过很少几次类似的温馨小聚。但是我出差在外二十九号才回京，那天玖爷答应了给北京第二外国语学院的学生讲座，后来我才知道那天还是他八十二岁的生日。我电话里约好三十号和吴迎先生先谈一谈，我原本准备晚上去他下榻的酒店，但他上海的家里有急事，只能趁中午一点儿空闲，匆匆从城南赶到北沙滩的文联大厦，说了玖爷的基本想法。我们当时说好改天再约的，因为玖爷对这个计划非常在意。他说这些戏，尽管梅兰芳大师中年以后就搁下了，但毕竟是梅大师成长过程中的一个重要阶段，通过这些戏的恢复，我们或能够看到一个更完整的梅兰芳。我们都很感慨于这一设想的价值与魅力，玖爷也希望尽快将这个庞大的计划落到实处，然而，大约就在我们商谈这个极具想象力的方案如何实施时，那边玖爷已经倒下，从此就没有再醒来。第二天，医院里曾经传来好消息，说是昏迷中的玖爷听到耳边在放《大唐贵妃》里极受欢迎的《梨花颂》，居然有了反应，这消息给我们带来了一丝希望。然而，奇迹终于没有发生。

玖爷为京剧奉献了他的一生，主要的成就是在传承，要说创作，最成功的就是把这段《梨花颂》唱红了。在去天堂的路上，我想他也会哼着这段优美的旋律，而他现在大约已经和父亲梅兰芳相聚了，父亲会满意于他这些年对梅派艺术的传承之功吗？我想会的。我不知道在以后的日子里，我们是否还有机会实现玖爷的遗愿，他不在了，要想恢复梅兰芳大师那些绝迹舞台大半个世纪的时装戏和红楼戏，更成了难以实现的奢望。但我们会让玖爷一直念兹在兹的梅兰芳艺术研究更上层楼，而且，我还期望玖爷能和父亲分享我们一起做的《梅兰芳全集》。在玖爷弥留之际，中央电视台的《中国文艺》栏目特地做了一期向他致敬的节目，我让出版社做了一套样书放在现场，献给我们敬仰的玖爷。但愿那边的玖爷还能有感应，欣慰地看到这套样书，并且把它放到他带给父亲的礼物里。

玖爷永远是温文尔雅的，他的天堂之路，两旁也一定布满了鲜花和微笑。

二〇一六年五月九日

哀牢山下

艾克拜尔·米吉提

我是第一次走进元谋土林。从土林奇异的峰间望去，可以看见南面山脊一排绵延的风力发电塔，在青山与蓝天之间画出一道白色线条，旋转的桨翼似乎在搅动着天际。而元谋作为恐龙和元谋人的故乡，现在这里已经是蔬菜种植基地。真是一方水土养一方人。

当我们来到哀牢山下的双柏县，这里又是另一番风景。在县城近旁蓄着一汪绿水，水抱县城，滋润着满眼绿色。这里是彝族同胞聚居县，因为我们的到来，专门组织了一场彝族风情表演。

从小径尽头开始，一路铺满了松针，一踏上去奇异的松香扑鼻而来，脚下的松针显得柔软无比。来到小院，已经聚集了当地的百姓。传统的彝族老虎笙、毕摩表演让人大开眼界，赤足蹈火、舌舔牙叼烧红的犁铧等等，摄魂震魄，还有激情四射的彝族舞蹈，曼妙的彝族山歌，绚丽的彝族服饰。这里的彝族服饰花样有三百九十多种，令人目不暇接，足足可以开一场彝族服饰博览会。

李长平县长也是一位诗人，他的一首诗被谱上优美的曲子成为县歌。与他聊起双柏县的人文地理、历史掌故，他如数家珍。最让他称道的是，这里的山川竞秀，人民质朴，保住老祖宗留下的美丽山川，才是首要任务。县委县政府决意不在哀牢山上修风力发电站，保持一条清洁山脉，我为他们的这种眼光感到振奋。的确，现在，走在大江南北，似乎所有的山脉都修建了风力发电站。而风力发电对大气环流、水分蒸发、候鸟迁徙带来的负面影响还没有被充分评估和认识。

李县长说，他们准备把全县境内三万立方米以下容量的小水库全部拆除，小水电全部关停，让山涧溪流还原原初的生力和活力。曾经一时，见沟就修水库，见溪就阻断修坝，也是一种泛滥，岂不知，“流水不腐，户枢不蠹”这个老祖宗早已发现的真谛。一条活水，就是一方生态平衡的命脉，鱼类繁衍、生物品种的制衡，就是靠活水实现，而现在，几乎所有的河流都被水坝和水电站阻断，也未必是真正的社会所需。我很想看到，双柏县如何实现打通溪流山川，还原一方土地的自然活力，造福一方百姓的魄力和举措。

当然，祖国千山万水，彩云之南更是山川众多，以保住一方名山哀牢山，不被急功近利、跑马占荒式发展的风力发电站所扰，也是一种贡献。

期待着风清气正、青山绿水、山川锦绣、百姓和美的双柏县新的明天。

二〇一六年五月二十三日

印象中的杨绛先生

叶廷芳

前些时候耳闻杨绛先生小恙，心里不禁“咯噔”一下：七月十七就是她的一百零五寿诞，祝寿的腹稿已经打好，准备打印出来寄给她，就像往年所做的那样。不想噩耗来得那么快！尽管她已为我们创造了惊人的生命奇迹，留下无数滋润学人心田的佳话和读物，但作为后学，我们总希望她为我们创造的精神财富越多越好。只是自然法则是不可违抗的，重要的是我们除了继续阅读她的著作以外，如何将她生前那些了不起的言行化为正能量。

由于是一个单位的同事，与杨先生前后相处了半个多世纪，但认识她的精神面貌，并不在日常工作中，而是在那个“特殊的年代”。在那个“特殊的年代”，所谓“不问政治”而又偏偏业务拔尖，就可能会被加上“白专道路”的帽子。当时的杨绛先生，特别是她终身爱戴的伴侣钱锺书先生就是做专业的典型。运动来了，钱杨夫妇本来“躲得远远”的，但已经由不得他们！记得一天上午，一张大字报出现在学部（社科院前身）大院，钱锺书被称作“资产阶级反动学术权威”。杨绛闻讯马上赶来看了——啊，事实被歪曲成这样！她马上写了一张小纸条，贴在大字报的一角，对事实真相加以澄清。后来，当有人质问她为什么为资产阶级反动学术权威翻案，她满脸涨得通红，攥紧着拳头，跺着脚说：“就是不符合事实！就是不符合事实！”那情状用“怒狮”来形容是再恰当不过了！在那以前，杨先生给我的总体印象是美丽、端庄、典雅，但柔弱，如今目击她面对真理受到亵渎时所爆发出来的大无畏精神，我从此对她刮目相看了！

杨绛给我的另一个强烈印象是她的隐忍能力。一九七〇年夏至一九七二年夏，我们学部被下放到河南信阳地区的贫困县——息县的一块荒地上，自给自足过活，叫“五七干校”，每个研究所编成一个连。记得杨先生与我被编在同一个连的“菜园班”。有一天我们在一块菜地里劳动，突然发现与我们菜地毗邻的那块地里出现一个尖尖的土堆——一个自杀的所谓“五一六分子”的新墓。这时候只听得杨先生自言自语地说：“哎呀，这个墓光秃秃的，一点儿盖的东西都没有，多冷啊！”可当时烈日炎炎，大家正流着汗呢！后来，至少过了一年半以后，大家回京了，才获悉，钱杨夫妇唯一的爱女、北师大优秀教师钱瑗的丈夫也在这场运动中跳楼自杀了！在干校期间，杨先生从来没有在我们任何人面前流露过同情或委屈情绪。她为新坟喊冷那一句话，可谓她的怨绪的曲折流露了。

杨绛的隐忍精神登峰造极的表现是在其夫锺书病重期间。那时恰逢他们的共同杰作——爱女钱瑗患了肺癌，危在旦夕。钱先生在病床上由于好久没有见到女儿，可能猜出有点儿不妙，一再提出要求见钱瑗。杨先生则狠命压住内心的痛苦，一再强颜为笑，安慰钱先生说，等圆圆好一些就会来看你的，等圆圆好一些就会来看你的。最后圆圆还是永远走了！在这样的时刻，十个妻子和母亲至少有九个会挡不住痛苦堤坝的垮塌，一把抱住丈夫，“哇”的一声让积压已久的苦水统统倾泻出来。然而杨先生依然想方设法瞒住丈夫，不为别的，其最大愿望就是能让最亲爱的人多活几天！可这需要多大的毅力啊！

杨绛，刚烈与柔韧的结合！望一路走好！

二〇一六年五月二十八日

舞台上的“工匠精神”

黄维若

历史题材戏剧在一九〇〇年以来的一百余年中，获得了极为丰富的发展。我是学史论出身的，天生对历史的东西很感兴趣，近年来创作了不少历史题材舞台剧。六月，话剧《样式雷》再次在国家大剧院上演，这部剧于二〇一五年七月面世，剧本写作用了两年多的时间，这个过程实际上也是对舞台艺术创作思考的过程。

《样式雷》写的是清朝宫廷建筑总设计师雷氏家族，从康熙到光绪年间，雷氏家族作为清朝内务府营造司样式房掌案，祖祖辈辈七代人，设计建造了所有的宫殿、庙宇、园林等皇家建筑，在他们身上，凝结着中国古代建筑文化的智慧精华，体现着工匠精神的坚定细致。在戏剧舞台上展现这样一个家族，从什么角度切入？

在舞台剧创作实践中，真实反映历史事件也好，采用某个历史题材也好，我总会想：现代人看着这个剧，有什么积极作用。《样式雷》并不是一部历史剧，不是表现中国古代建筑技术的行业剧，而是一部有深厚历史背景的故事剧，将主人公置于一个艰难的情境之中，表现他们的奋斗与内心演化。

这个艰难的情境便是一八七三年慈禧太后下令重修圆明园。这一年是清王朝风雨飘摇的时期，太平天国运动刚被镇压下去不久，帝国主义列强肆无忌惮地侵略中国，社会经济破产，民生凋敝，此时花重金重修圆明园引起了朝廷的重大争论，而作为具体的建筑专业执行者，样式雷家族面临重大考验。对于雷家第六代雷思起、第七代雷廷昌来说，没有人比他们更希望把圆明园重建，因为这里凝结了他们祖辈的心血和技艺；但是，他们也是老百姓，他们知道战争中老百姓的生存状态，这将给国家和人民带来沉重负担，在各种戏剧冲突搓揉下，他们一点一点改变，最终做出了自己的选择——从技术的角度建议慈禧让此工程下马。

这是一个与中国传统建筑有关的故事，通过匠人的技艺和品格——他们技艺精湛，心中有国有民，我们可以看到工匠精神、中国精神。今天我们国家倡导工匠精神，在我的理解中，工匠精神是技艺上的精益求精，更是匠心匠魂——心里有国家、有民族，才有高尚的职业道德和精湛的技艺，是中华民族的爱国主义和价值观的体现。

“三山五园京西道，断壁残垣草青青。触目伤心家国恨，魂牵梦绕赤子情。”《样式雷》一开场，出现的并不是演员，而是评书艺术家连丽如“真实”的说书，给观众讲样式雷的故事，介绍背景。说到精彩之处，灯光一变，可视可见的戏剧形象出现在舞台上开始表演，而在不同场次交接的地方，说书人又再次出现。

这是《样式雷》和一般戏剧不一样的地方，其实是从布莱希特叙事技巧转换过来的一个设计——舞台是一个窗口，我们通过这个窗口看见有人讲述生活。样式雷是一个延续百余年的传统建筑家族，他们有太多事情，在有限的舞台时间空间里说不清楚，而安排一个说书人来说，很多背景故事比较容易交代，并且有起承转合的作用，符合《样式雷》这出戏自身的特点。为什么这样设计？我认为，舞台艺术要讲究技巧。

艺术创作首先要深入生活，这是一个基础——就像人吃饭喝水一样，深入生活是作家创作的前提。对于舞台艺术创作来说，有了扎实生活的基础后，还要注重舞台技巧的研究，简单说，就是如何让这个剧呈现在观众面前时更好看。我们可能有这样的观剧经历，明明是好的题材，现实生活中的典型范例，但展现在舞台上时却变得苍白、呆板，所以，要有更好的技术技巧，才能多方面、多层次反映现实生活所要表达的内容。通过技术上的精益求精，让作品更生动，让观众觉得好看，从而真正讲好中国故事，展现中国精神，这何尝不是一种“工匠精神”呢？

二〇一六年六月六日

西藏的故事

次仁罗布

西藏，像是山巅飘摇的五色风马旗，猎猎地招惹世人的眼球，又像一湾山坳里镶嵌的湖泊，宁静而深远，更像是传说，令很多人心驰神往。

位于祖国的西南边陲的西藏，屹立在青藏高原上。她的四周被连绵起伏的雪山环绕，众多的湖泊犹如一面面明镜，点缀在草原、山坳中间，美得令人灵魂震颤。如柱的冰川晶莹剔透，它们化成水，汇聚成江河与湖泊。我们所熟知的黄河、长江、怒江、雅鲁藏布江等，正源自于这片高原，它们从高原的胸膛上流淌过去，滋养了平原上生活的人们，最终汇入碧蓝的大海里。这里地下的宝藏极其丰富，镍、铜、金、铁、铬等沉睡在地底，等待有朝一日把它们从睡眠中唤醒。原始森林密密匝匝地围起了墙，数千种树木在这里繁衍生息，无数珍禽动物就栖息在这里。

在这样一个自然环境中生活的藏族人，几千年的历史演变过程中，从吐蕃时期的彪悍、凶猛、好斗，逐渐蜕变成一个审视内心世界的民族。他们广纳中原文明和印度文化，融会于固有的藏族文化中，吐故纳新，创建出世界屋脊独有的文化，并将这一文化延续至今，成为中华文化的一个重要组成部分，丰富了中华文化的多样性。马背上传唱的《格萨尔王》，成为世界上最长的史诗；《萨迦格言》《水树格言》隽永而富有哲理；《仓央嘉措道歌》却是精美绝伦的诗篇；八大藏戏揭示着人生的苦难与坎坷，规劝人们追求善良，满怀慈悲；浩繁的歌谣与谚语，凝结着先辈的智慧和人生经验……

这样丰富多彩的文化和地理环境，给予了我很多的文学想象。我在秉承藏族传统文学中一直宣扬的人生即苦、世界无常这一主题创作作品时，得到了我国文学界的认可。一篇《放生羊》，是我与凤凰少儿出版社缘起。时任凤凰少儿出版社社长的叶宗敏先生亲自跑到北京来，与我交谈合作事宜。我被叶宗敏先生的真诚而感动，当时就答应了合作事宜，创作一套《雪域童年》，讲述藏族儿童在雪域高原上经历的故事。后因单位派我到偏僻的小山村去驻村半年，那里道路闭塞，没有电话信号，责任编辑无法与我联系，《雪域童年》的出书计划只能顺延了。半年多后，令我惴惴不安的是叶宗敏先生从江苏飞到拉萨来，对未能按时出书表示歉意。在叶宗敏先生的举荐下，书稿从江苏凤凰少儿出版社转到了安徽少儿出版社。令我感激的是，叶宗敏先生还亲自帮我把关内容，个别地方还帮我进行了文字修改。他对我的扶持和关心让我深受感动，铭记着世间还有这么多的好人。安徽少儿出版社也对书稿非常重视，责任编辑陆莉莉不时地来电话或短信，告诉我书的进展情况。最令我难忘的是，编辑把书的插图每次发到邮箱里，为了做到细节的真实，贴近生活，每每我都会提出需修改的地方，画家不厌其烦地按照我的意见进行修改，再尽快地给我发过来。正是画家和责任编辑付出的艰辛劳动，《雪域童年》四本书才得以按时付梓成书，并入选了“二○一五年主题出版重点出版物”。

《雪域童年》或许是西藏作者的第一本汉语儿童绘图读物。我也想通过这四个不同的故事，向读者讲述青藏高原上正在发生的变化，展现藏族人日常的世俗生活，更想呈现当今藏族人的精神世界。活佛在普通藏族人的眼里是至尊，他的转世充满了神秘，有很多人将其描绘得高深莫测。《桑塔小活佛的故事》试图告诉人们，活佛的寻找也是有章可循，活佛的成长又是一个艰难而漫长的历程，是在舍弃亲情、不断精进中，活佛才能成为具足慈悲情怀、为天下众生舍弃一切的人。被青草覆盖的辽阔草原上，骏马奔驰，牛羊遍地，毡房里飘升袅袅的炊烟。正是这种纯净的土地，孕育出了很多不识字的格萨尔说唱艺人。凑巧的是，很多艺人都是在十三岁时突然被神授，从此滔滔不绝地讲述格萨尔王的丰功伟绩。这种超自然的现象让我们惊奇的同时，内心不免也会产生一份敬畏，这就是《神奇的十三岁》所要表达的。《乡村假期》里描述的是城市小孩日渐失去的那些东西，是与自然的生疏、亲情的淡漠、自我膨胀等；《奶奶在天堂里望着我》表现奶奶离世后，小小的主人公学会了坚强，并在为奶奶祈祷和朝圣的过程中，心灵复归于平静，感知那份恩情……

这四个故事是我从浩渺的生活汪洋里，用笔尖蘸出的一滴水珠，但因它浸润了藏族传统文化的元素，在众多的故事中可能会有别样的滋味。

二〇一六年十月一日

国学是中华民族的精神家园

夏　海

国学是中华民族的精神家园，是中国人的文化识别符号，是中国传统学术和文化的综合，蕴含着丰富的哲学思想、人文精神、道德理念、教化意识，闪耀着传承千载的理性光芒，既可以为认识世界、改造世界提供有益启迪，又能够为修养身心、涵养德行带来很大帮助。作为中国人，传承和弘扬国学义不容辞、责无旁贷；而传承和弘扬的前提是要正确认识国学，主动学习国学，深切感悟国学。

国学概念扑朔迷离，国学内容浩如烟海，国学书籍汗牛充栋。怎样学习国学，是一个大问题。我认为，学习国学，关键要明确目的。对于大多数人而言，与外王相比，应侧重于内圣。传统文化崇尚内圣外王，内圣是自我修身养德，外王是治国平天下。当今学习国学，更多的是修身的需要。与研究相比，应侧重于学习。作为一般社会成员，主要任务是学习国学，以培育和提升自身的文化素养。与提高性学习相比，应侧重于普及性学习。现在很多人看不懂文言文，阅读国学经典有困难。因而，要从普及性学习入手。与学习知识相比，应侧重于学习义理，就是学习了解古人关于自然、社会和人生的思想理念。与学习众多典籍相比，应侧重于学习儒道经典。儒道两家的元典是《论语》《大学》《中庸》《孟子》和《老子》，这五本书加起来不到六万字，却集中而系统地展示了儒家和道家的思想理念，内聚着中华文明的全部基因密码。一定意义上说，读懂六万字、学好五本书，就能掌握国学的智慧，理解国学的基本内容，从而为修身养性、完善人格奠定坚实的国学基础。

国学具有重要价值和时代意义

“国学”概念自提出以来，不仅在概念的内容和定义上争议不断，而且对其形式和存在的必要性也饱受质疑。但是，诚如黑格尔所言：“存在即合理。”国学之所以展现出强大的生命力和感召力，既是因为其本身已经随着时代的发展被大家广泛接受，更是因为它在保存和弘扬传统文化上发挥着符号性作用。

国学具有重要价值。在形式上，国学是中华文明的重要载体。文明的载体多种多样，比较而言，国学在中华文明承载中的地位更加重要，它主要以书籍的形式进行文化传承，就像一根纽带将形形色色、方方面面的文化珍珠串联在一起，形成一个完整的统一体。在内容上，国学是中华文明的精神体现。国学蕴含着五千年来丰富的思想智慧，儒家的“德治”“仁政”“中庸”思想，道家的“清静无为”“上善若水”“道法自然”理念，均已积淀为普遍的民族心理和宝贵的历史财富，滋润着中华民族茁壮成长，使中华民族以其特有的品质和精神风貌自立于世界民族之林。在纵向上，国学是中华文明向前发展的有力支撑。在中华文明的传承发展中，以儒学为主体的中国传统文化一直发挥着重要作用。而今，我们正处在中华民族伟大复兴的征途中，国学对于树立文化自信、增强文化自觉、建设文化强国具有重要意义，必将成为我国从历史走向未来不可或缺的精神力量。在横向上，国学是中华文明对外交流的宝贵财富。世界上很多学者认为，中华文明蕴藏着解决当代人类面临的难题的许多重要启示。国学是向世界传播中华文明的重要平台。就文明的互补性而言，国学是中华文明与其他文明对话交流的重要资源，对于保持中国文化的主体性，包容与吸纳世界其他优秀文化，都有着不可忽视的积极意义。

传承国学具有强烈的时代意义。最重要的意义是有利于传承中华文明。中国优秀传统文化是中华民族和中国人民在修齐治平、尊时守位、知常达变、开物成务、立德立功立言过程中逐渐形成的有别于其他民族的独特标识。传承弘扬国学，能够促进优秀传统文化薪火相传，推动中华文明永葆生机，有利于促进民族复兴。章太炎在《国学讲习会序》中说："夫国学者，国家所以成立之源泉也。"传统文化是中华民族的根和魂。中华民族一次次战胜灾难、渡过难关，正是得益于我们拥有民族共同认可、普遍接受、一脉相承且富有强大生命力的优秀传统文化。传承弘扬国学，关系到民族认同感的巩固与民族发展力量的凝聚，能够为中华民族发展复兴提供丰厚滋养，有利于增强国家实力。以国学为代表的传统文化是中国在世界舞台上的靓丽名片，是国家软实力的重要组成部分，有利于守护精神家园。国学蕴含着丰富的思想资源，构成了中华民族共同的精神家园，这是维系民族发展繁荣最深沉的力量。传承弘扬国学，能够培育民族精神，建立文化自信，塑造人们的价值观念、伦理道德和思维方式，营造追求真善美的良好风尚，为经济社会发展注入源源不断的动力。

学国学：学以明理、学以增智、学以修身

国学是一个极为深广的范畴，其内涵丰富而深邃、厚重而隽永。从学术思想的发展来看，我国古代先后产生了先秦百家、两汉经学、魏晋玄学、隋唐佛学、宋朝理学、明朝心学、清朝朴学等标志性学术，形成了完整而独特的学术体系。从文学艺术的发展来看，中华民族在漫长的历史进程中创造了自成体系、独具魅力的文学艺术。"楚辞汉赋唐诗宋词元曲明清小说，中华文学七朝六绝唱；李篆

曹隶颜楷王行张草金石刀刻，传统书法五体一脉承”，这副对联生动列数了我国历代主要的文学和书法艺术成就。从儒家学说来看，儒家经典主要是“四书五经”，也有人将“春秋三传”《左传》《公羊传》《穀梁传》，及“三礼”《周礼》《仪礼》《礼记》，连同《易经》《尚书》《诗经》称为“九经”，或将“四书”与“九经”合称“十三经”。其内容极为广博，而历代阐释、注解经典的著作更是汗牛充栋、数不胜数。因此，学习国学要抓住主要科目和重点典籍，择其精要，深学细悟，从而达到提升素质、涵养身心、陶冶情操的目的。

学国学要学习文史哲，重点是经史子集中的名篇。学文学广才增智。文学是通过形象思维表达思想观点和价值取向，更容易为人们所喜爱和接受，也容易发挥“润物细无声”的作用。学国学必须阅读文学，以浸润身心、增长才情、收获人生启迪。学历史知古鉴今。历史中汇聚着古圣先贤的智慧，蕴含着为人处世的道理。学国学要读史明史，以开阔视野、洞察规律，为现实生活提供有益借鉴。学哲学思辨敏行。在中国哲学中影响最大的是儒、释、道三家，儒家思想是中国传统哲学主流，道家思想是以“道”为中心的哲学体系，佛家思想经过从汉至唐六百余年的消化，演变为中国化的宗教哲学。学习文史哲应当以思想理念为主线，以儒道两家的元典为重点，读原著、学原文、悟原理，持续增强理性思考和抽象思辨能力。

学国学要学习修身，重点是把握基本观念。马克思认为，人的本质是一切社会关系的总和。古人将君臣、父子、兄弟、夫妇、朋友视为基本的社会人伦关系，认为按照一定的道德规范处理好社会人伦关系，就能实现社会有序运转、百姓安居乐业。这一观念仍然是我们处理各种社会关系的主要依据。作为子女应事亲以“孝”。百善孝为先，孝是一种美好的情感，也是儒家“仁”爱思想的重要内容。同时，还要兄弟友爱、夫妻和睦、抚育儿女，营造良好的家庭氛围。作为国家公民应为国以“忠”，继承忠于国家民族的优良传统，要树立爱国意识，怀忧国之心，立报国之志，行为国之举。作为社会成员应处世以“和”。孔子说：“礼之用，和为贵。”学国学应继承发扬“和”的思想，努力追求身与心的和谐，注重修心养性，培养“不以物喜，不以己悲”的胸怀，磨砺“不亢不卑，不骄不谄”的心境，达到心灵的平和宁静。同时追求人与自然的和谐，促进人与自然和谐共生。作为朋友应待人以“信”。“信”是儒家“五常”之一，是道德修养的重要内容。学国学要将“信”作为待人接物的行为准则。要忠厚诚实，做老实人、说老实话、办老实事，不虚伪、不欺骗。作为个体应对己以“修”。修就是修身，修身在传统文化中占据重要地位，是古代读书人立身处世的第一要务。学国学应当将修身作为重要内容和目标，培育良好品质，提升道德修养。

学国学：正确对待、合理规划、科学把握

学习国学并非易事，没有捷径可走，却有规律可循。勤于学习、善于学习是基本规律，要真正把学习国学当成一种境界来追求、一种品格来培育、一种习惯来养成，日积月累、层层递进，不断提升国学修为。

学习国学，思想上要正确对待。科学认识国学，全面把握国学，才能增强传承弘扬国学的积极性和主动性。要忧患思国学。近代以来，西方文化长期处于强势地位，我国传统文化面临着传承危机，在世界上的影响力相对较小。在二十世纪世界重大科技成果中，我国率先发现或发明的少之又少。越是如此，我们越要有危机感，越要增强学习国学、传承国学的责任感和紧迫感，发扬光大中华文明，为科技发展、民族振兴提供强劲的精神支撑。要辩证看国学。国学是传统文化的内核，包含的思想和精神具有多面性。诸如“己所不欲，勿施于人”“言必诚信，行必忠正”等思想是传统文化的优秀因

子，具有永恒意义。至于“愚民”思想和做法则属于封建糟粕，要坚决抛弃。要自信学国学。随着全球化、信息化时代的到来，中华优秀传统文化的重要性愈发凸显，国学已经成为我国现代化建设的重要资源、塑造国人人格的重要力量和构建中华民族精神家园的重要基石。我们要坚定文化自信，更加热爱国学，主动弘扬国学，在继承和发展优秀传统文化的过程中，推动国家现代化建设，推动中华民族豪迈地走向世界。

学习国学，路径上要合理规划。任何学习都是一个由浅入深、筑基垒台的过程。学习国学，要注重文言学习，以夯实基础。章太炎在《国学概论》中甚至要求，学习研究国学应先精通“小学”，也就是文字学、训诂学和音韵学。注重原著学习，以固本溯源。意大利作家卡尔维诺有一句名言，任何一本解释经典的书都比不上原作本身。学习国学，要从本源出发，品读原著，独立思考，促进学有所得、学有所成。当然，我们也可以在阅读原著的同时，读一些解释经典的书籍，学习“四书”就可以看朱熹的《四书章句集注》、王阳明的《大学问》和《传习录》，起到辅助理解和促进吸收的作用。注重开放学习，以兼容并蓄。学国学不能故步自封、狭隘守旧，要用开放的心态对待古今中外各类文明，领悟文明的相通之处，在思想碰撞中撷其精华、为我所用，在文明交流中相互融合、形成共识。

学习国学，方法上要科学把握。具体来说，一是好阅读。“书读百遍，其义自见。”要目读，经常读书，学而时习之；要诵读，既背读又熟读，许多名篇“非高声朗读则不能得其雄伟之概，非密咏恬吟则不能探其深远之韵”；要抄读，既可全抄又可节抄，以抄写、摘录来加固记忆，加深体会；要参读，读荀子的《劝学篇》，可以参考韩愈的《劝学篇》和宋濂的《送东阳马生序》，达到增进理解、融会贯通的目的。二是善思考。思考是学习的进步，没有思考就没有学习。既要结合自己的经历思考，又要结合他人的经验思考；既要结合当时的情境思考，又要结合当前的现实思考；既要结合历史的进程纵向思考，又要结合世界的发展横向思考，使国学蕴含的深厚思想真正内化于心、外化于行。三是勤动笔。“不动笔墨不读书。”读书时动笔，是学习和思考留下的痕迹。动笔的基本做法是圈点勾画，标注重点，再进一层是做眉批、札记，摘录重要内容，更深一步是记录心得，把读书过程中的体会感悟保留下来，最高境界是思考成熟后撰写文章，形成自己的思想认识和学术观点，推进国学研究和文化进步。四是重践行。朱熹《语类》曰：“论先后，知为先；论轻重，行为重。”学习国学中的理念、价值、道德，不能仅仅停留在言语上、留存在头脑中，而是要知行合一、学以致用，更好地在日常工作生活中践行，塑造完美人格，推动事业进步，为传承和弘扬国学贡献力量。

二〇一七年三月十日

鱼皮画里的民族情

王林旭

“乌苏里江来长又长，蓝蓝的江水起波浪，赫哲人撒开千张网，船儿满江鱼满舱。”当悠扬动听的《乌苏里船歌》响起，眼前似乎能浮现出赫哲族人民在江边渔猎的场景。很多人正是通过这首歌认识了地处我国北方的赫哲族，而要想了解赫哲族丰富的民族文化传统，不妨到“赫哲故里”同江走一走。

今年夏天，我又一次来到同江。这里位于黑龙江的东北部，黑龙江与松花江交汇处的南岸，是赫哲族的聚居区之一，像八岔和街津口都是赫哲族乡。赫哲族历史悠久，民族文化多姿多彩，渔猎是传统的生活方式，与鱼相生，鱼既是美食，也能做成衣服，还能作画，形成了鱼皮画这样特有的艺术，是赫哲族宝贵的文化遗产。我此行便是为鱼皮画而来，国家民族画院在同江开设了培训辅导班，以鱼皮画为主线，帮助这里的从业者和文艺爱好者学习传统艺术，培养人才，为传统文化的挖掘、保护和传承发展搭建平台。

对于鱼皮画，很多年前我就感受到了它的艺术魅力。我是山东人，早年间乡里闯东北的人非常多，我有个哥哥便是其中之一。记得有一次过年他回来的时候，穿了一件鱼皮坎肩，我觉得很是新奇，鱼皮还能做衣服呢！哥哥告诉我，这是赫哲族的特色，他们还会用鱼皮作画。上世纪九十年代初，我在日本访学，到一位日本友人家做客时，他很兴奋地拿出自己收藏的一幅作品给我看，告诉我这是你们黑龙江赫哲族的鱼皮画。当时我觉得很震撼，一个少数民族的艺术品竟然让外国友人如此喜爱，于是心里萌生出要去同江看一看的想法。

上世纪九十年代末，我第一次来到同江。赫哲族以鱼皮为原材料，通过剪贴、镂刻等方式做出鱼皮画，形成多样的图案和造型。鱼皮画是一种生态的美学的艺术，这正是我研究的方向，它与水墨画、油画等绘画艺术的表现手法不一样，通过材料来表达情感，是与剪纸等传统艺术一脉相承的工艺美术类型。这些鱼皮画和赫哲族的生产生活密切相关，内容丰富多彩，融入了民族的审美情趣，展现了赫哲族文化的魅力。如今，随着时代的发展，鱼皮画已经形成了产业，迎来发展机遇，在传承传统文化的同时，也提升了当地人的生产收入和生活水平。

培训班开班后，我为学员们讲了第一课。为什么要培训？记得在九届政协时，我曾经提案呼吁要扶持人口较少民族的文化发展和经济建设，通过多年政协委员参政议政的经历，我更加明白，这种扶持要落到实处。八岔、街津口、四排等赫哲族乡具有丰富的鱼皮画和农民画资源，通过艺术家走到身边“手把手”的培训，推动当地以鱼皮画为主要特色的艺术创作和发展，提升鱼皮画的文化艺术价值，一方面有利于传承民族传统文化，另一方面能提升产值，促进少数民族文化产业发展，达到精准扶贫、文化扶贫、服务民族地区的目的。

给同江当地的学员上课不同于平常给大学生、研究生等上课，他们很多都是当地的农民，因此培训中更多的是一种心连心的交流。我对他们说，我和大家一样，从小在山东农村就喜欢剪纸，画农民画，我们只是用的材料不一样。剪鱼皮不是我的特长，但是我很会剪纸。学员们听了都笑起来，仿佛我就是他们中的一员。有学员问我：王老师，你怎么剪得那么好看？我告诉他们，因为这里面有造型审美的因素，比如剪一个人物造型，他的身体比例要有一定的设计。历史文化传承、材料选取处理、颜色搭配、构图技巧、美感培养……培训的内容丰富而细致，老师走到学员中间示范，学员随时可以就图案作品等跟老师交流提问，他们学习热情很高，以至于辅导班结束后还意犹未尽，课堂又延续到家里，延续到微信群里。

十来天的交流培训，不仅学员收获满满，艺术家们也受益匪浅。看到他们在培训中提高了美术修养，提升了艺术感受能力，看到他们对鱼皮画发自内心的喜爱，我感到由衷欣慰。艺术要接地气，要为人民服务，小小的鱼皮画里凝结着民族文化的认同和理解，也践行着中华民族的一家亲。就像奔流不息的江水一样，我想，这样的情谊也会持续不断地滋养民族文化的蓬勃发展。

二〇一七年九月十八日

你见过雷公山的山顶吗?

聂震宁

在全国政协文史和学习委员会少数民族戏剧文化调研组的计划里，才知道郎德上寨和西江苗寨两个调研点属于贵州省雷山县。忽然想起了著名的雷公山，于是请教当地陪同人员，雷山县的雷山是不是就是雷公山。得到了肯定回答，并且得知这两座苗寨就在雷公山山麓，我不禁微微激动起来。五十多年前，我还是插队知识青年的时候，有段时间迷恋民族音乐，哼唱过一首贵州苗族民歌《你见过雷公山的山顶吗》，曲调很好听，歌词也很有意思，至今还记得几句：“你见过雷公山的山顶吗？共产党的恩情比它还要高；你见过清水河的流水吗？毛主席的恩情比它更深长……”特别是其中“你见过雷公山的山顶吗”这句比兴，堪称神来之笔，令人印象深刻。

我曾经不经意地想过，难道雷公山的山顶不是一般人能看到的吗？我知道这个想法显得有点儿迂。可我就是这么想的，没有办法。

我们此行是少数民族文化调研，要去的是民族村寨，不会去登攀雷公山，也就不会看到那植物的王国和动物的天堂，那里拥有五千多种动植物，有变化莫测、异象丛生的雾海云瀑。然而，想到能到雷公山调研苗族文化，从心底里依然觉得有意思。

说到考察苗寨，几年前我曾经与苗寨有过一次邂逅。那次是去黔东南自治州凯里市参加一个图书捐赠活动，贵州的朋友说既然路过西江苗寨，不妨去看一看，于是匆匆驱车赶去。路上天就黑了，在山间公路上走了一会儿，猛然来到一座大山前，半山腰下到处是灯。下得车来，又见遍地是人。一条并不宽阔的混凝土街道上挤满了游客，说是络绎不绝、摩肩接踵一点儿都不为过。我们随着人流来到大山对过儿一处称为观景台的地方，眺望不远处依大山而建的苗寨。夜幕里，山上的吊脚楼已经看得不太清楚，可是几乎每一座吊脚楼都亮着灯，那璀璨闪烁、串联成片的苗寨灯光，宛如挂在一大块黑色幕布上的千万珠宝，平地而生，从天而降，显现出迷离而又炫惑的光彩。引得几乎所有来到观景台上的游客都要惊呼，惊呼后的游客都要举起相机和手机照相，恨不得把这奇异的苗寨灯火尽收镜头里。

这次调研民族文化，竟然一口气要去两座苗寨，实在让我开心。尤其是看介绍材料，西江苗寨就坐落在雷公山的主峰下，而几年前与它的邂逅时，竟然对此一无所知，实在是补上了一些缺憾。

按行程一早就赶往郎德上寨。

郎德上寨，一九八五年，改革开放之初，就作为黔东南民族风情旅游点开始了对外开放；一九九七年被文化部命名为“中国民间艺术之乡”；二〇〇一年被列为“全国重点文物保护单位”，闻名中外，是旅游观光、考察苗族文化、领略苗族风情的首选村寨。许多资料都介绍到，在郎德上寨，会遇上十二道拦门酒，欣赏到敬酒歌、苗族飞歌、芦笙舞、铜鼓舞、板凳舞、集体舞等丰富多彩的苗族歌舞。看到这些介绍，不由得又回想起让我震撼过的西江苗寨夜景，预感又将看到一番轰轰烈烈的热闹景象。

说实话，我既希望这些大山深处的苗寨引来众多游客，却又希望那里依然保持一些应有的宁静。这就是民族传统文化保护与发展之间的矛盾，多年来许多专家都在讨论这个问题，似乎并没有找到很好的解决办法。

从下榻的凯里市驱车前往郎德上寨，四十来分钟就到。一座颇具规模的寨子就静静地矗立在面前，青瓦吊脚木楼疏密有致地建筑在近山麓处的山坳斜坡上，木楼建成悬山顶屋面，多有曲径回廊。

在通往寨门的便道上，早已守候着一群苗族妇女，她们穿戴着华丽的苗族银饰绣装，尤其是披挂的银头饰和银项圈银光闪闪。妇女们手捧小酒碗，给进寨子的所有客人敬酒，这就是传说中的“十二道拦门酒”吧。我们自然也是她们要拦下敬酒的客人。不用担心，苗家的米酒度数很低，小小抿一口，有清香微甜的口感。客人也可以选择不喝，苗族妇女们只是热情地献上酒碗，只是温婉地微笑，并不强勉，更不会拦住客人不放。

穿过敬酒的众多苗族妇女，就看到二三十位苗族汉子，面朝客人，排成一长排，立在寨门前路旁。苗族汉子们除了有几位在进行芦笙演奏表演，其余的就在几位银须白发的老人的带领下肃立着。他们穿的是一色的黑色衣衫，头戴黑色盘头布，他们不说话，静静地站在那里，气氛显得愈发肃穆。

寨子里的小路全以鹅卵石铺设，整整齐齐干干净净。寨子中央有一个大芦笙场，地面是用鹅卵石以仿古代铜鼓面十二道太阳光芒和飞奔的骏马。大芦笙场周边有三两处摆有青石条，坐在青石条上聊天的是几位苗家阿公，还有几位苗家妇女聚集在一起绣花。寨中小路边上开有几家店铺，出售银饰和苗绣。客人走过，开店的苗家女主人并不招徕客人，一径是不声不响地微笑着看过来。

就有游客自自然然进到店里买了银饰和蜡染桌布。

静谧的郎德上寨，温情的苗家寨子，深沉的苗家人！寨子里的老人给我们介绍苗家数千年来的迁徙历史，远处还有芦笙乐声传来，像是在凄婉地伴奏。

从朗德上寨出来，不由得又想起那轰轰烈烈的西江苗寨夜晚。调研组将要前往，那里是否还是那么轰轰烈烈呢？

驱车不到四十分钟，又一次来到我曾经梦幻般邂逅过的西江苗寨。这里的游人依然很多，苗家妇女的拦门酒还是有的，不过更加不强勉客人喝酒。我又一次站在观景台上，眺望西江苗寨，不远处，数百幢吊脚木楼沿着雷公山主峰的山脚约七十度的陡坡往上堆叠，黑压压，密匝匝，梯次排列，鳞次栉比，立体叠建，连绵而上，从山脚一直叠到半山腰，形成一个庞大而壮观的整体，让人感觉它像一幅水墨画，静静地悬挂在大山上。

顿时，只觉得周边游客的喧哗已经逝去，西江苗寨让我们也感觉到它的静谧、温情、深沉。尽管离观景台不远处的表演场正在向上千游客展示苗族文化，那里传出来的喧声颇具震撼力，然而，站在观景台上看苗寨，依然觉得那庞大而壮观的苗寨无比地静穆，因为解说员在一旁讲述的苗族数千年迁徙史，又一次震撼着我，神秘的苗寨就那么无声无息地矗立在远处。

历史悠久的苗族啊，要真正领略你，看来还需要多次的探寻。

忽然想起应当看看雷公山的山顶，了却我五十多年前的一个玄想。不承想，山太高，那天又有云遮雾绕，竟然没看到。

雷公山，我还要再来；魅力苗寨，我更要多来。

二〇一七年九月二十三日

用中国声音讲中国精神

袁慧琴

这几年，中国戏曲又迎来了发展的春天——中央先后出台了一系列复兴传统文化的重大战略举措，强有力地推进着中国戏曲的传承发展，戏曲的生存环境出现了诸多新变化、新亮点、新成就，这让我们无比欣喜。作为一个戏曲传承者，在不断进行艺术创造、追求艺术高度的同时，我也一直很注重京剧艺术的传播，这些工作都需要不断探索实践，而探索的成果是，京剧具有无限的潜力，总能带给人们喜悦与感动。

九月，正是金秋时节，在喜迎党的十九大之际，我踏上了前往哈萨克斯坦、俄罗斯、瑞典三国的路途，开始为期九天的讲学之旅。文化部与哈萨克斯坦、俄罗斯、瑞典三国驻外使馆联合主办，中国京剧院与中国对外文化集团联合承办的“中华文化讲堂”正式开讲了。我作为主讲者，以《东方戏韵——中国京剧艺术之美》为题，在阿拉木图、阿斯塔纳、圣彼得堡、法尔雪平、斯德哥尔摩等多个城市与外国观众面对面进行讲演。

“中华文化讲堂”是中国“一带一路”框架下的重要文化交流活动，旨在面向“一带一路”沿线及相关国家讲好中国故事，传播好中国声音。京剧作为中华优秀传统文化最具代表性的表演样式，能彰显中国人对自然、人生与社会的审美理想，二〇〇九年，京剧被列入“人类非物质文化遗产代表作名录”，正显示出这份传统的“国粹”被世界文化充分尊重和认可。

我曾在国内很多高校做过京剧讲座，效果很好，也曾多次赴国外表演京剧，但是，面对不同文化背景、不同语言的外国观众，用“讲”这种最直接的方式来传播京剧文化，却是一个全新的挑战。我一直在思考，怎么能在两个小时的时间里把京剧讲好，让外国人也能喜欢？基于一个京剧人对中华戏曲文化的自信，我确定了讲座的风格，单刀直入、深入浅出、通俗易懂，让自己成为一个“引领者”的角色，为外国朋友打开中华戏曲百花园的大门，他们可以根据自己的审美需要，寻找精神慰藉。为此，我们下了很大功夫做准备。在系列讲座中，通过常识介绍、视频解说、名家示范、现场互动相互结合的方式，将中国京剧的艺术常识宣讲出来，将完整的舞台艺术通过声像手段呈现出来，将特定的表演技法现身说法地在讲堂上展示出来，并且让现场的听众亲身体验脸谱、化妆和表演。这种立体综合的宣讲形式，以更加贴近异国审美者的方式，近距离展现了京剧艺术之美。

除了普及京剧艺术知识，我们还广泛地介绍了京剧、昆曲的优秀经典剧目《游园惊梦》《三岔口》《盗御马》《霸王别姬》《杨门女将》等，通过管窥其中的唱念做打代表性技艺，形象地呈现出京剧、昆曲的艺术特征，生、旦、净、丑多元行当的艺术规范，以及声腔与行当共同演绎的中国形象，展现出中国人借助戏曲来充分表达的爱恨追求、思想观念、道德伦理、情感旨趣，透露出中国源远流长的文化精神。

众多中国文化、中国戏曲的爱好者汇聚到所在城市的会场，我与他们一起共证了京剧艺术的“温柔”与“震撼”。“这样的文化艺术讲座把中西文化的差别淡化了，整个会场就是一个美，主讲者的演唱有如天籁之音，直入人的心灵”，“从讲座里理解了京剧的艺术美，包括色彩、服饰、演唱等等，特别是讲演是所有内容中最精彩的，很集中地展示了欣赏京剧的方式和内容”。观众的评价让我们欣慰，其实“温柔”强调的是在柔性讲述中消减中西文化隔阂，“震撼”强调的则是独具东方神韵的京剧艺术产生的美学接受效果，借助多元的讲述方式，中国京剧艺术可以为世界不同国度与民族所共享。国之交在于民相亲，而民之亲则在于艺相通，正如驻瑞典大使桂从友说：“京剧走出国门来到瑞典，让当地受众更好地了解了我们的国粹，了解了中国的文化和艺术，以及中国人勇敢勤劳和高尚的品德，更好地促进了两国人民之间的了解、友好与合作。”

讲座不仅仅在于跨文化的欣赏，还有作为表演艺术所共通的专业引领。在阿斯塔纳，我们的讲座吸引了来自其国家学术图书馆、国立艺术大学、阿斯塔纳歌剧和芭蕾舞剧院等专业艺术家与学者的广泛参与。结束后，国立艺术大学表演系主任用拥抱来表达自己的感动，并且告诉我：京剧太美了，表现力太有个性，特别是艺术家在学术与艺术讲授时，很真切地传达出了这一艺术的本体特征。我向她说明，在众多中国戏剧表演专业的训练中，京剧等戏曲身段表演技法发挥着重要的作用，有了京剧的借鉴，戏剧等其他表演基础会有更大发挥空间。她非常认同。这些交流让我更加确信：京剧是中国的国粹，理所应当地在世界表演艺术格局中，起到文化认同、艺术共享以及表演借鉴的作用。

在圣彼得堡国立大学，几位汉学家说着流利的汉语与我聊了很久，他们都希望以后能有更多交流的机会。第二天，我们在圣彼得堡还有一场活动，台下第一排一位小姑娘特别吸引我的注意，孩子一动不动，听得非常认真，结束后很兴奋地跟着演员勾脸谱、学身段。这时我才得知，她是其中一位汉学家的女儿，因为教授当晚有课，特意让同事带着孩子来听，孩子闪着光彩的眼睛让我知道，京剧在她心里种下了一颗种子。

近年来，中国的文化在国际舞台上得到越来越广泛的展示，这与日益雄厚的国家经济、军事、政治实力有着密切的关系。在国家大力倡导优秀传统文化的时候，包括京剧等戏曲在内的民族艺术的传承者们，更应该在大好形势下，做好自己的艺术，发出戏曲的声音，让戏曲艺术更加自信地得到世界认可。戏曲的声音是最具中国韵味的声音，戏曲的故事也是中国故事，而戏曲人多元化的讲述与传播，则是传递中国精神的极好方式。走过这次海外讲学之旅，我备感中华优秀传统文化艺术被世界所分享时的喜悦，也更激励我不断去探索和创新。处处都是起承转合、时时都有精彩纷呈，中国戏曲的活力和潜力在中国的、世界的舞台上迸发，必将赢得满堂喝彩。

二〇一七年十月十六日

乡 情

叶 辛

二〇一六年春夏之交，有上海和吉林两家电视台随我回砂锅寨拍摄专题：《回家》。下雨了，风大，天阴沉得厉害。拍摄只得暂停。四十年前和我一起在乡间耕读小学任教师的石光扬约我到他家的青冈石院坝里小坐。

石老师八十多岁了，身体仍很健朗，现在还从事一些轻便的农活，眼不花、耳不聋、腰不弯，说话声气清晰。这些年，只要我回到久长镇的砂锅寨，他听说以后总要从下边的大坡脚赶上来，和我见上一面，聊几句，电视台记者见了，时常也请他出镜讲几句。教书那些年，我二十岁出头，他四十来岁，有很多真实的往事可以回忆。

坐在他家清净的院坝里，他要煮茶，我阻止了他，说我带着茶杯，难得忙里偷闲，我们好好聊几句。看着院坝里放着的农具，鸡在啄食，我说村寨上真的安静。他说现在也不安静了，高速公路从二三里地外穿过，修筑的时候，路两旁都挖开了；现在高铁也要从寨后头过，就在一里地不到的地方。你没看到，斗篷山那边，鸭子塘已经没有水了，那里也有人要投资建现代农庄。

鸭子塘、斗篷山，这些地名都在我小说里出现过，这几天拍摄，我都去转了。原先出寨子，过三岔口，爬雷打石，崎岖山道十分难行，如今修了路，好走多了。

石老师继续说，不过和上海大城市相比，这里还是安静的，特别是空气好，喝的水质也改善了，天天可以吃到新鲜的蔬菜瓜果，适宜你写作的。他停了一下，又用十分庄重的语气道：

“这次你来，村子里的支委会和村委会专门开了个会，做了一个决定，要我转告你，在砂锅寨、鹿子冲、大坡脚几个寨子的范围内，随你在竹林边、山脚下、半坡上选一块地，你可以建一幢房子，材料钱你出，大家一起帮忙，房子建起之后，你随时可以来住，平时你写你的，空下来大家在一起摆摆龙门阵，多好的事儿。现在永兴和杨柳合并成一个村了，叫永柳村，小王也可以一起来住的。”

他嘴里的小王，是我的妻子。当年在修文县插队落户，我妻子在杨柳大队，我在永兴大队，只隔着一个山垭口，走十几分钟就到的。

我心里一阵感动，插队落户快五十年了，近半个世纪，这里的老乡仍然记着我，还替我的养老着想，并建议我修房子，这是何等样的深情！而且他们特别委托八十多岁高龄的石老师郑重其事地告诉我。

我向石老师并村支两委会表示感谢，向寨邻乡亲们表示感谢。我说砂锅寨上，已经在我插队时住过的土地庙前挂了一块牌子，说明是“叶辛旧居”，并且把当年在永兴大队、杨柳大队八个寨子插队落户的三十六个上海知青的名字刻在石头上，为修文县曾经接纳过上海知青的历史留下一点儿痕迹，这已经足够了。

我相信，所有步入晚年的知青们，都会为这一份浓浓的乡情而感动。

二〇一七年十一月十八日

咸水歌：疍家人的诗经

——大型民俗清唱剧《咸水歌》创作札记

丘树宏

中国是一个诗歌古国，几千年前的《诗经》，足以让我们在世界的文化版图上挺直腰杆。而我，也似乎与民歌有着一些特殊的关系。我是客家人，客家山歌在中国民歌中有着重要的一席位置。记得小时候，我们村有几个能唱能讲的“村宝”，其中一位，完全是个文盲，没有读过一天的书，但说话却十分幽默，完全是一个活宝，不管什么场合，只要他在，就一定笑声不断。他很会讲笑话，同样的事情，到了他的嘴里，都会成为“笑料”，而大家也很喜欢与他逗乐子。他更有一个特长，那就是能唱山歌。能唱山歌，其实并不是很稀罕，村里还有几个中老年男女，也会唱。但他有一个绝招，那就是出口成“唱”，什么事情、什么事物，到了他的嘴里，就成了一首歌。记得人们叫他“颠朋”，“朋”是他的名字，“颠”就是“疯癫”的意思，倒不是人们要诋毁他，而是说他很会娱乐人。“颠”，那还是一种褒义呢！

说远了，还是说回我自己。由于“颠朋”的影响，还有我父亲会哼几句粤剧的陶冶，我小时候上山砍柴、出门耕田，也会唱几句不像样的山歌。然而不久，“文革”开始，全国人民都唱样板戏了，山歌自然退居二线，甚至还被批判成“四旧”的东西，谁都不敢去触碰她了。没有想到的是，一九七四年读高二的时候，我爱上了写作，因为写的作文在公社和县里的广播站播出了，就开始学着大量地写东西，包括诗歌、小说、散文、评论、戏剧，甚至还斗胆作词作曲写毕业歌！冥冥之中，我的文学人生就与民歌结下了不解之缘。

然而，就是从这个时候开始，民歌与我却似乎断了一切音信。虽然我曾经被推荐去县剧团学习培训，虽然我一直坚持文学创作而且成绩可观，但在我的身上，就是总也看不到客家山歌的影子，当然更没有其他民歌的影子。

上世纪八十年代末，我来到了珠海工作生活，一次到斗门县出差，偶然在灯笼沙看到了水上人家婚嫁表演的场面，那是我第一次接触到咸水歌。虽然语言和音调都与客家山歌相去甚远，但那份质朴、那份炽烈、那份情感，在我的内心却掀起了涟漪。但是，很奇怪的，之后的十多年，我又与民歌再一次分离了，包括我家乡的客家山歌，也包括我工作、生活在珠海的咸水歌，也与我没有发生任何的关系。

到了二〇〇四年，也许是缘分到了，这一年我来到了中山工作。在古代，中山、珠海和澳门都属于香山，中山是香山的原点，也是一代伟人孙中山先生的家乡。正因为如此，我的工作和生活，包括我的个人文化和创作行为，我的感情和内心，竟然从此盈满了孙中山文化、香山人文、中山风情……

我的收获是十分丰厚的，这真是我一生的福分。自然，这里面包括了咸水歌，然而在咸水歌之前，却发生了一个非常奇妙的小插曲，而且巧妙的是，小插曲的主题，正好是客家山歌。那是二〇〇九年夏天，中央电视台在中山拍摄大型史诗电视连续剧《下南洋》，当导演知道我是客家人，而且是个诗人后，就主动邀请我为电视剧创作一首主题歌。盛情之下，我很快就以客家山歌的形式写出了《阿妹找哥洗琉琅》，导演很是满意，立即让人谱曲，并请谭晶演唱。二〇一一年三月剧组在央视举行媒体见面会的时候，谭晶没空儿出席，倒让我用家乡连平客家山歌的音调原生态地演绎了这一首主题歌，后来在广东电视台也依样画葫芦地这样做了，居然收到了意想不到的效果。这首“连平”山歌，已经成为我的保留节目了。

还是说回咸水歌。在中山，坦洲的金斗湾，民众的水乡游，东升的胜龙村，小榄、民众、南朗、张家边……到处都听得到悠悠扬扬的咸水歌，她是那样地悦耳、那样地动心、那样地勾魂。从二〇〇七年开始，我就开始重点关注咸水歌，尝试着为咸水歌的保护、传承、弘扬和发展做一些力所能及的工作，直接的或间接的。那几年，广东省文化部门明确中山市是广东咸水歌文化的中心，然后组织了以咸水歌为主的全省性大型民歌大赛。东升胜龙小学以咸水歌合唱特色成为全国第一个镇一级的国家合唱基地，中山咸水歌成为了国家级非物质文化遗产。咸水歌研究、教学、传播等，都进入一个好时期。二〇一三年，我偶然在五桂山镇的网站上，看到一个民间故事，说的是以前疍家人与岸上人包括客家人都不能通婚，后来一个客家青年砍柴的时候被毒蛇咬伤，疍家爷爷救活了他。他在疍家养伤，帮忙干活，与疍家姑娘产生爱情并创作了用客家话演唱的咸水歌——白口莲山歌。大家为疍家爷爷、为两个年轻人的爱情所感动，打破规矩让一对情侣结了婚。那时候就想，作为咸水歌，需要有一个好的舞台作品，才利于传播和传承，于是一直在等待机会创作。去年十月八日，东升镇一直坚持学习传播咸水歌的周炎敏，代表广东民歌走上了中央电视台的“中国民歌大会”，这是继上世纪五六十年代何福友上京演唱，八十年代林梨在央视录音之后，中山咸水歌再次走上国家最高舞台。表演取得了巨大的成功，影响空前。我在央视播出实况当晚，专门策划组织了一个活动，期待引起更多、更大、更广泛的关注、重视和支持。我决定将咸水歌作为二〇一七年中山人文型政协建设和我个人文化工作的一个重点，予以部署和安排。此后，我邀请省音协的领导和部分著名音乐家先后走访几个咸水歌地区，与当地领导和文化部门形成了一个共识：二〇一七年共同组织一个咸水歌歌词征集活动，而后在年底举行第一届咸水歌文化节。后来，还向到中山指导工作的文化部原副部长、著名词作家晓光，中国音协主席叶小钢做了汇报。他们表示高度肯定和大力支持，晓光老师还主动提出要出任评委。

这个时候，我觉得创作咸水歌舞台节目的时机已经基本成熟，于是开始归拢几年来收集的资料，着手创作的前期准备工作。几年来，我都是考虑根据客家青年与疍家姑娘的爱情故事为线索，将其写成大型音乐歌舞剧的。但国庆前带队前往珠海斗门采风的时候，一个音乐家的一番话改变了我的想法，他建议中山或珠海创作一个咸水歌清唱剧。我突然想到，根据目前咸水歌人才队伍的情况，如果写一台音乐歌舞剧，表演的人数很多，表演的技巧也很复杂，这种节目要搬上舞台很困难。另外，咸水歌的优势主要是“歌”，是演唱，舞蹈方面相对弱一些，倒不如写成清唱剧，主要突出“唱”的类别、唱的功夫。因此，我拿定主意，借二〇一七年国庆、中秋“双节”八天假期的机会，创作一台大型民俗清唱剧《咸水歌》。

创作进展非常顺利。因为有前几年的思考和准备，两天时间，提纲拟定；三天时间，初稿出笼；再修改两天，十月七日晚上，就将初稿的首发权交给了《中山日报》；八日恰好是星期天，按常规要出文化周刊，如此，《咸水歌》正式面世。我想，这应该是全国第一部咸水歌主题的大型民俗清唱剧剧本。

这一台清唱剧，我考虑要配合交响乐、合唱，交响乐中加入广东音乐的小乐队，这样珠三角的味道和风格就十分浓厚了。另外，咸水歌主要是用广东话演唱的，多数地方的广东话地域口音又很重，广东之外的人往往听不懂。这样，传播就成为一个大问题，传播力太弱，咸水歌就走不远，包括地域走不远、历史走不远，这就说不上保护与传承，更别说弘扬与发展了。因此，我大胆改革，全剧除了最精华部分需要广东话，以及因为剧情的需要采用客家话演唱外，其余大多数曲目，都采用普通话来演唱。当然，剧本也采用了部分传统的经典咸水歌作为“过渡”。这种改革，在其他一些文艺领域，包括一些地方的民歌，都曾经有过许多成功的先例，咸水歌也有过单首歌曲的实践，然而作为一台大型主题节目，能否成功，还需要方方面面的共同努力，还需要时间和实践来检验，成效如何，目前还是个未知数，但在我心里是充满期待和信心的。

与前所述，中国有《诗经》，这是全体华侨华人共同的“诗经”。这几年，一些客家商会请我给他们写主题歌，我写的都是客家山歌的风格，在我看来，客家山歌就是客家人的诗经。后来给家乡创作了一台大型史诗节目《九连山下》，都贯彻了这种思想。而咸水歌，同样也是疍家人的诗经，这部诗经，流传了千年百年，随着时空的变迁，她也在不断地演绎变化。我诚挚地期待着，大型民俗清唱剧《咸水歌》，能够印证出咸水歌风雨阳光的历史身影，也能够给今后的咸水歌提供一些前途命运的未来预示。

二〇一七年十二月十一日

京剧·国粹

叶少兰

为什么说京剧是国粹？

习近平总书记在十九大报告中指出，文化是一个国家、一个民族的灵魂。文化兴国运兴，文化强民族强。没有高度的文化自信，没有文化的繁荣兴盛，就没有中华民族伟大复兴。我们文艺工作者首先要牢记使命，担当起这份责任，按照十九大设计的蓝图和伟大目标，不忘初心，拼搏奋斗。

今天我讲的主题是“为什么说京剧是国粹”，同时也要谈谈学习十九大报告后，我对国粹民族文化艺术的弘扬昌盛、继承发展等问题的认识。我认为只有认知国粹文化——不只是我们文艺工作者要认知，社会民众也要有认知，我们才能热爱、促进、推动、弘扬民族文化。

京剧是徽汉合流的产物。清代中叶的三庆、四喜、和春、春台四大徽班进京和“京剧十三绝”泰斗大师——谭鑫培，王瑶卿、杨小楼、叶春善、萧长华等京剧前辈对于京剧艺术的贡献，功不可没。京剧在民国初期称为“国剧”，新中国成立之前也叫平剧；也因为京剧剧目繁多，精品云集，高峰人才、大师辈出，众多流派、好角儿使京剧一时红遍全国；梅兰芳等艺术大师又把京剧传播到美国和日本，轰动世界。因此中国最大的、也是最有代表性的剧种——京剧作为一种国粹艺术应该是得到举世承认的。

新中国成立后，在党的英明领导下，国粹京剧艺术得到了繁荣、继承与发展，人才显赫，流派艺术的弘扬达到了前所未有的普及和光大。京剧艺术于上世纪五十年代在全国各省市地区甚至农村无所不在，出现了空前昌盛的局面，国粹艺术的地位进一步得到巩固。这说明是历史、是文化、是人民、是人才、是剧目造就了国粹艺术——京剧。

不久前，在全国政协各级领导的支持和指导下，全国政协京昆室一行到法国联合国教科文组织总部进行了文化交流和访问。

联合国教科文组织对京剧艺术非常尊重和支持。特别是二〇一〇年京剧纳入世界非遗之后，更加受到关注和重视。联合国教科文组织总干事班德林先生说：“传统文化艺术都面临着既要保持自身的品质品格又要跟上时代、既要继承保护又要创新发展的问题，但任何传统文化都不允许改变所报的非遗标准和改变本体的本质。非物质文化遗产属于世界文化遗产之一，你们来访的目的和我们的宗旨完全吻合，感谢你们对戏曲文化也是对世界文化遗产做出的努力和贡献。你们用‘国粹’这个词，确实很难找到其他的艺术形式，能够比京剧、昆曲更能代表中国文化的精髓了。”班德林先生说，世界非遗的意义，首先是要保护古老的艺术表现形式。因为古老的艺术形式囊括了那个时代的历史和文化，内容是非常丰富的，它也是把不同人类族群的实践经验、生活方式、艺术素养统统融入其中。要有民族特有的文化思想存在，才能得到发扬光大。

法国文化部前艺术总监也对中国的国粹京剧抱以敬仰，他希望永远保持好国粹京剧的艺术本色。这位艺术总监还清楚地记得我父亲叶盛兰一九五五年在巴黎演出国粹京剧的盛况及国粹京剧的伟大和对世界艺术的影响。我的父亲当时随中国艺术团赴欧洲国家进行访问演出，轰动了巴黎、轰动了欧洲，甚至在有些国家出现了“京剧热”。所以说只有民族的才是世界的，我们没有理由缺失我们自己的文化自信。我们曾访问过俄罗斯和乌克兰，他们有些语言和我们是共通的，特别是在俄罗斯大剧院时，他们说出了令我们感动的话，比如他们说："艺术永远是生命""我们永远是最好的""继承传统是永恒的""扎实自己的基本功是世代相传的""规律是永远的"等等。这些也都是我们一直提倡的，是国粹艺术自始至终的优良传统。

党的十九大把弘扬振兴民族文化艺术提到了战略高度。如何继承和发展传统文化艺术，要有一个清醒的认识。我们要担当的任务是让国粹京剧传统艺术鲜活起来，不是让它变成"活化石"，让年轻人认识民族传统文化。与国际接轨的当今时代，西方文化大量涌入，虽然我们可以接受西方文化的优长，但是我们必须了解我们民族文化的根基、民族文化的魂是什么，而不能一味地让民族传统艺术"年轻化"。虽然传统是历史，不能够年轻化，但传统文化可以丰富，在继承的基础上创新，而创新传统文化不可离宗、不能解体。梅兰芳大师的"移步不换形"的艺术体系和大师创新发展的国粹高峰京剧《穆桂英挂帅》至今脍炙人口，成为永恒的典范。"创新不离谱"，始终是我对大师理论的理解。京剧之所以成为国粹是创新发展而来的，没有创新发展就没有今天的国粹。二百年来京剧从未停止过创新与发展的脚步，新中国成立后，国粹京剧在"百花齐放、推陈出新"的文艺方针指引下，达到了一个又一个创作和艺术的高峰，《挂帅》就是其中一例。梅兰芳先生的《穆桂英挂帅》和早年的《穆柯寨》有多么大的不同，这就是创新。《穆柯寨》表现的是年轻时的穆桂英，当穆桂英五十多岁要挂帅出征的时候，其凛然气魄与年轻时的穆桂英是完全不同的，具有较大的跨度和区别，从扮相、表演、身段以及锣鼓、唱腔等，都有新的突破和很大的发展。在京剧里，服饰、锣鼓都是其重要组成部分，什么人物什么行当穿什么样衣服、什么程式动作配什么锣鼓程式，都是有规定的，这是京剧国粹的精华。如《穆桂英挂帅》，其思想性、艺术性均成经典之作，至今常演不衰。通过对十九大报告的学习，我更加深刻地理解了习近平总书记所指出的，文艺作品有温度、有筋骨、有道德的艺术创作标准，更加领悟到了艺术创作的真谛。什么是国粹？国粹一定是永不断档、市场鲜活、人才作品一流的高峰艺术。国粹还一定是国家、政府、社会、民众、专家与国际承认并喜闻乐见的民族艺术经典。

京剧成为国粹的条件

下面我谈一下，京剧成为国粹的原创先决条件。

第一，京剧是全方位的综合表演艺术，是以演员的表演为中心的。京剧从起始就不是单项的说唱艺术，也不是草台、广场、地间、厅堂曲调或单一简单的表演形式，更不是单纯的武术和杂技。京剧从始就有文学剧本、故事情节、人物个性，唱念做打、手眼身法步的“四功五法”，化服道盔以及音乐、美术等的综合艺术表演形式；还是在中国历史上，综合性强、艺术性强、思想性强、民间性强的戏曲表演艺术。

第二，京剧分行分路的艺术观是科学的，艺术标准高、讲究、规矩，人才的表现力强。因此，京剧演员系统的、综合的基本功训练很扎实，掌握文武昆乱各门类的技术很多，生、旦、净、丑的分工最细且讲究，如旦行分为青衣、花旦、刀马旦、武旦、老旦等。各行当有各行当的基本功训练和标准，如一踔一站就有讲究，武丁文八、武双文单、未进先退。再如各种脚步，不同行当不同人物不同服装不同年龄性格都具有不同的走法；还如甩袖，周瑜、吕布、梁山伯、许仙、陈大官等人，因人物性格的不同有着不同的甩袖动作，不同的甩袖动作又表现着不同的人物性格、心理和思想情感。

第三，国粹京剧的最大特色和代表性在于它是一个虚实结合、写意、夸张、放大生活、程式化、规范化、舞蹈化、载歌载舞讲故事的独特艺术形式。但国粹京剧艺术又是一门讲情讲理的艺术，并非一味地虚拟、写意和舞蹈程式化。京剧以表演为中心，因此，强调它的一举一动、一腔一调都要有表演根据。京剧讲形象思维也讲逻辑思维。

比如，演三国里武艺高强的吕布的上马（赤兔马）和演《梁山伯与祝英台》中的书生梁山伯的上马就有所不同；《三岔口》和《野猪林》中同样是单刀格斗，但武打的内容、节奏、人物情绪、刀法、力度完全不同；再如，我出演过的《白蛇传·断桥》中，白娘子白素贞的上场，既怨又爱的手指爱人许仙的动作，小青告别了白素贞的变奏表演和许仙的潜台词（我与你患难交……）等，都是有讲究的。《玉堂春》中因为要表现玉堂春来到省城都察院府衙，面临着生死，内心的害怕和担忧，所以演唱散板；许仙的身段表演和张君瑞、梁山伯的不一样，和吕布、周瑜也有很大的不同；《奇双会》中，主角赵宠为什么不带官气而要书生气呢？所有这些，都是京剧很讲究的地方。因为《奇双会》要表现赵宠的是新生（受难受苦的百姓重获新生）、新官（读书、奋斗得官，尚不懂官场黑暗，更未染官场陋习）、新婚（少年夫妻、纯朴恩爱），一出悲剧以温情爱意、喜气团圆的表演手法去处理，是京剧中的绝品。《奇双会》虽然是笛子伴奏，但它属于吹腔不属昆曲，昆曲曲律严格，曲牌固定，吹腔有过门儿，词句自由。《奇双会》一剧始于徽班首创，程长庚演李奇，小生鼻祖徐小香演赵宠，胡喜禄演李桂枝。《奇双会》是在京剧孕育时期就有了，是京剧第一批保留剧目。

徽班本身原是诸腔各调兼收并蓄的，皮黄就是脱胎于徽班。早期的徽班中，包括了梆子腔、罗罗腔、柳子腔、吹腔、高拨子等，都属于京剧的声腔范围，如《小上坟》就属于柳子腔，所以说京剧集各种腔调之大成。京剧初期三庆班角儿最齐，生旦净丑阵容最强，常演三国、列国、水浒等一类的戏；和春班武戏最好；春台班孩子演员最多，不知取巧、卖力气，台上最热闹。京剧形成的基础主要是四喜班和三庆班的组合。

第四，京剧成为国粹是宫廷歌舞与民间艺术的共需共求、审美的契合。京剧的艺术特色与民族历史、故事和精神，即忠孝节义、仁义礼智信、温良恭俭让、忠贞爱国、惩恶扬善、反腐倡廉、弘扬真善美、鞭挞假恶丑，及历史、人文、地理、审美、智慧、民俗等文化的一致性，共同创造、促进了国粹的形成，保护了国粹，提高了国粹的标准和品质，使得国粹京剧雅俗共赏、思想内容丰富、剧目众多、普及最广，上至官府、文商各界，下至黎民百姓，无处不在、无人不喜。二百多年来，京剧从未离开过人民大众。中国所有省市区，包括新疆、西藏都有京剧院团存在；全中国二千八百多个县，有很多个县有京剧院团的存在。

国粹京剧因其包罗万象，集文学、历史、政治、军事、经济、天文地理、各方民俗、各界各行于一体，即成为国学、国魂，特别是它充分体现着中华民族的精神；国粹京剧综合了中华万象美学，集美之大成。国粹京剧中“三国”“水浒”“西游”“西厢”“红楼”“说唐”“聊斋”“岳飞传”“杨家将”“东周列国”“封神演义”“三言二拍”等戏文故事演绎，无不鲜活立体，生动地创造出了百姓甚至文人官吏的历史观、人物观、思想观念、为人之道，凸显了国粹京剧之所以成为国粹，是因为它通过艺术手段张化出来的教育功能、为人做事和精忠爱国的巨大正能量。

国粹京剧集中华民族戏曲和文化之大成，无所不涉其极，且处处讲究、讲理，所以被公认为国粹。京剧是全国性的、世界性的、人民性的、民族性的、历史性的、育德性的，且艺术性强、思想性强、故事性强、技术性强、人物性强、品位性强、精神气质性强，各项都很优先，国粹京剧是最讲精气神和舞台艺术气质的。国粹京剧也是分布最广、剧目最多、技术最全面、程式规矩标准最高、科班最多、培养专业人才最多、高峰人才最多、流派最多、基础教育最严、标准最高、基本功最扎实、观众最广最多、队伍最大的一个剧种。其典型化的表演方式和不受时空限制，为观众创造了无限的视觉空间。京剧的发展从未中断、失传、消亡过，始终长盛不衰，有无尽的大众喜爱，有广泛的社会推崇。所以，我不赞成京剧越来越衰弱的说法，我认为国粹京剧始终红火，仍有繁荣之景。

前面谈到国粹京剧的精神气质，那么气质从何而来？气质源于内心。那么内心从何来？自我感觉。感觉又从何而来？我认为它们来自内在的修养与充沛的信心。那么信心的根据又是什么呢？我想它应该是坚实的基本功和心谱。心里没谱、心中没数，就会知其然不知其所以然，那么信心自然就不会存在。要想表演鲜活，必须心中有谱、身上有功，如自然传情地演唱“玉堂春来到都察院”“浩然正气冲霄汉”等。盖叫天大师曾说“景都在我的身上”，这就是以演员高水平技术为编演中心的最经典的理论。景是演出来的，不是画出来的，京剧是不受时空限制的，这就是传统国粹京剧。西洋歌剧是单面艺术形式，而京剧是三面立体的艺术表演形式，它需要演舞台人物，有胡琴鼓伴奏，面向观众运用心谱程式来完成。一套舞剑、一个起霸就要求四面好看，要求四面立体美、心境美、气质美；就是一个“盗书”——蒋干如何盗书并示意观众以及交代潜台词都需要到位。

第五，国粹京剧的讲究来源于京剧基础教育的讲究，它充分尊重艺术的规律。凡有专业训练的演员都应懂得“技为戏用”“乐为情生”的道理。国粹京剧是在充分保护继承本体艺术精华、充分调动挖掘运用传统艺术手段、又不断地加工整理出新创造而形成的。这直接关系到我们今天的继承和发展、创新新剧目的成败。我曾整理《周仁献嫂》，有这样一点儿心得：学生时看戏有想法，我父亲很支持，在原创中运笔加两段唱来突出重点，于是三段音乐便强调出了真挚、仁义的感情以及乐为情生的过程。再如，京剧是放大夸张的表演程式，但它又是写意含蓄的，在夸张中见含蓄、在含蓄中见夸张，尤其是旦角、小生的爱情戏。

戏曲表演是演传统历史人物的，要反映那个时代的人文、习俗、气质、特征与民族文化的美，否则绝对是乏味、苍白的。封建时期妇女的感情、爱情的表达方式就是含蓄，和现代开放时期的表达方式是不一样的，如舞台上的拥抱、对视等等。

再如，髯口的种类，在表演中须根据人物情绪，运用搂、撩、挑、推、托、摊、捋、抄、撕、捻、甩、绕、抖、吹等技巧来表达，用功讲究；翎子、扇子等均如此。在表现人物的思想感情时，这些技法与功夫都是由国粹京剧创始。

说到京剧的讲究，可从其服装的穿戴理念上看其代表性。在京剧表演中有“宁穿破不穿错”的说法，就是说一出戏的戏箱虽然可以跨代使用，但在样式、色彩、用料、绣法上须和行当、人物身份、年龄、性格、民族等特征相符合，与其身段、程式表演更是息息相关。如，帝王将相的十二色蟒、清装官服、软褶子与硬褶子的区别，富贵衣绣法的繁与简等，清装官服的讲究是：文官绣禽（一品仙鹤、二品锦鸡、三品孔雀、四品云雁、五品白鹇、六品鹭鸶、七品雉鸡、八品为鹌鹑、九品为练雀）武官绣兽；顶子有珊瑚、水晶，分金顶、银顶等。如蟒袍，净角穿金色盘龙，表现人物性格的粗犷，如曹操、董卓、包公、廉颇等；老生穿三灰绣三蓝绣的团龙。还有唱腔上，老一辈总结了唱的二十字诀：“气字滑带断，轻重疾徐连，起收顿抗垫，情卖接擞搬”，唱首先练的就是“气”，气托音，气随声走，声音与气要同步，这就是讲究，这种讲究是科学的，包括武戏的走边、起霸等都有规矩和讲究。

第六，众多的京剧高峰人才、众多的京剧高峰作品、众多的高峰流派是国粹形成的保证。

京剧成为国粹，依托人才的培养。英才辈出、大师云集、剧目丰盛。一百多年前富连成班社因材施教、育德育人，通过口传心授、尊师重道的教育方式，使班社代代相传、无从休止。富社的人才几乎遍布全国，在剧目上不断加工添料、精益求精，不仅展现了创造的活力，还展现了特色与风格。

富连成京剧教育采用的是严师传道、封闭教学。他们纪律严明，彰显社训，在勤学苦练、全面育人的方针下，文武昆乱常演不衰，各行各路达标出科，个个成才，以至于桃李天下，造就了国粹艺术，比如梅兰芳、马连良等京剧艺术大师。七科九百多学生，不仅分布在全国各地的剧院团戏校，甚至在台湾都有富连成班社人才。我们这一代的老师也均为富社子弟。父亲表演的四原则、所传的唱念功等也都是传教至今。

富连成班社的社训，是从艺学戏的第一堂课，也是培训国粹人才的必修课，社训说：

自古人生于世，须有一技之能；
传于我辈门人，诸生须当敬听。
我辈既务斯业，须当专心用功；
以后名扬四海，根底即在年轻。
何况尔诸小子，都非蠢笨愚蒙；
并且所学功课，又非勉强而行。
此刻不务正业，将来老大无成；
若听外人煽惑，终究荒废一生。
尔等父母兄弟，谁不盼尔成名？
况值讲求自立，正是寰宇竞争。
至于结交朋友，亦在五伦之中。
皆因尔等年轻，哪知世路难行。

交友稍不甚重，胡群狗党相迎。

渐渐吃喝嫖赌，以致无恶不生。

文的嗓音一坏，武的功夫一扔。

彼时若呼朋友，一个也不应声。

自己名誉失败，方觉惭愧难容。

若到那般时候，后悔也是不成。

并有忠言几句，门人务必遵行。

说破其中厉害，望尔日上蒸蒸。

传艺先育德，这是培养人才的永恒规律。封建社会的京剧艺人，生活在最底层，正是这些劳苦大众创造了国剧。因为他们懂生活、食人间烟火、懂人情、有智慧。跟随徽班进京的艺人中，大部分都是穷苦出身，他们虽没读过书，但能吃苦，且富有牺牲精神，忠于事业、守本分。学练京剧很苦，“四功五法”繁杂众多、剧目也多，因此可以说，京剧是苦出来的，它是中华民族传统美德培育出来的。国粹的起始是做人，以德创艺、忠孝为先。在京剧形成之初，艺人们皆以忠义为本，效忠祖师爷、尊师重道，即从艺就义无反顾，一心替祖师爷传道，决不离经叛道。忠孝节义、仁义礼智信的民族传统文化，京剧承贯其中。

让我们永远发扬和弘扬国粹精神，保住国粹艺术、做好继承和发展、培养大师级的高峰人才是我们首要担当的责任。今天的讲座只有一个目的，学习十九大精神，坚定文化自信，为振兴国粹艺术，撸起袖子加油干。

二〇一七年十二月二十五日

备考在放羊中，录取在修车时

常荣军

四十年了，回首一九七五年九月下乡当知青，一九七七年十二月参加高考，一九七八年元月当汽车修理工，二月底拿到大学录取通知书，三个多月内由知青而工人，由工人而大学生的人生经历，命运造化，跌宕起伏，峰回路转，仍然那么清晰，不能忘怀……

一九七五年高中毕业、十八岁的我即抱着“广阔天地，大有作为”的豪情，扛着行李，成为“走与贫下中农相结合的道路”“扎根农村干革命”的千千万万知识青年中的一员，下乡插队落户当知青了，从此与特殊年代的一个特殊名词——“知青”，结下了不解之缘。

我插队落户的生产队挂在半山腰上，可与县城遥遥相望，因山高沟深而不通公路、不通电。三十多户人家，一个一间昏暗教室、一个代课老师、几个年级混在一起上课的村小。如仅是路过，山村有茂林修竹、潺潺流水、梯田蛙鸣，很有一些田园牧歌的气象。但身在其中，周而复始的春耕、夏种、秋收、冬藏，原始的耕作方式，承袭下来若干年的粗放生产，许多时候日不出已作、日已落而不息的劳作，一个全劳动力每天十二个工分，值零点一一元人民币，人口多点儿的家庭，年底分红时还会倒挂（欠生产队的钱）的现象，几个知青对此也难以有所改变的现实，不断消磨着刚下乡时的豪情。

日复日，月复月，年复年，简单重复、吃力繁重的劳作，心里有了四盼。一是盼有时间、有书可看。收工吃完晚饭以后，虽然肢体很累，但想看点书的精神追求还是有的。为抵御蚊虫肆虐、终风苦雨，躲进蚊帐里，将衣服被子裹成一筒，点亮插在玻璃罐头瓶里的蜡烛，抓起能找到的书或有文字的东西看。特别是收到半个多月一次乡邮递员路过时留下的过期报纸和《诗刊》等刊物，那就是文化大餐了。鲁迅先生曾写过这样的诗句："躲进小楼成一统，管他冬夏与春秋"，我们则是"钻进蚊帐裹一筒，熬过冬夏与春秋"。二是盼放假赶街子。除抢种抢收时节之外，十天左右有一个有点儿"资本主义的尾巴"味道的街子天（北方叫赶集）。街子天时，县城附近的山村村民带上积攒的鸡蛋、山货或一挑木柴到县城出售，换回生活所需的盐、布、煤油等。而我们知青，则利用这个机会到县城的工农兵食堂打一次牙祭，改善一些少油缺肉的茹素生活。三是盼看电影。在山上，傍晚可以看到县城放露天电影时挂出的白色幕布，夜晚可以看到稀落的灯火。即使当时放的电影被戏称为"中国是新闻简报、朝鲜是哭哭笑笑、越南是飞机大炮、阿尔巴尼亚是搂搂抱抱"，只要看到白色幕布挂出，只要收工后时间还来得及，我们放下劳动工具、胡乱点补点儿东西后就往县城赶，以调剂一下枯燥单一的生活。当然，看场电影的成本很高，下山、过河、再爬坡上坎，单程一个多小时的山路，看场电影来回四个多小时，就这样还乐此不疲。如天气好时，月光如水、星斗满天，几个年轻人走在山间小道上，有说有笑，追逐打闹，还觉得很惬意。四盼早点离开农村。特别是当知青年满两年以后，盼着早点被推荐为工农兵大学生去上学，或盼着招工、参军。但苦闷、彷徨中那么一点点的希望，即便是那么的渺茫，也遥不可及。表面上还要表现出扎根农村的样子，对当知青没有怨言，心底里却巴不得早点离开。说来很惭愧，真不厚道，但确实是当时的真实。

一九七七年十月下旬，在昏暗的烛光下看到了《人民日报》刊发的全国即将恢复高考的消息，消息中特别说到工人、农民、上山下乡和回乡知青、复员军人、干部和应届高中毕业生都可报名参加高考，而且年龄放宽至三十岁左右，婚否不限，自愿报名，统一考试。翘首期待良久，当工农兵大学生、参军或招工而不可得，骤然间却是天大的喜讯降临，惊喜莫名，用现在的网络语言讲，那真是“喜大普奔”啊！现在回过头来看，都说一九七七年恢复高考改变了一代人的命运，而这一代人又影响了中国社会的进程，这个判断没错。而我认为，其关键在于分数面前人人平等，“有教无类”“英雄不问出处”。不论你什么社会身份、什么经历，只要成绩合格，就有接受高等教育的机会。高等教育向成绩合格者敞开大门，拥抱十年沉淀下来的莘莘学子，其核心意义在于，以高考制度改革这一深得民心的举措为先导，推动了经济、政治体制等各项改革措施的相继出台。高考制度改革，是十一届三中全会以后我们党和国家一系列重大改革的探路者、试水者，不仅功在当时，而且惠及今日。

喜出望外之余，接踵而来的是如何面对高考，“我行吗？”“来得及吗？”“我怎么办？”等等不安与烦恼。“每临大事有静气”“骤然临之而不惊”，还真不好做到。

冬季在南方农村没有“猫冬”之说，送公粮到县城入库、兴修水利、平整田地、积肥等劳作依然没完没了。委实放不下的上大学的想法，促使我厚着脸皮向生产队请了十天假回家找书备考。路上来回四天，六天时间找书，请教母校——地区一中的老师如何复习，找同学交流备考措施，然后抱着一堆书回到生产队。回到生产队后，我做了一个有助于改变命运的决定，申请作为生产队的羊倌去放羊。当时生产队有大大小小六十多只山羊，需要一人每天早晨将它们赶到山上，傍晚再如数赶回入栏。这个活儿太孤单，许多人不愿干。田间地头的劳动工具不离手，中间休息一会儿也是吸草烟、吃干粮的时间，无暇看书复习。放羊则不同，虽然一天爬不少山路，但一个人、一群羊，有若干个时间片段可以看书。因为羊吃草时，一般随着领头羊顺着走，如前面没人吆喝或没有不能逾越的障碍，就直行下去。将羊从山这边赶进去，绕到山另一侧等着，就有一段时间看书了。一把砍柴刀、一个装书的军挎包、一群羊，饿了吃点儿干粮，渴了有山泉水，一个月左右的放羊经历，让我获得了除挑灯夜学之外的不少复习时间。这就是我的备考，备考在放羊路上。一九七七年十二月九日，我交出羊群，赶到县城，参加十日开始的高考，成为是年五百七十万考生中的一员。这一“交”一“赶”，便开启了我新的人生经历。若干年后，我曾对人戏说，我的大学录取通知书是放羊放出来的，我之后的经历和生活，是放羊打下的基础。

几乎在复习、参加高考的同时，招兵、招工也开始了。二十岁的年龄，当兵晚了些，加之从小就生活在军营里，对部队有“曾经沧海难为水”的熟悉，没了新鲜感，所以报名参加招工。高考成绩如何，能否如愿以偿，实在没底。那个时候没有“底线思维”这一说，只觉得能离开农村，当上到点上下班、听钟声吃饭、每月盖章领工资的工人就相当不错了。因此，经生产队推荐，大队、公社、县知青办分别考查、鉴定、审批，几道关下来，一九七七年十二月下旬我被招工录用进地区粮食局汽车队当修理工。几天之间，收拾行李，将按工分儿分给自己的谷子、玉米按规定卖到县城粮库以后，用卖粮的钱买张公共汽车票，离开生活了两年多的农村回家了。一九七八年元旦后正式上班，成为工人阶级队伍中的一员。虽然学徒工的工资每月只有十几元，但与知青生活真不可同日而语。不过工作、生活好则好矣，难以对人言说的问题是对上大学的期盼，真是煎熬啊。在期盼、煎熬，甚至已有一些失望的情绪中，我开始学习修车。从擦洗发动机、卸装轮胎等开始，还不时参加清理“三种人”的会议。日思夜盼中，喜讯终于降临，一九七八年二月二十八日得到通知，到地区招办领取大学入学通知书，并在地区一中的大学录取喜讯榜上看到了自己的名字。就这样，我有幸成为七七级全国二十七万大学生中的一员。喜悦的心情，同“范进中举”一样，但结局不同。命运的改变，就这样开始了。

短短的三个多月时间，工农兵学商五种社会身份，我一下子就转换了三种。如此具有戏剧性，除了那个特殊年代，除了我们那个特殊群体，恐怕难得再有了。人生的每个片段总是有内在联系的，前一段是后一段的沉淀和积累，后一段是前一段的延续和发展。人生如戏，总是一幕接一幕地演绎下去，无非有的幕长、戏份重，有的幕短、戏份轻而已。常言道：临事是苦，回想是乐。四十年了，回想当时，真真是苦乐自知。“失之东隅，收之桑榆”，人生总与得失相伴。知青的经历是得是失，很难简单肯定或否定，但事不避难、义不逃责，确实是那时打下的基础。知青经历于我来讲，是一份不愿再重复而又宝贵的历练和财富，历久如新。

二〇一七年十二月二十五日

走透一条江

刘醒龙

一九九九年初秋，因为一项受邀写作计划，前往正在兴建的浦东机场工地，踩着深深的泥浆来来回回奔波一个星期。相比我要采写的浦东机场，我对机场之外茫茫江海之上隐约可见的九段沙有着更多的想象。那个九段沙，名副其实由一二三四五六七八排序而来，是长江入海带来的泥沙日积月累的杰作。那时候，我特别想上九段沙看一眼，东道方坚决不肯安排。那时的九段沙，只有一小片露出水面的滩涂，上面盖着一间高脚屋般的小棚子作为候鸟观察站，专业人员也得穿上连体橡胶裤，蹚过泥水才能上去。对一般人来说，这太危险了。二〇一六年十月二十九日黄昏，一行人站在崇明岛最东端，面对水天，目送长江不动声色地汇入东海时，身旁赫然竖着一块广告牌，告知去九段沙旅游如何走。这还不到二十年，长江之水，就在东海龙王头上造出一块风水宝地，怎不令人叹为观止！

面对母亲河，每个中国人，都会心潮澎湃。试想，长江源头清澈的一滴水，从格拉丹东冰川开始流动，穿过崇山峻岭、水乡平原，直至汇入汪洋大海，其情其景何止妙不可言？

所以，当有一个可以亲眼验证的机会摆放在面前，任谁都不会舍弃。从二〇一六年到二〇一七年，我沿着长江行走了四十天，这四十天分成四个阶段，正好每个阶段十天，走向是这样的：二〇一六年六月的第一阶段，从三峡顺流往下，直到九江；

二〇一六年十月的第二阶段，从安徽池州向下抵达崇明岛。回武汉后，感觉不能漏掉黄梅戏和小孤山，又回头专门跑了一趟；二〇一七年五月的第三阶段自重庆开始，溯流到达金沙江上游万里长江第一湾的石鼓镇；二〇一七年七月的第四阶段，沿青海玉树的通天河向上直到长江正源沱沱河。遗憾是，由于季节差错，可可西里荒原表层冻土融化，车和人都不能通行，无法深入长江最源头的格拉丹东冰川。

边走边写的好处是，无须提前为写什么操心，整个人很放松，直到打开电脑了，也还是这种随遇而安的心态。这样的行走，根本不知道前方会遇见什么，看到什么。提前做的功课，基本没有用，那些隐藏在大山大水之中的人文天章，不费吹灰之力就将预先谋划的心绪弄得毫无用处。

比如，知道杜甫墓在汨罗江上游的平江就是个天大的意外。去汨罗江，本是奔着屈原去的。端午节在汨罗江下游祭完屈原，忽然听说，杜甫就安葬在一山之隔的平江。我特地问家在平江的朋友，人家都没有听说过，我哪敢轻易相信？虽然难以置信，但也不想错过。当我在杜甫墓前稍一伫立，墓前三尺见方的一池洗笔泉水，那种专属于原野的清静，清贫里蕴藏的高贵，联想到杜甫的为人为文，忍不住感叹，这地方只能安葬杜甫。文学有一种神圣的魔力，让人感同身受，将心比心。文学讲情怀，不是看指标，是否榜上有名。杜甫一生留下了那么多的作品，可恨历史不可捉摸，李林甫一句“野无遗贤”，就造成他一生的窘境，晚境更加潦倒和落寞，千年诗圣落得举家投亲靠友。船行湖南耒阳，遇上大风大浪，无法靠岸，五天没吃到东西，幸亏县令聂某派人拿竹竿送点儿吃的，上岸后还要写文章，对他人的施舍千恩万谢，让人情何以堪。

在醉翁亭遇王黄州也是如此。去滁州琅琊山，原本是为欧阳修，去了之后反而被王黄州的名字所吸引。那种瞬间的引爆，让其千年之后的黄州老乡顿生身世之感。王黄州真名叫王禹偁，在欧阳修之前许多年就写了名篇《黄州竹楼记》。之前从未想过此中关联，身临其境了，就不能不多一个心眼，有此比对，倒也能在不经意间，看透历史与文学的某种不可告人奥秘。

行走之时，最是如信了王黄州那样信赖地方志。每到一地，先读地方志。早年的方志，客观真实，没有炒作之嫌，编纂者也还讲究风骨，不像现在的互联网，看似方便各类查找，非常便捷，真的涉及史实，不靠谱儿的甚多。为了吸睛，拼命放大传说和传奇，最终变成了谬说与离奇，当一时的玩笑听听就好，却当不得真。读地方志的最大好处，是能对当地的人文背景，有个坚定的判断，而不是道听途说。苏轼也算性情中人，自己先前写诗说得清楚不过，杨贵妃吃的荔枝是现今合江一带的。等到贬谪岭南，不得不在朝夕相处的人面前极度称颂当地荔枝，让后人以为他和杨贵妃喜好的是同一宝物，也是人之常情。

面对一条大河，情怀会变得大气。弄些小确幸、小清新，对不住长江。相比乌江不渡的悲剧色彩，项羽身上的贵族精神，更深得我心。鸿门宴之败，我宁愿相信他是举不起那把阴险的丑陋之刀。我可以死，但我心不死。我的身子可以被你们分成几块拿去刘邦那里领赏，我的灵魂将会让后世永远铭记谁是英雄，谁是小人。

长江万里长，我们的行走弯弯曲曲远不止一万里，走了那么多地方，我只在屈子祠和杜甫墓前鞠过躬。这也是没办法的事，他们的品格、文章太令人肃然起敬了。

沿着长江水线，越走越感动，越走越亲切，越走到最后，越觉得长江就是家门口的那条小河。长江上那些特别的物产，比如水里的江豚、中华鲟，岸上的雪豹和藏羚羊，就是小时候在河里追逐的那种不知道名称但被我们叫作马口或者花翅的小鱼，就是被我们当成宠物养过的小野兔和小刺猬。肉眼所见越是亲切了，灵魂所到达的源头越是丰富，除了地理源头，还有科学源头和文化源头。

日子分一年四季，这场行走，跨越一年，季节上却只有春夏秋三种，实际上，还是在可可西里补全了大雪纷飞的冬季。

在整个行程中，印象最深刻最震撼的是从川江到金沙江这一段。万里长江的这一部分，蕴含了太多东西，内涵之丰富，也只有长江浩荡方能赐予。古代史、近代史、自然的，历史的，人类起源和人类的现代化，都可以在这一带的山水中见识。震撼人类考古学的元谋人是在这里发现的。近代史上，红军在这一带宛如神助般四渡赤水，飞越乌江和和金沙江，安然渡过万里长征中最危险的区域。最意外的是从四川涪陵转往合江，路过江津，遇上一处深幽独秀的小院，那是晚年陈独秀旧居。这样的小院和斯人风范，值得每个沿长江而来者久久伫望。

文学当然有自己的天命。

我欣赏阿斯塔菲耶夫的《鱼王》那样的行走。唯有那样，行走才是一个大词。只有怀着大词行走，才能在和县突然遇上项羽，在江津突然遇上陈独秀，在曲麻莱县的通天河畔突然遇上狼，在玉树遇上一群藏族作家，又在玉珠峰雪山下遇上一群来自西宁和德令哈的诗人。能将一条江走透，将浩如烟海的江面走成美人秀目一样的极小水汪，还能够不时地与古往今来的人事撞个满怀，至今想来仍觉得难以置信。真的行走起来，才能体察人生何处不相逢，行走到最陌生处，往往才是最熟悉的开始。不只是对新见的东西开始熟悉，还能发现自己身上隐藏着那些不曾认知的东西。对长江来说，一次行走都不敢妄言已经熟识，更遑论以一座三峡来说万里水流，也不可以用一条乌江，点睛长江精神。如果与谁有所相似，我宁肯相信，走透一条江，最相似的是对没有一滴水的撒哈拉沙漠的穿越。

二〇一七年七月二十二日，在海拔四千五百米的曲麻莱县，早上起床后，头一天在通天河畔遇见狼的吉祥，仍在感染这二十年来一直让我特别感谢的日子。大家聚在一起测心率和血氧，没想到年龄最大的我状况最好，心率才八十七，血氧却有九十七。二十年前，我第一次上高原，其后又有过多次，还去过珠峰大本营。但医生还是很惊讶，很多小伙子的身体状况都不如我。我告诉大家，自己每天早上游泳一千米，坚持了十年，现在是第十一个年头。体能的事，临时抱佛脚也能对付一阵，健康之事就不一样了。体能如同现在段子手们写的段子，偶尔为之也可以。健康却是长篇小说，必须具有文学的专业精神，要像大江大河那样源远流长才行。

二〇一八年二月五日

春的脚步从这里启程

艾克拜尔·米吉提

立春一过便是春。今年的立春在阳历二月四日。当然，在南方应是早生秀发，春色万千。但是，在北方虽过立春，依然天寒地冻，寒风料峭。只是驱车疾驶在北京环路，不经意间你会发现，垂柳枝条已染上淡淡的鹅黄，那便是地气所致——春天的步伐无可抵挡。甚或你会发现玉兰树亦在悄悄孕育着花蕾，而杨树也不示弱，正在暗中较劲儿，为抽芽吐叶积蓄力量，枝头开始绽出浅灰色的骨朵。

不过，北京的春天其实是从每年一度的人民大会堂迎春茶话会启程的。那自然是另一番情景。

我大概是从上世纪九十年代初期开始参加每年一度的迎春茶话会，迄今也有二十多年光景了。

那时候，在可以一次容纳约三千人的人民大会堂宴会厅，每一张桌子上都摆着一碟水仙，已经花蕾绽放，洁白的花瓣，映衬着鹅黄花蕊，飘着淡淡的幽香。京式茶点和橘子、香蕉等水果摆在眼前。人们欢聚在一起，相识的人们互道安好，不相识的人也互致问候。如今一杯茶水囊括天下，一派其乐融融景象，节日氛围涌动其间。

当然，每一年的春节茶话会，都会有一场精美的文艺演出。欢乐祥和的气氛随着那些曼妙的音乐歌舞，久久萦回，不绝于耳，更是在内心成为一种持之久远的美好记忆。音乐给人带来听觉的快乐，舞蹈给人以视觉的愉悦。音乐和歌舞交织在一起，产生着震撼人心的艺术效果。春天正是从心灵深处走来。

今年的迎春茶话会依然有一场演出，由中央民族歌舞团的各民族演员联袂登场表演。五十六个民族，五十六朵花。各民族兄弟姊妹身着色彩斑斓的民族服饰，在台上翩翩起舞，形成华丽的彩色链条，犹如一道彩虹跨落舞台，如此生动，如此华美，把个《北京喜讯到边寨》诠释得活灵活现。舞蹈《阿嘎人》和《骏马归来》，更是把古老的藏族生活和蒙古族草原生活展现得热烈奔放，充满活力和张力。《阿嘎人》甚至讲述着细腻优美的爱情故事情节，让人们领略了藏族人民劳动生活画面的别样情致。

合唱《花儿与少年》，把回族人民的心声婉转唱出，令人感动。经典歌曲就是这样，一首歌会成为一个民族的形象符号。《多谢了》是早年传遍大江南北的电影《刘三姐》主题歌，是著名作曲家雷振邦先生创作的不朽歌曲之一，也恰恰体现了壮族人民的美好形象，在人民大会堂迎春茶话会上听来，更是声声入耳入心。一个“多谢了”，代表着我们共同的心声，感谢我们的伟大祖国，感谢我们共同生活的伟大时代。著名彝族歌唱家曲比阿乌将彝族歌曲《索玛花开》唱出了全新的意境。其实，所有的老歌都能唱出全新的韵味，而每一位歌者都会赋予各自的新意。由四位维吾尔族艺术家演奏的《且比亚特木卡姆》，将迎春茶话会的氛围引向了一个高潮。真正的艺术就是这样，一经诞生便会有自己的生命，它会穿越千年，带着历史的积淀，百折不挠一路自行走来，在新时代挥发新的光芒。这就是生生不息的中华民族传统文化的活力所在。

且歌且舞的《同心共筑中国梦》将迎春茶话会在高潮中让人无限期待。在新时代新的春天，同心共祝中国梦，无疑是我们五十六个民族共同的心愿。北京的春天正从迎春茶话会这里起步走来。

二〇一八年二月十日

听完课还是要读书

聂震宁

早些年，我写过一篇随笔发表在《人民政协报》上，题目是《慢阅读与快出版及其他》，介绍到国际上有一派人主张慢阅读的情况。其中提到美国新罕布什尔大学教授托马斯主张慢阅读。他严厉批评学校鼓励学生开展阅读速度和阅读数量的竞赛，认为这是对阅读价值的破坏。他发现学生习惯于在网络上快速拉动阅读，一目十行，已经失去完整读完一本书的能力和耐心。托马斯教授为此在课堂上开展慢阅读教学，要求学生回到传统阅读中去——大声诵读甚至背诵，要求学生“琢磨”和“品味”文字。

在那篇随笔中我还提到北宋大学士苏东坡、德国哲学家尼采、捷克作家米兰·昆德拉和中国现代作家林语堂、当代作家贾平凹等关于慢阅读的主张，都是一些逸闻趣事，值得玩味。

那篇随笔也许因为主张慢阅读甚至慢生活，受到一些读者的关注，随后有好几家报刊做了转载。有的寄来稿费，而大多数没有，对此我并不在意，我只是希望那些文字能引起一些慢阅读的实践。

这些年全民阅读得到提倡，有了许多新气象。作为在履职期间多次为开展全民阅读提出过提案的一名全国政协委员，自然很受鼓舞。在全民阅读中有一个比较突出的新景象，那就是“社群阅读”，我称之为“独读书不如众读书”。所谓“众阅读”，包括亲子阅读、校园阅读、机关阅读、读书会阅读等各种形式的阅读。这些阅读形式，大体可以促进人们的慢阅读。亲子阅读自不必说，一般不会有为人父母者糊弄自己的孩子，不好好让他们读书的。校园阅读只要老师加以积极引导，学生们会自然而然去选择自己喜爱的书籍读下去。机关阅读和读书会阅读则是集体阅读和相互交流，不读书或者不好好读书怎么好意思参与进来？据说北京大学中文系的学生中就有几十个读书会，这自然是令人鼓舞的。大学生中间有了读书会，不读书或者很少读书的学生怎么混得下去！如此这般，我对全民阅读的良性发展有了比较充沛的信心。

可是，事情总不是一帆风顺的。近两年，APP 音频读书成了数字出版的新宠。得到 APP 付费收听的一堂“薛兆丰北大经济学”下载量一年内达到二十多万份，公司和教授本人收获颇丰这是自然的。一时间，许多 APP 推出了各种各样的付费收听课程，例如“张大春细说三国”“蒋勋细说红楼梦”“高晓松：晓松奇谈”“刘苏里：名家大课”等，本人应邀也去凑趣，在百道学习 APP 开了一课“精品出版五十讲”，现在正讲到兴头上。如此一来，“知识付费”就成了出版界和阅读界的热词，许多专家出来慷慨激昂，认为出版的本质就是知识付费，由此可以认为，出版业在这一轮数字化浪潮中找到了一条通道，这个通道对于传统出版业的意义似乎不亚于诺亚方舟。

不用说，我是赞成把高校名师的名课、行业专家的名讲座放到 APP 的音频、视频上让更多人共享的，也赞成一些 APP 宣称自己要办成“没有围墙的大学”，要不我也不会去凑趣开课的。可是，在网上发现，许多读者现在变得只热衷于用 APP 听课，而阅读已经“无暇他顾”。有网友留言，说是《三国演义》还没来得及读，听了大春老师的课就差不多知道是怎么回事啦。也有说原先死活读不下去《红楼梦》，可是听了蒋勋老师的课，才觉得有趣，还是听课好。更有的留言道，听了“刘苏里：名家大课”，五十本世界学术名著已经一网打尽，等等。受众快乐无比，大有一夜之间学富五车的感觉，我们也就忽然有了不安的感觉。

早些年就听到过对“大学生不读书”的批评。说是现在有相当一些大学生不读书，只靠听课解决学业，长此以往不堪设想。以至于北京大学中文系陈平原教授放出狠话，他说：“现在读博士很热，可是读书却不热。”可谓一语中的。这些年，大学生阅读已经有所改善，前面说到北大中文系有几十个读书会就是明证。尤其是西南交通大学校长开列中外名著书目，要求本科生四年必须阅读九十六本名著，这可真是下了大招。我打听过，说西南交大学生还真的热衷读书了。

好了，我们的 APP 现在要把大学课程搬到网上来了，许多阅读心切、学习心切的年轻人能便捷地听到名师名课，这自然是开讲有益的事情。受众们倘若听了“薛兆丰北大经济学”，再去按照薛教授的课程指导找到相应的著作来研读，倘若听了“刘苏里：名家大课”，再去从中选择自己需要阅读的一种乃至几种学术名著来细读，这自然是功莫大焉。可是，现在媒体很少去做这样的引导，这就令人有所忧虑。正如大学生不能只听课一样，我们全民阅读的社会也不能只去听书籍提要而不去读书，否则，个个都学得一些只言片语，却不再有读完一本书的耐心，我们社会的国民阅读状况将成个什么样子!

还是得到 APP 的掌门人罗辑思维（罗振宇）先生讲得好。他看到出版业出现行业迷茫和恐慌，就安慰道：你们出版社不用紧张，我们 APP 不过是坐在餐厅里的食客，吧唧吧唧嘴，引得别人都来吃，你们才是开饭店做大菜的，没有你们的书，我们吧唧吧唧什么（大意）！罗辑思维会说话，因为说的是实话。事实正是如此。如果顾客只顾得看别人吧唧吧唧嘴吃得香，结果却忘了自己点菜吃饭，岂不可笑？现在，我们的读者下载了一些音频视频，自己却不再去读书，不再去耐心读完整的书，那就实在是可惜了。

二〇一八年三月七日

主编的话

——代编后记

周北川

二〇一八年是改革开放四十周年，也是《人民政协报》创刊三十五周年。《人民政协报》创办于改革开放初期，是人民政协和统战事业发展的见证者、记录者和传播者。我们在创刊三十五周年这个节点上又为读者奉上这份礼物——《笔墨华夏——纪念〈人民政协报〉创刊三十五周年副刊文集》。这是继我与本报文化周刊主编王小宁同志在前年“一拍即合”，人民政协报社陆续编辑出版《谈艺问源》《中华维度》《笔墨有声》三部文集之后的又一本文集，希望能够再次为读者送上阅读的快乐。

近年来，在全体报人的共同努力下，政协报可谓“好事连连”：去年底，《人民政协报》继二〇一五年后再次荣获国家新闻出版广电总局“百强报刊”；同时，国家新闻广电总局公布二〇一七年报刊质量抽查结果显示，《人民政协报》的差错率为万分之零点零五，报纸质量名列前茅，这是国家新闻宣传主管部门对政协报办刊质量、水平、实力和影响力的肯定；今年，我们又第三次荣获“首都文明单位”称号。更为可喜的是，前几天，接到中宣部正式通知，《人民政协报》纳入中央新闻媒体名单，应该说这既是中央对人民政协事业的重视，也是人民政协报人勤奋努力的结果，《人民政协报》如今已经站在了一个新的起点上！不久前，中共中央政协局常委、全国政协主席汪洋同志到人民政协报调研时，充分肯定人民政协报取得的成绩，使我们备受鼓舞。我们会珍惜这份鼓励，“在继承中发展，在发展中创新”，坚持“守正出新”，努力把政协报办得更好。

把握时代脉搏，体现政协特色，积极联系政协委员和各界人士，了解他们的感受、反映他们的心声，是政协报华夏副刊的传统。三十五年来，华夏副刊立足政协、统战，面向社会，充分挖掘政协的人文资源，打造出“精英云集，名家荟萃，独树一帜”的副刊特色，深受历届委员和读者的喜爱。三十五年来，华夏副刊与时偕行，始终坚持正确的政治方面，积极配合主报，宣传党的路线、方针、政策。特别是党的十八大以来，在本报积极贯彻习近平总书记在文艺工作座谈会上的重要讲话等一系列重要讲话精神，探索、践行为社会主义服务为人民服务的社会主义文艺的本源及方向上，华夏副刊都做出了积极贡献，刊发的许多有意义有品质的正能量的文艺作品，多次受到全国政协领导的批示表扬。

副刊是文化，是一张报纸中不可或缺的组成部分，她不但体现着报纸的办刊理念和特色，某种程度上也可以引领时代文化的方向。中国近现代历史上，很多重要作者的重要作品都是在副刊上发表的。副刊在当代文艺发展中也发挥着重要作用。提到铁凝、刘绍棠、从维熙，人们就不能不想到孙犁同志主持的《天津日报》文艺副刊对他们的滋养。所以尽管副刊是报纸的一部分，却总能因其思想性、趣味性、可读性带给读者文化兴趣和深层次思考，让人们在阅读新闻信息之余得到更多的精神上的愉悦。

近年来，媒体竞争日趋激烈，新媒体发展日新月异，纸媒形态在发生着深刻变化。报业的核心竞争力从追求短平快的新闻报道速度转而变成对新闻事件调查的深度报道和对于文化内涵品牌的精神追求，副刊之于媒体的文化意义再次得以彰显。《人民政协报》重视副刊的文化功能，从报纸第一任总编辑萨空了、副总编辑张西洛同志开始，政协报就致力于联系和团结在学术、文化领域极具影响力的名家方家，打造“名家副刊”的特点，使得这块富有鲜明政协特色的文化园地，不断地得到广大读者的认可和喜爱。

报纸具有新闻传播、舆论导向、典型报道、文化传播等方面功能，副刊主要承担文化传播功能，体现媒体的文化特点及个性，反映社会的文化思潮和审美趣味。在大力推进习近平新时代中国特色社会主义思想、提倡文艺为社会主义服务为人民服务的今天，发挥文化传播的功能、增强文化的自信自觉，是媒体该当承担的社会责任。副刊在优秀文化建设和文化思潮引领方面，在开创学术风气方面，在培养文艺人才、学术人才等方面都有着重要作用，通过副刊的影响力，可以增强报纸的传播力、公信力，今后《人民政协报》将一如既往地重视副刊建设，强化文化担当意识和社会责任感是我们不可推卸的责任。

借此书出版的机会，我要感谢在本书出版过程中给予我们鼓励和支持的领导、委员及学术文化界的作者。本报的老朋友、既是作者也是忠实读者的十一届全国政协副主席孙家正同志对本书的编辑出版给予了大力支持，答应再次作序；第十二届全国政协常委、中国书法家协会主席苏士澍同志又一次为本书题写书名；我们还邀请了袁行霈、赵丽宏、聂震宁、丘树宏等文化大家达人作为本书的顾问，在此衷心感谢！特别要感谢的还有广东省作协副主席、中山市政协主席丘树宏，三联书店总经理路英勇先生的大力支持，以及本书编辑团队的王小宁博士和谢颖、杨雪、王夕雨、张丽、郭海瑾同志为本书所付出的心血和努力！

二〇一八年三月十五日